Tres cartas de Epicuro
Sobre la amistad, el placer y la felicidad

Clásicos Optitud No.1

Tres cartas de Epicuro

Sobre la amistad, el placer y la felicidad

Edición bilingüe

Pantor

Clásicos Optitud No. 1

Pantor
Edificio La Estrella
Berroa 4, Oficina 510 Bulegoa
31192 Taxoare-Tajonar, NA
M +34 619 007 653
M +34 670 257 611

Primera edición. Segunda impresión.
Traducción y notas: Xabier Irujo
ISBN-13 primera edición: 978-0-6159534-4-1
ISBN-10: 0615953441
Impreso en Estados Unidos
Edición y diseño de cubierta © 2013 Pantor

De todas las cosas que procura la sabiduría para la felicidad de la vida, la más importante con mucho es la conquista de la amistad.

Epicuro

Índice

Presentación

La colección Clásicos Optitud constituye un esfuerzo por traducir y editar las obras del pensamiento universal dedicadas al estudio de la amistad y del optimismo, dos conceptos que a menudo han estado unidos en la historia del pensamiento humano.

Este primer volumen está dedicado a Epicuro quien introdujo y desarrolló en el mundo de la filosofía estos dos conceptos clave hasta convertirlos en dos de las herramientas fundamentales del modo de vida de los filósofos del jardín.

La amistad y optimismo epicúreos destacan por su dinamismo y por la proyección que alcanzaron en la antigüedad clásica. Epicuro sustentó la ética sobre una noción práctica y productiva de amistad, a imagen de una fábrica de virtudes. E ideó un sistema físico que irradia optimismo: inagotable, ilimitado y eterno.

Epicuro celebró y cultivó la satisfacción de los deseos y el disfrute de los placeres humanos como uno de los pilares que sustentan una vida feliz y, plenamente natural. Porque –consideraba el autor- el ser humano ha nacido para vivir, si bien habrá de saber discernir entre lo deseado, lo deseable y lo no deseable para conquistar la felicidad.

Es en este punto donde la convivencia y la amistad juegan un papel fundamental en la mente del autor, ya que la coexistencia es la única forma de disfrutar de los placeres y de satisfacer los deseos humanos. Más aún, si la convivencia es perfecta, como lo es la coexistencia entre amigos, su satisfacción será plena. La amistad es por tanto un catalizador del placer.

Publicamos este primer volumen de la colección en conmemoración de los 2315 años de la fundación del Jardín de Epicuro a las afueras de Atenas.

Los textos originales

Debemos dedicar las primeras líneas de este libro a agradecer a Diógenes Laercio la recopilación y transmisión de la práctica totalidad de los datos que poseemos sobre Epicuro. A él dedicó el libro décimo de su obra *Vidas, opiniones y sentencias de los filósofos más ilustres*, una de las principales fuentes de información sobre las vidas y pensamiento de los filósofos griegos en general y, el gran depósito de información sobre el filósofo del jardín en particular.

Curiosamente, no sabemos nada del propio Diógenes. No sabemos dónde nació, dónde vivió o cuáles fueron las bibliotecas que visitó para escribir sus biografías. Ni tan siquiera sabemos su nombre con certeza. Al parecer se le llamó Diógenes Laercio (que significa "hijo de Laertes") porque tal era el apelativo que Homero dio a Ulises en la Odisea, Diógenes Laertiade, aquél nacido a imagen de Zeus, hijo de Laertes (Διογενεσ Λαερτιαδη). Sí que sabemos sin embargo que Diógenes vivió entre el 200 y el 250 d.C., prácticamente medio milenio después de la muerte de Epicuro. Entonces aún se conservaban muchas de las obras de aquél y era reputado como uno de los principales pensadores de la antigüedad clásica.

Lamentablemente, de los aproximadamente trescientos libros que escribió Epicuro tan sólo se han conservado tres breves cartas dirigidas a Meneceo, Heródoto y Pitocles, y una colección de cuarenta máximas fundamentales, todo lo cual copió diligentemente

Diógenes e incluyó en la biografía del filósofo del jardín. Afortunadamente se trata de tres cartas muy especiales, ya que tal como dice Diógenes Epicuro las escribió para tres de sus discípulos con tres objetivos muy concretos: 1) que sirvieran de resumen o epítome de sus ideas fundamentales en los tres campos principales de la filosofía epicúrea, por lo que contienen las doctrinas, conceptos e impresiones cardinales del pensamiento de esta escuela; 2) que constituyeran obras de divulgación, para ser distribuidas entre los maestros y discípulos de los diversos jardines epicúreos, por lo que constituyen tres piezas esquemáticas, precisas, que siguen una lógica muy coherente; y, 3) que fueron escritas para ser aprendidas de memoria y posteriormente recitadas en voz alta, con lo que son fáciles de retener. Lo mismo se puede decir de las máximas fundamentales.

Pero los copistas medievales que transcribieron el texto original de Diógenes a partir del siglo XII no hicieron un buen trabajo, o acaso el manuscrito que utilizaron para realizar su trabajo era de por sí oscuro y confuso, por lo que algunos pasajes –fundamentalmente en la carta a Heródoto- ofrecen tales dificultades al lector del texto griego que fuerzan al traductor a descifrar y, en ocasiones, a interpretar un texto original carente en ocasiones de coherencia gramatical y que contiene más de una laguna.

Existen unos pocos fragmentos más de textos escritos por Epicuro, como los extraordinarios grafitos de Oinoanda (Οἰνόανδα), hallados en esta misteriosa ciudad, erigida en la cima de una montaña, a unos 1.400 metros de altura, al norte de la antigua provincia de Licia (hoy al suroeste de Turquía). Hacia el final de su vida, el filósofo del siglo II d.C. Diógenes de Oinoanda obsequió a su ciudad erigiendo una plaza rodeada por un muro de piedra caliza de más de dos metros de alto y cerca de 80 metros de largo con enormes inscripciones grabadas en el mismo. Lo hizo, como él mismo escribió, con el siguiente propósito: "Después de haber llegado al ocaso de mi vida (estar casi al borde de salida del mundo a causa de la vejez), quiero, antes de ser superado por la muerte, componer un buen himno para celebrar la plenitud del placer y así ayudar ahora a los que están en la flor de la vida[1]".

Entre los textos tallados en la piedra se hallan pensamientos del propio Diógenes, sobre ética, física (con un apéndice sobre el origen de los seres humanos y la invención de la ropa, el habla y la escritura) así como un tratado sobre la vejez y algunas cartas en las que el autor explica la hipótesis epicúrea de la existencia de infinitos mundos similares al nuestro en diversos puntos del cosmos. A esto añadió Diógenes varias cartas de Epicuro, una de ellas dirigida a su madre y otras a diversos discípulos, así como escritos de algunos de sus seguidores.

La acrópolis de Oinoanda fue identificada por exploradores británicos, y el primer plano fue publicado en 1847. Las ruinas de la ciudad fueron estudiadas por vez primera en 1884 y los primeros 64 fragmentos fueron publicados en 1892. Desde entonces se han ido descubriendo más fragmentos. A partir del año 1968 el equipo de arqueólogos dirigido por Martin Ferguson Smith llevó a cabo una serie de excavaciones durante cuarenta años, a raíz de las cuales se han recuperado y traducido un buen número de las mismas que han sido publicadas en tres libros y unos sesenta artículos. No en vano se conoce como El Dorado de la epigrafía clásica. Esta tarea fue seguida por el Instituto Arqueológico

[13]

Alemán (DAI) a partir de 2007, con el objetivo de hacer un inventario completo de los fragmentos recuperados[2]. Debemos por tanto nuestro agradecimiento al esfuerzo de este segundo Diógenes, y a la labor del equipo de arqueólogos de Oinoanda.

Algunas de las obras de Epicuro y otros maestros de tradición epicúrea se encontraron bajo 25 metros de lava. La Villa dei Papiri era una casa privada situada en la antigua ciudad romana de Herculano con una fachada de más de 250 metros frente al Mediterráneo. Era muy probablemente propiedad del suegro de Julio César, Lucio Calpurnio Pisón. La villa se encontraba en la ladera del Vesubio de modo que la erupción del año 79 a.C. la cubrió completamente bajo unos 25 metros de ceniza volcánica. No obstante, preocupado por la inminente erupción del volcán, Pisón había ordenado trasladar su rica biblioteca cuando le sorprendió y enterró el flujo piroclástico. A pesar de ello, muchos de los rollos de papiro se conservaron bien dentro de las cajas en las que los colocaron para ser trasladados. Un equipo de arqueólogos dirigido por Karl Weber exploró por primera vez las ruinas con ánimo científico entre los años 1750 y 1765 excavando unos impresionantes túneles subterráneos, lo cual causó la muerte del arqueólogo[3].

Uno de los hallazgos más significativos fue una biblioteca que contiene 1.785 papiros carbonizados, conocidos hoy como "los papiros de Herculano"[4]. Una parte importante de la biblioteca de Pisón estaba formada por textos epicúreos, algunos de los cuales estaban repetidos. La biblioteca fue literalmente embalsamada por la erupción del Vesubio, de modo que constituye a día de hoy la única colección bibliográfica epicúrea de aquella época. Entre los rollos de papiro que contenía la biblioteca hay treinta y seis tratados atribuidos a Filodemo, valedor de la filosofía de vida epicúrea frente a estoicos y peripatéticos. Las obras de Filodemo tratan sobre diversos asuntos clave del pensamiento de Epicuro, tales como la ética, la retórica, las virtudes y los vicios, las artes adivinatorias, pero asimismo sobre música y poesía. Entre ellos son especialmente relevantes para el estudio del epicureísmo dos libros, *Sobre Epicuro* [PHerc. 1232 & 1289] y *Trabajos de Epicuro y algunos otros* [PHerc. 1418 & 310][5]. Asimismo, existen entre los rollos conservados varias obras de Epicuro, como la voluminosa obra compuesta de treinta y siete libros que bajo el título *Sobre la naturaleza* representa una de las obras clave del filósofo.

Los primeros fragmentos de la obra de Filodemo fueron publicados en Oxford en 1824 y 1825 bajo el título de *Herculanensium Voluminum* y los papiros originales se conservan a día de hoy en la Biblioteca Nacional de Nápoles[6]. Nuevas técnicas, como la fotografía multiespectral, permitirán leer y transcribir estos papiros. De hecho, aun con grandes dificultades y fruto de un esfuerzo internacional, el Philodemus Project tiene como objetivo recuperar, transcribir, traducir y publicar dichos textos en una serie de volúmenes editados por Oxford University Press. Por su parte, en 1968 el magnate del petróleo J. Paul Getty contrató a un equipo de arquitectos, historiadores y arqueólogos a fin de erigir la réplica de una villa romana frente a la playa de Malibú, en California, basándose en la villa de los papiros de Herculano. Las obras terminaron en 1974 y es a día de hoy un museo y un taller de historia y arte clásico en colaboración con la Universidad de California, Los Ángeles.

Por último, existe un manuscrito del siglo XIV que contiene un total de ochenta y un fragmentos breves, en forma de sentencias, atribuidos a Epicuro. Fueron hallados en los archivos vaticanos y publicados por Hermann Usener bajo el título genérico de *fragmentos vaticanos* en su obra *Epicurea* editada en Leipzig en 1887. Algunos de ellos son repeticiones de las máximas fundamentales y otros no son atribuibles a Epicuro, de modo que hemos incluido en esta edición sólo aquéllos sobre cuya autoría no hay polémica y no están incluidos en las máximas fundamentales: un total de cincuenta y nueve máximas.

En resumen, tan sólo han llegado a nosotros las tres cartas parcialmente corruptas y la colección de cuarenta máximas fundamentales de Epicuro de mano de Diógenes Laercio, los ochenta y un fragmentos vaticanos, las inscripciones del ágora de Oinoanda, los papiros petrificados de Herculano que aún se están tratando y, algunas noticias indirectas de mano de Cicerón, Séneca, Filodemo, Lucrecio, Plutarco y algunos otros autores clásicos. No es mucho, si tenemos en cuenta que tratamos de reconstruir el pensamiento recogido en más de 300 obras originales a las que se suman los cientos de obras de sus discípulos, la mayor parte de las cuales también han desaparecido.

Han sobrevivido siete estatuas de Epicuro, copias de un único original de época helenística, y varios bustos que nos dan una idea del probable aspecto físico de Epicuro[7]. Uno de ellos, que se encuentra en el Metropolitan Art Museum de New York, es la copia romana del siglo II d.C. de un original griego primera mitad siglo III a.C., esculpido por tanto unos pocos años después de la muerte del filósofo. La Stanza dei Filosofi del Museo Capitolino de Roma, situada en el Palazzo Nuovo, frente a la magnífica Piazza del Campidoglio, es una habitación repleta de bustos de poetas, oradores y filósofos trasladadas al dicho museo en 1743. Entre ellas se halla un busto de Epicuro, muy similar al del museo metropolitano, que ha servido de base para la cubierta de este libro a partir de la fotografía de Erik Anderson. Hay en la Stanza un segundo busto doble de Epicuro y de su discípulo Metródoro de Mitilene, similar al que se halla en el museo del Louvre de París. Hay también un busto de Hermarco en el museo de Copenhague que ha sido a menudo confundido con el de Epicuro, y es que todos ellos se asemejan mucho. Estas imágenes de Epicuro no coinciden con las descripciones de sus detractores que, como Timócrates, llegaron a afirmar que debido a sus excesos en la mesa durante años fue incapaz de levantarse de su sillón.

Epicuro descompuso su pensamiento en tres ámbitos: la ética, la física y la epistemología (o canónica). A pesar de ello, estos tres grandes espacios de la filosofía epicúrea guardan una estrecha relación y en ciertas ocasiones resulta complejo establecer a qué campo corresponden las partes de la obra que se han conservado.

Al escribir la biografía de Epicuro, Diógenes Laercio decidió comenzar por analizar la física y la epistemología y terminar con la ética. Es por ello que incluye primero la carta a Heródoto, que trata fundamentalmente de física, aunque Epicuro dedicó buena parte de dicha carta a explicar cómo funcionan los sentidos y cómo aprende el ser humano (individual y colectivamente), todo lo cual corresponde al área de la epistemología. Incluyó después

Diógenes la carta que Epicuro escribió a Pitocles en la que trata sobre los fenómenos celestes, pero que encierra un mensaje epistemológico muy contundente. Por último, Diógenes introdujo una copia de la carta que Epicuro escribió a Meneceo, que versa sobre ética y la búsqueda de la felicidad. Las máximas fundamentales y los fragmentos vaticanos versan sobre estos tres ámbitos.

En la presente edición hemos decidido invertir el orden y comenzar por la carta de Epicuro a Meneceo (sobre ética), para incluir después las cartas a Heródoto (sobre epistemología y física) y a Pitocles (sobre los fenómenos celestes y epistemología) y terminar con las máximas y los fragmentos. En este prólogo explicaremos la filosofía epicúrea fragmentada en estos tres grandes apartados, en primer lugar la ética, luego la epistemología y por último la física. Consideramos que de este modo es más fácil explicar el pensamiento del autor, partiendo de lo concreto, de las ideas nucleares de la filosofía epicúrea, hasta llegar a los principios físicos más generales sobre la naturaleza del cosmos.

Vamos a procurar ser breves y concisos ya que, como dijo Epicuro, debemos considerar que un discurso largo y uno corto tienen el mismo fin [FV 26][8].

Vida de Epicuro

Según cuenta Diógenes Laercio, Epicuro era hijo de Neocles y Queréstrates, descendientes de la familia de los Filaidas, naturales del distrito de Gargueto del Ática (estado de Atenas), donde según la leyenda se enterró el cuerpo de Euristeo[9]. En el año 366 a.C. después de un asedio de once meses, los atenienses tomaron Samos y expulsaron a los persas que habían ocupado la isla en el 387 a.C. A fin de mantener el control del territorio, los atenienses decidieron realizar un sorteo entre la población y enviar un contingente de colonos militares, los clerucos (κληροῦχος). Por lo general se trataba de ciudadanos jóvenes, en edad militar, con escasos recursos económicos, a los cuales se les asignaba un lote de tierra suficiente para mantener a una familia. Según cuenta Estrabón, Neocles y Queréstrates estaban entre los 2.000 elegidos que arribaron a la isla hacia el 352 a.C.[10] y, en consecuencia, Epicuro nació en Samos, a finales de enero del 341 a.C.[11], quince años después de que los clerucos defendieran la independencia de la isla y su sistema democrático de gobierno durante la Guerra Social (357-355 a.C.). Epicuro (Ἐπίκουρος) no era un nombre común en la Grecia clásica y significa "mercenario" o "ciudadano soldado[12]".

Epicuro creció y se formó en Samos. Tal como él mismo afirmó en repetidas ocasiones, se dedicó a la filosofía a los catorce años, aunque otros afirman que lo hizo a la edad de doce. Apolodoro Epicureo en el libro primero de la *Vida de Epicuro* —hoy perdida- dice que decidió dedicar su vida a la filosofía en oposición a las ideas de los sofistas y los gramáticos, dado que uno de ellos no supo explicarle el significado de la palabra caos (χάος) en la obra de Hesíodo[13]. Según Hermipo, primero fue maestro de escuela y después, habiendo leído los libros de Demócrito de Abdera, se entregó en cuerpo y alma a la filosofía.

A los dieciocho años volvió a Atenas para realizar el servicio militar de dos años de duración que debían cumplir los habitantes de la isla. El dramaturgo Menandro sirvió en la misma quinta de efebos que Epicuro. Aquél que dijo, "qué grande es el ser humano cuando se muestra verdaderamente humano" [FO 761]. Pero no llegó Epicuro a Atenas en un tiempo apacible, aunque sí típicamente humano. La muerte de Alejandro Magno en junio de aquel año de 323 a.C. en Babilonia estimuló una insurrección en Atenas y provocó la Guerra Lamiaca (323-322 a.C.). Aristóteles tuvo que huir de Atenas, acusado de impiedad por su connivencia con los macedonios, y Teofrasto quedó a cargo del Liceo aristotélico. Por su parte, Jenócrates, discípulo de Platón, estaba a la cabeza de la Academia de la que se hizo cargo desde el 339 a.C. hasta su muerte en el año 314 a.C.

Epicuro fue por tanto testigo de los encendidos discursos patrióticos del general ateniense Leóstenes y de los oradores Hipérides y Demóstenes. Éste último volvía del exilio en medio de la exaltación de los ciudadanos de Atenas que se veían libres del imperialismo macedonio. Si bien no tenemos noticias de que Epicuro fuera movilizado, los atenienses organizaron un ejército y junto con otras ciudades del norte de Grecia derrotaron en el campo de batalla al general macedonio Antípatro, obligándole a refugiarse en la ciudad de Lamia. No obstante, pocos meses después, un fuerte ejército de 20.000 soldados de infantería y 1.500 de caballería al mando de Leonato rompieron el sitio de Lamia y, una flota al mando de Crátero derrotó en septiembre de 322 a.C. a los atenienses en la batalla de Cranón. Los atenienses se vieron forzados a aceptar un humillante acuerdo de paz y Demóstenes hubo de tomar de nuevo el camino del exilio, donde se suicidó pocos meses después de haber sido condenado a muerte junto con otros patriotas insurrectos. Sobre todo ello, Pérdicas, regente del trono de Alejandro, expulsó a los colonos atenienses de la isla de Samos y los exiló a la de Colofón, entre ellos a Neocles y Queréstrates. De este modo, cumplido el servicio, Epicuro tuvo que trasladarse a Colofón en el 322 o 321 a.C.

Después de estos dos tumultuosos años, vivó Epicuro en Colofón y tal vez en la cercana ciudad de Teos, durante los diez años siguientes. Sabemos por Diógenes que dedicó estos años al estudio de la filosofía. Diocles dice que de los maestros antiguos tenía en mucha estima a Anaxágoras, al cual no obstante contradijo en algunas cosas, y a Arquelao, maestro de Sócrates. Apolodoro dice en las *Crónicas* que sus maestros fueron Lisífanes y Praxífanes; Demetrio de Magnesia dice que Epicuro fue discípulo de Jenócrates, pero ciertamente no tuvo tiempo de filosofar durante sus dos años en Atenas y, por otro lado, el propio Epicuro afirmó en la *Carta a Eurídico* que no fue discípulo de nadie. No obstante, Diógenes afirma que estudió durante algún tiempo bajo Nausífanes de Teos. Esto tiene sentido ya que explicaría cómo se inició Epicuro en los principios de la física atómica de Demócrito así como en la teoría de los tres criterios de la verdad de Nausífanes que éste compiló en la obra titulada *Trípode*.

En el 311 o 310 a.C., cuando tenía treinta y dos años, Epicuro formó una escuela en Mitilene, en la isla de Lesbos. Allí debió de conocer a Hermarco (ca. 325-ca. 250 a.C.), hijo de Agemarco, un hombre de pocos recursos económicos, el cual seguiría a Epicuro durante toda su vida, hasta convertirse en uno de los discípulos más avezados de la escuela. No obstante, según cuenta Diógenes, Epicuro se vio obligado a abandonar la ciudad debido al escándalo que causaron sus enseñanzas. Fundó una segunda escuela en Lampsaco, ciudad estratégicamente situada en el Helesponto, la puerta entre el mar de Mármara y el Egeo. Estuvo allí durante aproximadamente cinco años y sus enseñanzas cosecharon un gran éxito, reuniendo en torno a sí a varios de los discípulos que le seguirán toda la vida, entre los cuales destacaron Metródoro (331-277 a.C.), Leonteo y su mujer Temista, Pitocles, Colotes (ca. 320-después de 268 a.C.), Polieno (ca. 340-ca. 285 a.C.) e Idomeneo (ca. 325-ca. 270 a.C.), todos ellos naturales de Lampsaco.

Regresó a Atenas en el año 307 o 306 a.C., durante el arcontado de Anaxícrates, donde filosofó algún tiempo junto con sus discípulos. Posteriormente, según dice Apolodoro, adquirió un terreno en el exterior de la ciudad por ocho minas[14] y estableció su propio círculo filosófico hacia el año 302 a.C. Tenía entonces cerca de cuarenta años. La fundación de su jardín coincide en el tiempo con la llegada a Atenas de Zenón de Citio, padre del estoicismo. El jardín de Epicuro era por tanto una de las cuatro grandes escuelas filosóficas de la ciudad, junto con la academia de Platón, dirigida a partir de la muerte de

Jenócrates en 314 a.C. por Polemón *el escolarca*, el liceo de Aristóteles regentado por Teofrasto durante treinta y seis años, hasta su muerte el 287 a.C., y la escuela de Zenón, que empezó a enseñar bajo los arcos policromos del ágora de Atenas (στοὰ ποικίλη) en el año 301 a.C., los cuales dieron nombre a la escuela estoica.

Tal como señalan las fuentes clásicas, el jardín de Epicuro estaba ubicado a las afueras de Atenas, al noroeste de la ciudad, más allá de la puerta llamada de Dipilón (Δίπυλον), situada escasamente a un kilómetro al noroeste del ágora, la plaza principal de la Atenas clásica[15]. La puerta debe su nombre al maestro Dipilón, un renombrado pintor de vasijas funerarias del siglo VIII a.C. De hecho, el barrio que se extendía a ambos lados de la puerta, a orillas del fresco arroyo Eridanos, era y sigue siendo conocido como el Cerámico (Κεραμεικός), el burgo de los alfareros, que debe su nombre al tipo especial de barro (Κέραμος) que produce su suelo. Allí se encontraba en época clásica el cementerio más amplio y antiguo de la ciudad, el Demosion Sema (Δημόσιον σῆμα) o, literalmente, lugar de las señales o tumbas públicas. Muy cerca del Dipilón, a unos cien metros, se hallaba la puerta sagrada, a través de la cual fluía el Eridanos que atravesaba el ágora procedente del monte Licabetos y, paralelo a éste, el camino que unía Atenas con la ciudad de Eleusis y su santuario en honor a Demeter, situado a apenas veinte kilómetros de distancia. Más allá de ambas puertas, la vía sacra, la vía de las tumbas y la vía de la academia, que llegó a tener una anchura de cuarenta metros, se extendían extramuros de la ciudad de Atenas. A ambos lados de dichos caminos los atenienses tenían la costumbre de erigir monumentos funerarios desde la reconstrucción de las murallas de la ciudad tras el saqueo de los persas de

Jerjes en el 480 a.C. No obstante, unos quince años antes de la creación del jardín, una democrática ley prohibió en el 317 a.C. la erección de fastuosos monumentos funerarios. Y en adelante sólo se permitió colocar modestas columnas votivas.

Más allá del Dipilón se extendía por tanto el ancho camino que conducía a la academia de Platón, situada probablemente a menos de dos kilómetros de las murallas. Y fue ahí, a poca distancia de la academia, donde compró Epicuro una pieza de terreno y dispuso su jardín. Según Séneca, en el dintel que daba paso al vergel epicúreo se podía leer, "Forastero, ven aquí y te deleitarás; aquí nuestro mayor bien es el placer[16]". Ciertamente las relaciones entre la academia y el jardín nunca fueron muy fluidas, y es presumible que Epicuro sedujera a algunos discípulos de Platón de camino a la academia, si tenemos en cuenta que, en abierta oposición a la invitación epicúrea, el dintel de la escuela platónica prescribía severamente "Que no entré aquí quien no entienda de geometría".

Las proximidades de la puerta de Dipilón fueron arrasadas por el ejército del dictador romano Sila durante el saqueo de Atenas en el 86 a.C.

El jardín no era una escuela sino una comunidad de amigos que vivían juntos bajo el liderazgo de Epicuro y sus discípulos más cercanos. Tal como escribió Séneca, no fue la escuela o las enseñanzas de Epicuro lo que hizo de Metródoro, Hermarco y Polieno grandes hombres, sino vivir juntos bajo el mismo techo: su vida en común[17]. La vida del filósofo transcurrió entre el jardín a las afueras de la ciudad y su casa —también con jardín- en el barrio de

Melite, localizado al noroeste de la ciudad, colindante por tanto con la parte del Cerámico de intramuros, a menos de dos kilómetros del jardín.

Natural de Samos, como Pitágoras, Epicuro debió estar familiarizado con las costumbres y normas de las escuelas pitagóricas, que funcionaban como asociaciones en las que maestros y discípulos filosofaban, trabajaban y convivían. Epicuro no estableció la comunidad de bienes en el jardín como hizo Pitágoras en sus escuelas, ya que, según explica Diógenes, en opinión de Epicuro la comunidad de bienes implicaba cierta desconfianza y sin confianza la amistad no es posible. No obstante, según la costumbre que regía en el jardín, ninguno de los miembros que prestaban sus servicios allí y habían elegido envejecer en el mismo junto con el resto de los discípulos, debía, en la medida de las posibilidades económicas de cada momento, carecer de lo necesario para la vida.

Maestros y discípulos convivían en lo que, lejos de ser una escuela, como lo eran la academia y el liceo, era un lugar para aprender mediante el ejercicio de las virtudes, practicando una vida en comunidad. Dedicaban parte del día a la meditación y, sabemos por una carta de Epicuro a Idomeneo que aquél prohibía a los discípulos dormitar durante la meditación[18]. Epicuro declaraba que era preciso reír y filosofar, hacer las tareas del hogar y emplear todas las demás facultades del cuerpo y del espíritu, al mismo tiempo que se "proclaman las palabras de la verdadera filosofía" mediante la disertación, la conversación y la reflexión [FV 41]. El jardín observaba cierta jerarquía en virtud de los años de estudio y dedicación. De este modo, Epicuro ostentaba el liderazgo con el título de líder (ἡγεμών) y sabio (σοφός). Hermarco era conocido como *kathegetés* (καθηγητής), con el mismo significado de "líder" o asistente del líder. Metródoro, Polidemo y, en general, todos aquellos que se habían unido a Epicuro en Lampsaco, serían considerados condiscípulos del líder o *kathegemonés* (καθήγεμών)[19]. Pero a pesar de esta jerarquía Filodemo denominaba a Epicuro, Hermarco, Metródoro y Polidemo utilizando el mismo apelativo de "hombres" (ἄνδρες), esto es, los principales, y todos ellos eran igualmente considerados amantes del saber o filósofos (φιλόσοφοι)[20]. El resto de los discípulos eran considerados instructores asistentes, si bien todos los miembros del jardín detentaban igualmente el rango de amigos (φίλοι) y co-filosofantes (συνεφιλοσόφουν), dos conceptos clave del pensamiento epicúreo. El jardín era desde esta perspectiva un claustro en el que los miembros eran libres de entrar y de salir, sin que -más allá de abrazar los principios filosóficos del epicureísmo- les fuera exigida una filiación ni se les impusiera una regla como en los monasterios del medievo.

Según expresó Diócles en el libro tercero de su *Epítome*, vivían sobriamente, comiendo frugalmente y consumiendo comestibles sumamente baratos y simples como pan y agua y, ocasionalmente vino y queso. Séneca pondera la moderación de la vida epicúrea en su obra *Epistulae morales ad Lucilium* donde menciona una carta de Epicuro a Polieno escrita hacia el 307 a.C. en la que Epicuro menciona cómo se puede satisfacer el hambre parcamente, y alcanzar una felicidad plena y completa [MF 14]. Se jactaba Epicuro de vivir con menos de una moneda de cobre (centavo) al día, si bien también afirma que Metródoro no había hecho grandes progresos en este sentido[21]. Plutarco expresó que los miembros del jardín vivían con una dieta a base de alubias[22]. En principio

Epicuro hizo alusión a una dieta a base de agua, harina de cebada y cortezas de pan de cebada. Por lo demás, vestían ropas y utilizaban utensilios convenientes para una vida plácida, pero de poco valor, rehuyendo en lo posible todo lujo[23]. En una de las inscripciones de Oinoanda expresaba Diógenes que las necesidades básicas del cuerpo son nimias y fáciles de satisfacer y que no sólo se puede vivir bien disfrutando de estas necesidades mínimas en toda su plenitud, sino que pretender perseguir deseos que superan las necesidades básicas, lejos de ser de ninguna utilidad, implica serios peligros para un pleno disfrute de la vida y la búsqueda de la felicidad. Así que en opinión del autor el verdadero bienestar corporal y la tranquilidad de espíritu se alcanzaban disfrutando de los pequeños placeres diarios de la vida con moderación y estudiando filosofía de común acuerdo [FO 2].

Por otro lado, de todas partes de la Grecia clásica concurrían discípulos, admiradores y posiblemente también adversarios a visitar el jardín, y aún a quedarse allí durante algún tiempo, como era costumbre. Según cuenta Diógenes, Epicuro tenía tantos amigos que no cabían en las ciudades, y a él acudían todos sus discípulos, "atraídos por sus dogmas como por sirenas[24]". Su extrema bondad y mansedumbre, su gran recogimiento y mucha gratitud a sus padres, beneficencia con sus hermanos y dulzura con los criados y esclavos (como consta en su testamento), le atrajeron gran popularidad[25]. La intensidad de las relaciones dentro del jardín se refleja en el hecho de que, además de convivir con tres de sus hermanos, casó a la hermana de Metródoro, Bátide, con otro de sus más cercanos amigos y posiblemente mecenas, Idomeneo de Lampsaco, a quien Epicuro en su lecho de muerte pidió que se hiciera cargo de los hijos de Metródoro[26]. Y

Epicuro tomó a Leontión, una cortesana ateniense, por compañera, si bien nunca se casó ni tuvo hijos. Temista y Leonteo llamaron a su hijo Epicuro.

Se observaban anualmente al menos cinco festividades. Se celebraba el natalicio (ἡμέρα) de Epicuro en la primera decena del mes de Gamelión (segunda quincena de enero), algo habitual en Atenas y que observaron asimismo los líderes de otras escuelas como Sócrates o Platón. Una vez al año se oficiaban las ofrendas anuales (ἐναγίσματα) en honor a los padres y hermanos fallecidos de Epicuro. Estas celebraciones, típicas en la Atenas clásica, consistían en un banquete en honor de los muertos, con libaciones y sacrificios. Los familiares de los muertos vertían aceites u otros ungüentos sobre las tumbas, así como miel, leche y vino, que se quemaban en el altar. Se conmemoraba la memoria del filósofo y discípulo Polieno el mes de Metagitnion (agosto/septiembre). En el mes de Poseidón (probablemente a finales de diciembre, coincidiendo con el solsticio de invierno) se celebraban festividades en honor de los hermanos de Epicuro[27]. Por último, el día 20 de cada mes se practicaban las ceremonias en memoria de Epicuro y Metródoro. Este hecho era ciertamente irregular, ya que las celebraciones mensuales quedaban reservadas a los dioses. De hecho, los epicúreos llegaron a ser conocidos como miembros del culto del día vigésimo (εἰκαδισταί) en virtud de esta práctica[28].

El jardín fue uno de los primeros círculos filosóficos de Atenas en admitir a metecos (residentes, sin ciudadanía ateniense), esclavos y mujeres. Tal como expresó Filodemo el epicúreo en el libro décimo de su *Catálogo de los Filósofos*, Neocles, Querédemos y Aristóbulo, tres de los hermanos de Epicuro, figuraban también entre los miembros del jardín. Y, tal como apuntó Mironiano en sus *Capítulos históricos*, un esclavo suyo llamado Mus (ratón), a quien daría la libertad en su testamento, fue asimismo uno de los filósofos del jardín. Temista, esposa de Leonteo de Lampsaco y Leontión, compañera de Epicuro, fueron miembros del círculo de filósofos del jardín y gozaron de la misma libertad que el resto de sus compañeros de jardín. Tal fue su influencia que Plinio se preguntaba cómo Leontión, una mujer, podía escribir contra Teofrasto[29], y Cicerón ponderó los argumentos de ésta contra el escolarca del liceo[30]. Bátide y Temista fueron miembros del jardín desde un principio[31]. A éstas se suman Nikidion y Philainis, un número de mujeres filósofas mayor que en ningún otro círculo de pensamiento griego[32]. Epicuro dedicó varias de sus obras a algunas de estas mujeres y escribió un buen número de cartas a las mismas. Asimismo, Plutarco echaba en cara a Epicuro que cuando Mitras, asistente de Lisímaco, rey de Tracia, fue encerrado en la prisión del puerto del Pireo por orden de Crátero, en un intento de ayudar a uno de sus mecenas más fieles, aquél escribiera cartas a todos los habitantes de Atenas, hombres y mujeres por igual[33].

Tanto Diógenes como Filodemo escribieron que los miembros del jardín habían sido acusados de cierta promiscuidad, al indicar que Nikidión era la amante de Idomeneo, Mammarión la de Leonteo y Demetria la de Hirmarco. A decir de Plutarco, declarado enemigo del epicureísmo, Leontión, Boidión, Hedeia y Nikidión eran mujeres jóvenes y hermosas. Los fragmentos que se han conservado entre los papiros de Herculano revelan la presencia de otras mujeres cuyos apelativos podrían indicar que se trataba de cortesanas, sin por ello excluir que participaran de la vida filosófica del jardín. Tal es el caso de Demetria (fértil), Boidión (la de los ojos de buey), Hedeia (encanto), Mammarión (tetona) y, Erotión (voluptuosa)[34].

Si bien la mayor parte de sus últimos treinta y cinco años de vida transcurrieron en Atenas, tenemos noticias de que Epicuro realizó diversos viajes a diferentes lugares de Jonia a visitar a sus discípulos y tratar los asuntos referentes a la escuela. Gracias a las inscripciones de Oinoanda sabemos asimismo que en el curso de un viaje de Mitilene a Lampsaco sufrió un naufragio que estuvo a punto de costarle la vida. Tras naufragar, encontró un refugio en las rocas de la costa protegido de la fuerza de la marea pero las olas lo empujaron repetidamente contra la roca provocándole heridas de diversa consideración y la succión de abundante agua de mar. Hubo de permanecer allí por mucho tiempo, hasta que, poco a poco, los ataques de las olas fueron remitiendo y pudo llegar a salvo a tierra firme, aunque totalmente desollado y malherido. Así permaneció durante casi dos días, afectado por el hambre, la fatiga y las heridas [FO 72].

La razón y la importancia de los bustos de Epicuro y sus discípulos se deben a la estrategia de reclutamiento de los jardines epicúreos. A diferencia de otros círculos y escuelas filosóficas de la antigüedad, que dedicaban parte de su esfuerzo a ofrecer discursos públicos mediante los cuales atraer discípulos, la escuela epicúrea, que practicó el retiro y el coloquio filosófico entre condiscípulos, evitó la actividad pública y atrajo nuevos prosélitos mediante la difusión de cartas y epítomes de sus doctrinas y la erección de estatuas de Epicuro, pinturas o inscripciones públicas con máximas fundamentales del epicureísmo y, unido a esto, mediante la celebración de eventos en memoria de los primeros maestros de la escuela, fundamentalmente Epicuro, Metródoro, Hermarco, Colotes y Leontión[35]. Resulta por tanto comprensible que mientras han subsistido únicamente dieciocho bustos de Aristóteles, hayan llegado a nosotros veintiún bustos de Hermarco; asimismo se han hallado seis anillos con la figura de Epicuro frente a sólo dos con la de Aristóteles[36]. Se han hallado asimismo un buen número de anillos con representaciones de Epicuro. De hecho registró Cicerón en el libro quinto de su obra *De finibus bonorum et malorum* que Pomponio el epicúreo, obedeciendo al viejo dicho de la escuela, solamente "pensaba en los que estaban vivos", pero que dado que no podía olvidar a Epicuro, guardaba imágenes de él, e incluso copas y anillos con su efigie[37].

Es preciso subrayar también que las imágenes de Epicuro, Metródoro, Hermarco y Colotes se asemejan mucho, y no es plausible suponer que estas cuatro personas tuvieran una semejanza física tan grande. Probablemente se trata de una metáfora, en el sentido de que, así como Epicuro consiguió asemejarse a los dioses mediante el ejercicio de su pensamiento, sus discípulos llegaron a asemejarse a los dioses en tanto en cuanto se hicieron semejantes a su maestro[38].

Según los datos que aporta Diógenes, Epicuro escribió alrededor de 300 libros entre los cuales menciona algunos que podemos catalogar, guiándonos por sus títulos, en cinco grandes categorías:

1. Libros sobre ética. *Sobre las obras justas*; *Opiniones acerca de las pasiones*; *Sobre la justicia y demás virtudes*; *Sobre los dones y las virtudes*; *Contra los Megáricos*; dos

obras tituladas *Opiniones acerca de las enfermedades y la muerte*; *Sobre el amor*; *Sobre la piedad*.

2. Libros sobre epistemología o criterios de conocimiento. *Sobre el criterio o regla*; *Sobre las imágenes mentales*; *Sobre la fantasía*; *Sobre la vista*; *Sobre el tacto; Sobre los sentidos, contra Timócrates*; *Sobre la adivinación*.

3. Libros sobre física y temas relacionados con las ciencias naturales. Treinta y siete libros *Sobre la naturaleza*; *Sobre los átomos y el vacío*; *Epítome de los escritos contra los físicos*; *Sobre el ángulo del átomo*; *Sobre el fin*; *Sobre los dioses*; *Sobre las plantas*; *Sobre el hado*; *Sobre la música*.

4. Epítomes de obras mayores. *Sentencias selectas*; *Preparación para la filosofía*; *Cartas*.

5. Libros dedicados a discípulos y amigos, biografías y críticas a otros autores. Cuatro libros *Sobre las vidas*; *Neocles*; *A Temista*; *El banquete*; *Euriloco*; *Metródoro*; *A Tirnocrátes*; *Querédemos*; *Hegesianax*; *Aristobolo*; *Polimedes*; tres libros titulados *Metródoro*; cinco libros titulados *Antidoro*; *Calistolas*; *Anaxímenes*.

En sus discursos y, por extensión, también en sus libros, procuraba siempre utilizar un lenguaje extremadamente claro y fácil de entender por lo que dedicó a la claridad del lenguaje un libro de retórica en virtud del cual quiso inculcar la transparencia en los discursos a sus seguidores y discípulos. Ejercitaba asimismo las repeticiones, lo cual le acarreó las críticas de sus adversarios en más de una ocasión, y exhortaba a sus seguidores a que aprendiesen de memoria y divulgasen sus epítomes o sentencias selectas.

Hermarco escribió en sus *Cartas* que murió de mal de piedra en el riñón. Murió después de padecer fuertes dolores durante catorce días. Hermipo dice que se metió en una bañera de bronce llena de agua caliente, a fin de mitigar el dolor[39]. Después de haber pedido vino puro, y de exhortar a los amigos a que se acordasen de sus dogmas, murió el 270 a.C., habiendo vivido setenta y dos años y habiendo dirigido el círculo filosófico del jardín durante treinta y dos[40]. Murió según sus propios preceptos, sin temer a la muerte. De hecho, el propio de día de su muerte escribió una carta a Idomeneo, uno de sus discípulos, en estos términos: "te escribo esta carta en un día feliz para mí, que es también el último día de mi vida. Porque sufro de una dolorosa incapacidad de orinar, así como de disentería. Tal es mi dolor que no se puede añadir nada a mis sufrimientos. Pero la alegría de mi mente, que se alimenta de los recuerdos de mi contemplación filosófica, contrarresta mis aflicciones[41]".

Diógenes incluyó en la biografía de Epicuro una copia de su testamento. Dio todo cuanto tenía a dos ciudadanos atenienses, Aminómaco de Bate y a Timócrates de Pótamos, con la condición que dieran el jardín y sus pertenencias a Hermarco y a cuantos filosofasen con él, así como a aquéllos a los que Hermarco nombrase sucesores del jardín. También dejó a Hermarco la casa que poseía en Melite para que viviera allí, y para el uso de los que con él filosofasen. De las rentas que diesen los bienes que dejó al morir, Aminómaco y Timócrates, de acuerdo con Hermarco, debían tomar la parte que pudieran para invertirla en sacrificios en su honor y en la memoria de su padre, madre y hermanos. Según la costumbre observada en el jardín, debían asimismo continuar celebrando su cumpleaños y el dinero de las rentas serviría para subvencionar los gastos que originasen los discípulos del jardín que concurrieran a dichas ceremonias. Ordenó asimismo en su testamento que Aminómaco y Timócrates cuidasen de Epicuro (hijo de Metródoro) y del hijo de Polieno mientras estudiasen filosofía y vivieran con Hermarco. Sabemos que el hijo de Metródoro llegó a convertirse en uno de los filósofos del jardín y que alcanzó cierto relieve en los círculos filosóficos de la época. Epicuro dio asimismo las instrucciones necesarias para que cuidasen de la hija de Metródoro, la cual llegada a la edad necesaria, debía casar Hermarco adecuadamente con alguno de los discípulos. Según la costumbre observada en el jardín, ordenó que cuidaran de su asistente Nicanor a fin de que no le faltara de nada, y concedió la libertad a sus esclavos Mus, Nicias y Licón y a su esclava Fedrilla.

Entregó su biblioteca a Hermarco, que le sucedió a la cabeza del jardín. La sucesión del jardín permanece sin interrupción de maestros a discípulos aun cuando los tres restantes círculos filosóficos atenienses desaparecieron. De este modo, Polístrato sucedió a Hermarco. A éste sucedieron Dionisio y Basílides. Apolodoro de Tiro, apodado *Cerotyrannos* (el rey del jardín), llegó a escribir más de quinientos libros. Se hicieron cargo del jardín posteriormente los dos Ptolomeos alejandrinos, el negro y el blanco. Sucedieron a éstos, Zenón de Sidón (ca. 150-75 a.C.) que fue discípulo de Apolodoro y maestro de Filodemo, Demetrio de Laconia, Diógenes Tarso y, Orión. No se sabe con certeza quién sucedió a Orión y, los pocos datos de que disponemos se contradicen parcialmente. Así, los datos que aporta Cicerón, que conoció personalmente a Fedro el epicúreo, indican que éste sucedió a Zenón de Sidón a la cabeza del jardín a la muerte de aquél, y que dirigió el círculo filosófico hasta su muerte unos cinco años más tarde[42]. A este seguiría Patro a quien también conoció Cicerón. En cualquier caso y, a pesar del saqueo de Sila durante el período de Zenón de Sidón, existen indicios de la existencia del círculo epicúreo de Atenas hasta al menos el año 50 a.C., esto es, más de 250 años después de la creación del jardín.

Narraba Cicerón que estando en Atenas un cierto día del año 79 a.C. organizaron un paseo por la tarde a lo que había sido la academia platónica, ya que acertadamente pensaron que el lugar estaría tranquilo a esa hora del día. A la hora convenida se reunieron todos en la casa de Pisón y atravesaron la puerta del Dipilón. Tal como habían previsto, cuando llegaron a los campos de la academia no había nadie allí, de lo cual podemos deducir que la depredación de las tropas de Sila en el año 86 a.C. no dejó piedra sobre piedra. Comenta no obstante Cicerón por boca de Pisón que la historia había hecho de aquellos parajes lugares casi sagrados en recuerdo de quienes allí habían habitado. Y, a pesar de que el grupo había pasado hacía tan sólo un momento frente al jardín de camino a la academia, no mencionan si aún estaba en pie o si por el contrario, como es presumible, no quedaban ya sino ruinas y tal vez alguna estatua conmemorativa[43].

De hecho, en virtud de un incidente en el que se vio envuelto Cicerón sabemos que la casa de Epicuro se hallaba en ruinas hacia el año 79 a.C. Gayo Memmio, orador, poeta y tribuno romano que murió hacia el año 49 a.C., se trasladó a Atenas huyendo de Roma por haber practicado manejos ilegales en las elecciones. En Atenas había adquirido el permiso necesario de la corte del Areópago para derribar una vieja pared que pertenecía a la casa que Epicuro había habitado en Melite, y que dejó en herencia para el uso de los filósofos del jardín. Esto fue considerado por Patro, que entonces dirigía el jardín, una profanación, y en consecuencia se dirigió a sus amigos Ático y Cicerón para anular el decreto del tribunal. Cicerón se trasladó a Atenas y llegó allí un día después de que Memmio hubiera partido con destino a Mitilene. De allí escribió a Memmio, pidiéndole que desistiera de tal propósito[44]. Era el año 51 a.C.

Dijo Hermarco de Epicuro que "cuando comparamos la vida de Epicuro con la de otros hombres o la medimos en relación con su mansedumbre y autosuficiencia, podría pensarse que es una mera leyenda" [FV 36].

El pensamiento de Epicuro

La ética de Epicuro se sustenta en cuatro pilares: 1) la satisfacción de los deseos a fin de disfrutar del placer, 2) la práctica de la amistad a fin de alcanzar y practicar la bondad, 3) la adquisición de la sabiduría a fin de alcanzar y cultivar la prudencia y, 3) la conquista de la felicidad, que es el objetivo fundamental de la vida [CM 122, 127], [CH 76-79], [CP 84 y 97], [MF 17, 19, 27] y [FV 14, 52].

Una persona noble y generosa (γενναῖος) –decía Epicuro- persigue la sabiduría y la amistad [FV 78]. Pero, a pesar de que en opinión de Epicuro la satisfacción de los deseos y el alcance de la sabiduría eran aspectos fundamentales y necesarios para disfrutar de una vida plenamente feliz, el autor colocó la amistad (φιλία) por encima de todos los demás valores humanos al afirmar que de todas las cosas que procura la sabiduría para la felicidad de la vida, la más importante con mucho es la conquista de la amistad [MF 27].

Epicuro no dejó una definición de "amistad" en las cartas y fragmentos que se han conservado, y el término φιλία (filia) en griego clásico era polisémico por lo que podía significar "amistad" en un sentido parecido al que tiene en griego moderno[45] o asimismo hacer referencia a una misma relación de origen, similar al término castellano filiación, ya sea de lugar o de sangre. En determinados contextos el término hacía referencia al ánimo natural que unía o atraía a las fuerzas discordantes, como antónimo de "pugna" (νεῖκος) o "discordia" (ἔρις) que las mantenían

[37]

separadas. Por extensión, el término podía también denotar "afecto" y "amor" o incluso "atracción sexual".

En el mundo filosófico epicúreo el concepto "amistad" (φιλία) hace referencia a la afectuosa camaradería entre las personas en un sentido muy amplio o, si se prefiere, muy exigente. Si consultamos un diccionario encontramos que amistad es básicamente la "relación entre amigos; confianza y afecto desinteresado entre las personas". La amistad epicúrea en un concepto sumamente más complejo que éste y conlleva muchas más nociones que las de relación, confianza y afecto. Por otro lado, el concepto de amistad epicúreo no es desinteresado, sino todo lo contrario, nace precisamente del interés mutuo.

La amistad según Epicuro entraña afección, cordialidad, simpatía, familiaridad, camaradería, afinidad, generosidad, armonía, protección, confianza y, lealtad. Y de estas nociones esenciales, de esta definición de amistad, se deducen cinco de las doctrinas capitales del pensamiento epicúreo:

1. La amistad como escuela de virtudes. Tal como se deduce de la biografía de Epicuro y de sus cartas, el filósofo era consciente de que la amistad se construye, y de que se alimenta de la convivencia. Tal como expresó Epicuro, sin contacto visual, compañía y contacto físico, la pasión sexual desaparece [FV 18]. De este modo, la amistad sin convivencia o, en su ausencia, sin contacto epistolar, también desaparecería. En términos prácticos, la convivencia sobre la que necesariamente se construye la amistad es el timón para la ejecución de las virtudes más necesarias y

una guía para adquirir los conocimientos más fundamentales de la vida. Más allá de todo ello, la convivencia ayuda a que germinen la familiaridad y la cordialidad necesarias para generar el afecto, que es el primer pilar de la amistad. La familiaridad, la camaradería, la afinidad, la simpatía y la afección son por tanto virtudes necesarias, aunque no suficientes, que ayudan a aflorar en la persona lo mejor de sí mismo. La convivencia en la amistad era pues según el autor una escuela de virtudes en la cual las relaciones interpersonales enseñaban a las personas a procurar lo mejor para sus compañeros, adiestrándolos de este modo en su ejercicio. Tal como escribió Séneca, la amistad y la convivencia ofrecían desde la perspectiva epicúrea muchos beneficios, porque la forma más eficaz y productiva de ser mutuamente beneficiosos es conferir y obtener beneficios a través de la ayuda mutua[46]. Es por ello que Epicuro afirmó que la amistad nos une a todos en una danza universal mostrándonos que nos debemos a la felicidad [FV 52].

2. La amistad como teatro de operaciones. De ello se deduce lógicamente que hay que procurar vivir en dicha escuela de virtudes, que es preciso tener amigos y convivir con ellos lo más intensamente posible. Es preciso por tanto convertir la convivencia en confraternidad y, coexistencia. Básicamente ésta es la razón de ser del jardín de Epicuro: un lugar para potenciar el trato, la reunión y la intimidad en el cual la convivencia de los amigos dé lugar a una verdadera hermandad, a una sociedad ideal. Es asimismo un placer estar rodeado de las personas a las que se quiere, lo cual

expresó Epicuro al afirmar que la contemplación de los que están cerca y son queridos por nosotros es inmensamente hermosa ya que, nuestro parentesco original nos hace acercarnos los unos a los otros y nos incita a convivir y coexistir [FV 61]. El jardín de Epicuro es desde esta perspectiva el ámbito idóneo para el desarrollo de una vida plena y feliz, el más ideal teatro de operaciones de la vida.

3. La amistad como el estado ideal de justicia. La generosidad y la armonía son otros dos importantes ingredientes de la definición epicúrea de amistad. Epicuro dio mucha importancia a la necesidad que tiene el ser humano de buscar protección con respecto al resto de las personas. En opinión del autor se podía buscar protección mediante la adquisición de poder y dinero. El poder y una gran riqueza podían en efecto garantizar una cierta seguridad en lo que se refiere a las disputas humanas, pero en su opinión la seguridad de las personas dependía fundamentalmente de la tranquilidad de sus almas, de la ausencia de ambición [MF 13]. De donde se deduce que la amistad era la principal fuente de protección y de seguridad [MF 28]. De hecho, el origen de la amistad era según Epicuro la necesidad de ayuda mutua (ὠφέλεια) [MF 23], tanto física como moral e intelectual [FV 23]. Ello explica que la protección mutua, la confianza mutua y la lealtad sean ingredientes imprescindibles de la definición de amistad de Epicuro que instaba a sus discípulos a abandonar los malos hábitos como a las personas inicuas, injustas, que siempre causan daño [FV 46]. La amistad verdadera se sustenta en el primer

principio de justicia que según Epicuro es "no lastimes ni seas lastimado" (μὴ βλάπτειν μηδὲ βλάπτεσθαι). En un ambiente de amistad es muy difícil transgredir esta primera ley del pacto social, y ello garantiza la seguridad individual, tanto física como psíquica. La amistad según Epicuro no es por tanto una cualidad desinteresada, aunque sí generosa. De hecho, en el seno de una sociedad basada en la amistad la generosidad que requiere un estado ideal de justicia es más fácil de promover y de desencadenar y, por tanto, más asequible. Es por ello que Epicuro afirmaba que la traición de un amigo es uno de los peores males. Es en virtud de este principio de justicia y de generosidad o de reciprocidad que Epicuro expresa que el hombre sabio sufre más cuando ve a su amigo atormentado que cuando él mismo está siendo atormentado y que, en consecuencia, si un amigo lo agravia, toda su vida se confunde por la desconfianza que este hecho genera, y se trastorna completamente [FV 56].

4. La amistad como catalizador de la felicidad. Tal como se desprende del concepto epicúreo de justicia natural (φύσεως δίκαιόν), Epicuro creía como Aristóteles y la mayor parte de los pensadores de su época que el ser humano era un animal social [MF 31]. Pero, al margen del criterio aristotélico, Epicuro tenía una razón fundamental para creer en la sociabilidad natural del ser humano: la satisfacción de los deseos y el disfrute de los placeres no es posible en confinamiento solitario. Si la satisfacción de los deseos es uno de los pilares que sustentan una vida feliz, la convivencia es del todo necesaria, ya que la

convivencia es la única forma de disfrutar de los placeres y de satisfacer nuestros deseos. Más aún, si la convivencia es perfecta, como lo es la coexistencia entre amigos, la satisfacción de los placeres será plena. La amistad es por tanto un catalizador del placer.

5. La amistad como pilar de la vida pública. La afinidad, unión y pacto que surgen de forma natural de la convivencia entre amigos debe ser el fundamento de la vida pública basada en el criterio de justicia epicúrea: la cosmópolis ideal. Pero, dado que la amistad es muy difícil de mantener sin la debida convivencia o coexistencia y, dado que todos los seres humanos no pueden convivir al unísono, la sociedad ideal es aquélla edificada sobre pequeñas unidades independientes, manteniendo relaciones de amistad las unas con las otras y sustentadas en el primer criterio de justicia (φύσεως δίκαιόν) que hemos mencionado en el párrafo anterior. Y es así como se desarrollaron los diversos jardines epicúreos de los que tenemos noticia, distanciados pero en permanente contacto epistolar.

Todo esto explica por qué instaló Epicuro a la amistad como la primera de las cualidades humanas y por qué afirmó que la amistad es siempre intrínsecamente deseable [FV 23] y por qué la conquista de la amistad es, con mucho, lo más importante para una vida plenamente feliz [MF 27].

La amistad según Epicuro es por tanto la cualidad humana indispensable para gozar de una vida justa, honorable y feliz, ya que fomenta el desarrollo de las mejores cualidades del ser humano, favorece el ejercicio de las virtudes y ayuda a potenciar la satisfacción de los deseos y el disfrute de los placeres. Es el estado ideal del ser humano y, desde la perspectiva epicúrea, concierne tanto a hombres como a mujeres y niños de todas las condiciones sociales y de todas las culturas. Ciertamente una concepción revolucionaria para la época en la que le tocó vivir.

La sabiduría era en opinión de Epicuro un bien mortal pero la amistad es un bien inmortal [FV 78], una de las pocas cualidades humanas que subsistían a la muerte, en el recuerdo de los vivos. Es por ello que Epicuro dejó escrito en su testamento que se celebraran las festividades en honor a las personas más cercanas al propio Epicuro y, en general, a los miembros del círculo epicúreo, cuyos lazos de amistad habían mantenido unidos a los miembros del jardín.

El concepto de justicia de Epicuro está muy unido al de amistad, de hecho, es una cualidad humana dependiente en gran medida de la amistad. Desde la perspectiva epicúrea es muy difícil alcanzar un estado de justicia pleno en las sociedades humanas si no es a través del ejercicio de un buen número de virtudes, las cuales se desarrollan y ejercitan mejor y más plenamente en confraternidad. Y la amistad es el motor y razón de ser de la confraternidad.

En opinión de Epicuro existe una justicia natural y una justicia social, producto de la convención social humana. La justicia natural (φύσεως δίκαιόν) es un reflejo del pragmatismo o utilitarismo humano [MF 31]. Lamentablemente, Epicuro no nos da ninguna pista en las cartas y fragmentos que se han conservado sobre el origen

[43]

o naturaleza de dicha justicia natural. Tan sólo podemos establecer con seguridad que Epicuro consideraba que en efecto existía una justicia humana, universal, propia del género humano, que vinculaba a todos los seres humanos, independientemente del género o la cultura de la persona [MF 36]. La razón de ser de dicha justicia es la utilidad pública: la justicia es la misma para todos porque es algo útil para la convivencia [MF 36].

La justicia natural se sustenta en el principio de reciprocidad, esto es, no hagas a otros lo que no quieras que te hagan a ti (ὸ μὴ βλάπτειν ἀλλήλους μηδὲ βλάπτεσθαι) o, incluso, haz a los demás lo que quieras para ti mismo. Ésta debe ser la premisa del comportamiento individual (ética) y de la vida en comunidad (política) [MF 31]. Se deduce de este concepto de justicia de Epicuro que el estado ideal, el más ventajoso y productivo para la vida –individual o colectivamente considerada- era no causar ningún perjuicio a otros ni sufrir daño alguno de mano de otros.

Junto con el complejo concepto de amistad, esta noción de justicia sustentada en el principio de reciprocidad como fundamento de la ética es original en la Grecia clásica. La minimización del daño a uno mismo y a los demás como fundamento para organizar una sociedad supone que en opinión del autor la paz era una condición necesaria para maximizar la felicidad. Las sociedades justas producirán más felicidad y placer entre sus ciudadanos que aquéllas en las que no existe la justicia natural o la justicia social. Básicamente, el principio epicúreo de justicia natural unido al importante axioma epicúreo de la satisfacción de los deseos, es una temprana alusión a la fórmula ética "haz el amor y no la guerra".

Epicuro vivó en primera persona los hechos que tuvieron lugar durante su estancia de dos años en la Atenas del 323-22 a.C. y el brusco cambio político que impuso el ejército macedonio. No hay nada en el pensamiento epicúreo que haga pensar que el autor no favoreciera un sistema de gobierno democrático, como reflejo del hermanamiento de la familia humana, con participación directa de hombres y mujeres. El mundo físico epicúreo es plenamente democrático, formado por partículas igualmente mínimas, igualmente sólidas e igualmente libres. Por otro lado, la única referencia que tenemos de la figura de Alejandro Magno, que representa el poder hegemónico y monárquico macedonio, es una crítica inscrita en piedra en uno de los muros de Oinoanda, en la que Diógenes establece claramente que el sabio ni quiere ni necesita sino que le estorban la autoridad y la fortuna de las que disfrutó Alejandro, ya que los seres humanos están constituidos de tal modo que no tienen necesidad de lo que carece de valor real [FO 51].

Si generalizamos esta máxima, basada en las doctrinas que de Epicuro recibió Diógenes, concluiríamos que Epicuro era un decidido defensor de la democracia participativa en su versión más liberal, porque una democracia de este tipo es lo más parecido a una asociación de amigos. Sin libertad el individuo no es capaz de elegir ser virtuoso, ni sabio, y la idea de sabiduría y ejercicio de la amistad que se desprende de las cartas de Epicuro es la consecuencia de una decisión personal, responsable y ponderada del individuo, y no de la imposición de un tirano. Si así fuera, ni la sabiduría ni la amistad tendrían el peso específico que tienen en el pensamiento epicúreo. Bastaría con idear un gobernante sabio y virtuoso capaz de inducir la virtud en sus ciudadanos. Es sintomático que entre las referencias a las obras de Filodemo en la villa de los papiros de Herculano haya una dedicada a la libertad de expresión [PHerc. 1471].

En suma, no se han conservado obras de Epicuro sobre el estado ideal pero de sus escritos se deduce que muy probablemente defendiera sistemas de gobierno democráticos, sin distinciones en virtud de género, etnia, origen cultural o clase social, y de reducido tamaño. De la lectura de los breves textos sobre ética y física de Epicuro es fácil deducir que ideas como la igualdad, la fraternidad, el cosmopolitismo, la libertad de expresión o el derecho a la consecución de la felicidad son nociones cardinales de un pensamiento político epicúreo. Doctrinas como el colonialismo, el belicismo o el totalitarismo tienen muy difícil encaje en la filosofía epicúrea[47].

Las enseñanzas de Epicuro tienen gran número de aplicaciones prácticas en campos como la política o la ética, pero asimismo en el ámbito de la medicina. Asclepíades de Bitinia (ca. 124 o 129-40 a.C.), médico y discípulo de la filosofía epicúrea, fue quien introdujo la medicina griega en Roma. Asclepíades abogó por el trato amable, simpático, agradable y sin dolor de los pacientes. Abogó por la integridad de los pacientes mentales, de modo que los liberaba de su confinamiento y los trataba con terapia natural, tales como dieta y masajes. Sus enseñanzas son sorprendentemente modernas. Asclepíades está considerado un pionero en la psicoterapia, la terapia física y la medicina molecular[48].

A nivel individual –hoy diríamos que a nivel psicológico-, la persona era en opinión de Epicuro responsable de sus actos y por tanto, podía optar por obrar con rectitud o actuar incorrectamente, pero el justo gozaría de la mayor paz espiritual, ya que al injusto le mortificaría la inquietud [MF 16]. Epicuro entiende aquí los conceptos de justicia e injusticia en relación con el concepto de justicia natural, democrática, cosmopolita y universal, ya que de lo contrario no podría hacer referencia a hombres justos o injustos en general, sin mencionar el sistema legal concreto en el que se desarrollase su vida y con respecto del cual podríamos juzgar sus acciones en términos de justas o injustas. Epicuro afirmaba asimismo que la persona no debía envidiar a nadie porque el bien no debía ser envidiado sino codiciado y el mal, cuanto más prospera, más lesiona [FV 53].

Epicuro afirmaba que aquellos animales que no son capaces de hacer pactos entre sí a fin de no infligir ni sufrir daño alguno, no conocen la justicia ni la injusticia. Paralelamente, los pueblos que, o bien no pueden o no quieren suscribir pactos con dicho fin son similares a aquéllos [MF 32]. Es curiosa la referencia a "aquellos animales que no suscriben pactos" como si Epicuro admitiese que determinados animales en efecto suscriben pactos y es que, en un mundo atómico y material como el epicúreo, no tiene por qué haber grandes diferencias ontológicas entre el ser humano y el resto del mundo animal. Tampoco hay razón para creer que el ser humano no fuera un animal más en el seno del infinito ecosistema físico epicúreo.

La justicia natural orientaba y, por tanto, debía orientar, los pactos sociales entre los seres humanos según el autor. Epicuro afirmaba que no debemos transgredir las leyes de la naturaleza, sino obedecerlas [FV 21]. Esto es, la justicia social fruto de la convención humana más sabia es aquélla que se forja a semejanza de la justicia natural. No obstante, los seres humanos son libres de elegir su propio sistema de gobierno y, por tanto, las nociones de justicia en diversos puntos de la tierra dependerán de los diversos contratos políticos que suscriban las personas entre sí, en virtud de los cuales se establecerá un determinado compromiso con el fin de no hacerse daño mutuamente [MF 33]. Pero determinados pueblos no han podido o no han querido establecer leyes justas -acomodadas a la conveniencia humana- en algún momento de su historia y, en consecuencia, se han apartado del estado de justicia natural.

De aquí se deduce que los conceptos de "bueno" y "malo" son relativos, propios de cada nación, sociedad o sistema político, no así el concepto de "utilidad": lo que es útil es siempre útil, de donde se deduce que hay algo innato a la naturaleza humana, cualquiera que sea lo que produce dicha utilidad. Sin embargo, el concepto de justicia varía según el lugar, y otras diversas circunstancias. Pero este concepto de justicia social (δικαιοσύνη) no es "natural" en el sentido de ser dada o innata, sino en el sentido de ser la mejor opción, la más útil, la más razonada, la más sabia: fruto de una decisión y de una determinación humana [MF 33]. En opinión de Epicuro aquellas leyes que en virtud de la convención humana son útiles para la convivencia se deben tener por justas, sean las mismas para todas las sociedades humanas o no. Y, en el caso de que se aprobase una ley y posteriormente se demostrase que no ha sido beneficiosa para las relaciones humanas, entonces se habría demostrado que no era justa. En el caso de que una ley que hubiera demostrado ser justa en tanto en cuanto era útil, perdiera este carácter de utilidad, deberíamos considerar que dicha ley fue justa sólo durante el tiempo en que resultó útil y, por tanto, beneficiosa [MF 37]. Más aún, allí donde se considere que, sin haber cambiado las circunstancias, las consecuencias que se deducen de las leyes no se corresponden con la noción de justicia natural (no son buenas para la convivencia), hay que considerar que tales leyes han dejado de ser justas. Pero allí donde las leyes han dejado de ser útiles porque las circunstancias han cambiado, hay que considerar que dichas leyes fueron justas mientras fueron útiles y que han dejado de serlo cuando han dejado de resultar convenientes [MF 38].

De todo esto se deduce que en el pensamiento epicúreo sí existe un bien o un mal absoluto (natural), pero que dado que las leyes son fruto de las convenciones humanas, los códigos legales varían de unos sitios a otros y se ajustan más o menos a la justicia natural, esto es, a la conveniencia, al supremo bien de toda la humanidad. Los seres humanos son por tanto sumamente responsables de sus actos y han de meditar y estudiar por el bien del conjunto de la familia humana a fin de suscribir los pactos más sabios, de los cuales se deduzca la mayor cantidad de placer para todos los ciudadanos a fin de garantizar la felicidad universal.

La injusticia (ἀδικία) por tanto no es intrínsecamente mala en el pensamiento epicúreo, dado que no está escrita ni inscrita en ningún lado. Tampoco es un concepto de origen divino. Por tanto, la injusticia es perjudicial en tanto en cuanto resulta desfavorable y gravosa para el individuo que la ejerce y para los que la padecen: la injusticia es una fuente de dolor. Epicuro expresó que practicar acciones injustas no produce ningún bien y que la inquietud que conlleva el miedo a no poder escapar de aquéllos que han sido nombrados para castigar las acciones consideradas injustas en una determinada sociedad impide a las personas injustas ser felices [MF 34]. La injusticia es desde esta perspectiva uno de los mayores riesgos para la salud espiritual, individual y colectiva.

Ésta es la razón de que Epicuro expresara que aquél que quisiera vivir tranquilamente, sin nada que temer de los demás, debía hacer tantos amigos como pudiera; más aún, debía evitar que aquéllos que no fueran amigos suyos se convirtieran en enemigos y, si esto no estuviera en su mano, debía al menos, en la medida de lo posible, evitar toda relación con ellos [MF 39]. Paralelamente, Epicuro consideraba que las personas más felices eran aquéllas que habían logrado no tener nada que temer de los que les rodeaban al tiempo que gozaban amablemente de las relaciones con los demás, disfrutando de las ventajas de la amistad en toda su plenitud, hasta el punto de que no vivirían como una circunstancia lamentable la temprana muerte de un amigo [MF 40]. En estos preceptos descansa la concepción del jardín epicúreo, una de las primeras comunas filosóficas de la historia de la humanidad.

Una de las notas más remarcables del optimismo epicúreo es la asunción de que nadie es malo por naturaleza sino que, sin el apoyo y el consejo de buenas amistades y, mal instruido, el ser humano se puede inclinar al mal. En opinión de Epicuro, nadie escoge deliberadamente actuar mal, pero seducido por la falsa sensación de que su actitud es buena en comparación con un mal mayor, escoge actuar mal [FV 16]. A esto añade el autor una segunda muestra de optimismo vital al afirmar que la persona que transgrede el pacto social será descubierta o, generalizando, que el mal nunca conduce a un buen fin.

Epicuro se muestra inflexible en este punto al afirmar que es imposible que el hombre que secretamente transgrede el principio natural de no causar daño ni ser dañado no sea descubierto. Incluso si ha escapado en muchas ocasiones, nunca estará seguro de que no va a ser descubierto [MF 35].

En opinión del filósofo había pocas cosas peores que vivir sin saber qué significa vivir y hacerse viejo olvidando todo el bien pasado, sin disfrutar de la vida [FV 19]. Es por ello que, junto con la amistad, el estudio es uno de los pilares básicos de la filosofía epicúrea. La felicidad epicúrea se construye, es el fruto de un enorme esfuerzo mental y físico: es necesario aprender a disfrutar para ser feliz. Y para aprender a disfrutar es preciso estudiar, de ahí que el sabio disfrute más de su propia felicidad. Asimismo, es necesario ejercitarse en las virtudes que harán del individuo y de los que le rodean personas felices.

Epicuro advierte que es preciso esforzarse y que no hay que pretender estudiar filosofía sino estudiarla de verdad porque no debemos pretender estar sanos sino que necesitamos estar sanos de verdad [FV 54]. Y añade que, en el resto de las ocupaciones humanas el fruto del trabajo se obtiene con sufrimiento después de terminado el trabajo, pero en el campo de la filosofía el placer va de mano del conocimiento, ya que el goce no sucede a la comprensión, sino que la comprensión y la satisfacción son simultáneas [FV 27]. No obstante, una vida feliz se cosecha al final: mientras estamos viajando debemos tratar de hacer que el final del viaje sea mejor que el principio, y cuando llegamos al final tenemos que estar felices y contentos [FV 48]. Epicuro insistió repetidamente en este punto, afirmando que no es el joven quien debe juzgar si es feliz, sino el anciano que ha vivido toda una vida. Y lo haría en virtud de las cosas buenas por las que antes aspiraba y que por tanto tendría aseguradas en sus recuerdos después de toda una vida [FV 17]. La felicidad, en suma, es un agregado que se alcanza gradualmente a través de todos los actos de una vida en constante ejercicio de las virtudes y de la meditación.

Tal como consta en una carta que Epicuro dirigió a Idomeneo, los discípulos del jardín dedicaban un esfuerzo diario a la meditación y el recogimiento[49]. En opinión del filósofo, vivir feliz era consustancial a aprender, trabajar y estudiar: "tenemos que reír y filosofar al mismo tiempo y hacer nuestras tareas del hogar y emplear nuestras otras facultades, y nunca dejar de proclamar las palabras de la verdadera filosofía" [FV 41]. En opinión de Epicuro, el trabajo físico (las tareas ordinarias de la vida) y mental (el estudio y la meditación) proporcionaban la felicidad y protegían a la persona de adoptar malas decisiones o consumar malas acciones. De este modo, bajo un credo que guarda ciertas concomitancias con el lema ora et labora de las órdenes monásticas medievales, las más grandes y más altas aspiraciones del sabio estaban en todo momento determinadas por la razón y fundadas en la voluntad [MF 15].

Tal como se esculpió en piedra sobre el dintel del templo de Delfos, es preciso que nos conozcamos a nosotros mismos para ser sabios y felices (γνῶθι σεαυτόν). Por lo mismo, Epicuro expresó que era preciso estudiar para entender la naturaleza humana, sus necesidades, debilidades y virtudes, para de este modo aceptar actuar de acuerdo con ella y, en consecuencia, poder actuar de acuerdo con ella, y alcanzar así la felicidad. De hecho, en opinión del autor el estudio y la meditación aportaban tres beneficios en aras de una vida feliz: 1) elimina los miedos causados por las falsas creencias y los prejuicios (sobre la naturaleza de los Dioses y de los fenómenos celestes), 2) elimina el miedo a la muerte y al dolor y, 3) capacita a la persona para discernir entre lo deseado y lo deseable (base de una estética epicúrea). De este modo, concluye Epicuro, quien no conoce la naturaleza del universo y cree en mitos y leyendas, no podrá evitar sentir temor por las cosas fundamentales de la vida: no es posible disfrutar de los placeres genuinos de la vida sin estudiar ciencias naturales [MF 11][50].

El sabio epicúreo es por tanto, además de una persona ilustrada, una persona trabajadora que cultiva el ejercicio de las virtudes diariamente mediante el esfuerzo y la meditación y, por encima de todo, es un buen amigo. Es ésta una definición radical y vital de sabiduría, revolucionaria en su día y aún en nuestro tiempo.

Sobre estas premisas fundamentales sobre la amistad, la justicia, el estudio y la meditación en aras de una vida feliz erigió Epicuro su discurso sobre la ética inserto en la carta a Meneceo. La carta versa sobre el valor de la felicidad y está dividida en tres secciones. En un primer apartado [CM 1-127] el autor expone cuáles son los dos grandes prejuicios que afectan al ser humano y los miedos que de éstos se deducen, fundamentalmente el miedo a los dioses y el miedo a la muerte. El grueso de la carta [CM 127-134] lo dedica Epicuro a exponer su teoría de los deseos, los placeres y el dolor, entendido en su expresión más radical, tanto física como psicológicamente. Por último, cierra el filósofo la carta con una amonestación a aquéllos a quienes va dirigida la carta induciéndolos a seguir sus consejos y modo de vida [CM 135].

Epicuro comienza advirtiendo a Meneceo que el ser humano debe dedicar su vida a ejercitarse y esforzarse en aquellas cosas que aportan felicidad (εὐδαιμονία)[51]. La estrategia epicúrea de conquista de la felicidad no consiste únicamente en perseguir las cosas que aportan bienestar sino en evitar, fundamentalmente mediante el estudio y el ejercicio de la amistad (virtudes), las turbaciones y temores que impiden a la persona alcanzar la felicidad. En opinión de Epicuro, la razón fundamental de dedicarse al estudio de la naturaleza era precisamente llegar a tener un conocimiento cierto de la naturaleza de las cosas evitando de este modo la perturbación que causan los prejuicios sobre los dioses y la muerte, así como para conocer cuál es el límite entre el deseo y el dolor. De hecho, si tuviéramos un conocimiento cierto de estas cuestiones, no sería necesario estudiar [MF 10].

El estudio es necesario en tanto en cuanto es instrumental, útil para alcanzar la felicidad. El conocimiento por sí mismo carece de valor si no está dirigido a este único fin: la búsqueda de la felicidad. Es por ello que Epicuro instaba a jóvenes y a adultos a estudiar y, es por esta misma razón por la que el filósofo epicúreo Filodemo consideró que el pensamiento del círculo filosófico del jardín era un "tetrafármaco" (τετραφάρμακος), un tratamiento de salud contra los cuatro miedos: el miedo a los dioses, el miedo a la muerte, el miedo al dolor (ἀλγηδών) y, el miedo al fracaso en la búsqueda de la felicidad[52]. A estas cuatro ideas cardinales de su pensamiento dedicó Epicuro las cuatro primeras máximas fundamentales incluidas por Diógenes Laercio en la biografía del autor.

Epicuro afirmaba que, de acuerdo con el sentido común, los dioses existen. Esto es, dado que –como veremos más adelante- Epicuro insistía en la idea de que todo conocimiento procede de las percepciones sensoriales y de los sentimientos y, dado que todas las personas tienen una noción de los dioses, una sensación de los mismos, éstos debían existir necesariamente. Y, tal como ordena el sentido común, los dioses epicúreos eran seres físicos, materiales, vivos, inmortales y bienaventurados. No obstante, en opinión del autor, dado que no son observables a simple vista ni es posible sentirlos con el resto de los sentidos, las ideas que el ser humano posee de los dioses no se ajustaban siempre a la realidad. De ello se deduce que en numerosas ocasiones se les atribuyesen propiedades incompatibles con su naturaleza e incompatibles con su suma bienaventuranza.

Epicuro afirmó que los dioses son demasiado buenos como para inmiscuirse en asuntos humanos, ya que un ser bienaventurado e inmortal ni tiene problemas, ni causa problemas a otros, ni lo dominan las pasiones humanas, pues todo esto conlleva debilidad [MF 1]. Los dioses epicúreos, existen en su perfección de forma totalmente ajena a los seres humanos. El filósofo cristiano Lactancio (ca. 245-ca. 325) incluyó en su obra *Sobre la ira de Dios*, la aporía de Epicuro sobre la naturaleza de los dioses, en estos términos:

> Dios, dice, quiere eliminar las cosas malas y no puede,
> O puede, pero no quiere,
> O ni quiere ni puede,
> O quiere y puede.

[55]

> Si quiere y no puede, entonces es débil y esto no es propio de Dios.
> Si puede pero no quiere, entonces es rencoroso lo cual es igualmente extraño a la naturaleza de Dios.
> Si no quiere ni puede, es a un mismo tiempo débil y rencoroso, y por tanto no es un dios.
> Si quiere y puede, que es lo único apropiado a un dios, ¿Cúal es el origen del mal? O ¿por qué no lo elimina?[53]

En resumen, ¿Quiere Dios prevenir el mal, pero no es capaz? Entonces es impotente ¿Es capaz, pero no está dispuesto? Entonces es malévolo ¿Es capaz y dispuesto? ¿Por qué existe entonces el mal?

La conclusión que aportó Epicuro es que los dioses inmortales y bienaventurados existen, pero que su naturaleza no es como la imagina la mayoría de las personas, sino que dista mucho de las creencias de que los dioses castigan o premian a los seres humanos, por lo que no es racional tener miedo a los castigos y condenas de mano de los dioses, ni tampoco es racional esperar beneficios o perdones de su mano.

Epicuro no era ateo. Por el contrario, consideraba que no era impío aquél que renegaba de los dioses tal como los entendía la mayoría de la gente, sino aquél que tenía opiniones vulgares acerca de los mismos, ya que las creencias que estas personas tenían de los dioses no eran criterios producto de la razón, sino falsas opiniones [CM 127]. De hecho Epicuro rendía homenajes a los dioses en el jardín, no para agasajarlos ni para rendir ofrendas y pedir así sus favores, sino simplemente honrándolos como símbolos del sumo bien al cual el ser humano debía aspirar, porque en opinión del autor es inútil pedir a los dioses lo que los seres humanos somos capaces de suministrarnos a nosotros mismos [FV 65].

El temor a los dioses (ἄφοβον ο θεός) era desde la perspectiva epicúrea uno de los peores males ya que hundía a las personas en un mar de prejuicios que en último término los alejaban del camino de la virtud y de una vida feliz [CH 38]. El temor de los dioses era asimismo una constante fuente de inquietudes ya que mucha gente otorgaba a los fenómenos naturales (terremotos, eclipses, estrellas fugaces…) un origen divino, creyendo que todos estos fenómenos naturales se debían a los deseos y a las pasiones de los dioses. En consecuencia, a fin de evitar estos castigos divinos, acudían a adivinos o a falsos rituales que, lejos de facilitarles una vida feliz, hundían a las personas que así actuaban en la ignorancia y las alejaban por tanto del saber, que era la única fuente de felicidad. Por tanto, a fin de evitar la inquietud espiritual que generaban estas falsas creencias, el ser humano debía estudiar la verdadera naturaleza de los dioses y alcanzar un conocimiento cierto –hoy diríamos científico- de los mismos. Porque el sabio epicúreo sabía que era preferible ser infeliz racionalmente que feliz irracionalmente [CM 135].

Marx escribió su tesis doctoral "La diferencia entre la filosofía de la naturaleza de Demócrito y Epicuro" en marzo de 1841, más de dos milenios después de la muerte de Epicuro, y fundamentó sus teorías sobre el feudalismo religioso y la noción popular del infierno sobre la base de los preceptos epicúreos sobre la naturaleza de los dioses[54].

El segundo de los miedos que en opinión de Epicuro afectaban a los seres humanos en su búsqueda de la felicidad era el miedo a la muerte (ανύποπτον ο θάνατος). La renuncia al miedo a la muerte es otra de las expresiones de optimismo epicúreo y uno de los atributos del sabio epicúreo [CM 126]. Básicamente, el filósofo enseñaba que la muerte no nos afecta en nada, ya que una vez disuelto el cuerpo en sus elementos físicos es insensible y, lo que es insensible no puede sentir, por lo que los seres humanos somos incapaces de sentir la muerte [MF 2]. Por otro lado, la anticipación de la muerte no debe causarnos ningún dolor, ya que no es nada mientras gozamos de la vida y nada después de morir. El futuro –afirma Epicuro– ni es nuestro ni deja de serlo [CM 127].

El fármaco epicúreo contra el miedo a la muerte consistía básicamente en exprimir la vida como un limón. La persona debía en opinión del filósofo dejar este mundo triunfal y gloriosamente, cantando en voz alta que había vivido bien [FV 47]. No obstante, las personas pasaban a través de la vida como si acabaran de nacer, esto es, sin buscar -y sin ni tan siquiera saber buscar- la felicidad y, por tanto, sin haber llegado a ser verdaderamente felices [FV 60]. En resumen, la escuela del jardín imponía a este respecto dos criterios vinculados en torno a una misma idea:

1. La persona debe vivir plenamente. La muerte no causa rechazo si se ha vivido la vida de forma completa, absoluta. La renuncia a la inmortalidad era en opinión del autor una opción más realista y, al fin, más sabia, que el deseo irracional de añadir años a una vida placentera, ya que mediante la adición de más placer tan sólo podemos

incrementar la cantidad de placer pero no la calidad que produce su satisfacción. De donde se deduce que una vida más larga no produce necesariamente más placer, sino que es la calidad de las vivencias acumuladas durante toda una vida lo que va a determinar la felicidad [CM 124][55].

2. La persona no debe renunciar a la vida. Epicuro entiende que es un necio o un incauto aquél que predica la renuncia a la vida o a los placeres de la vida y rubrica que es un hombre pequeño en todos los aspectos aquél que tiene muchas buenas razones para abandonar esta vida [FV 38]. Vivir bien no significa aprender a morir bien, por lo que es absurdo afirmar que es bueno morir. Desde esta perspectiva Epicuro vincula el suicidio con el fracaso vital [CM 127] y establece que debemos reponernos de nuestras desgracias mediante el recuerdo agradecido de lo que ha sido nuestra vida o nuestras experiencias vitales y mediante la aceptación de que es imposible deshacer lo que ha sido hecho [FV 55]. Sin duda ésta es otra expresión del optimismo vital epicúreo.

El tercero de los miedos que atenazan al ser humano según Epicuro es el miedo al dolor (ἀλγηδὼν). Por lo que respecta al dolor (psíquico) que causa la muerte de un ser querido, Epicuro entendía que la persona debía demostrar sus sentimientos mediante la meditación antes que mediante la lamentación y, fundamentalmente, mediante el cariño hacia las personas más cercanas cuando aún disfrutan de la vida [FV 66]. En otras palabras, el abandono de una vida que ha sido vivida feliz y plenamente no debe causar dolor en quien abandona la vida ni en quienes han disfrutado de la vida con dicha persona.

Por lo que respecta al dolor corporal (físico), las doctrinas de Epicuro en este campo conducen directamente a la teoría del deseo y del placer del autor. Desde una perspectiva abiertamente optimista Epicuro afirma que el dolor físico, si es extremo, no persiste durante mucho tiempo. Y el dolor que priva a la persona del disfrute de los placeres de la vida tampoco subsiste mucho tiempo. Más aún, afirma el autor, las enfermedades de larga duración permiten incluso que gocemos de más placer que dolor en el cuerpo, en tanto en cuanto entendamos que el concepto de "placer" en el pensamiento epicúreo entraña no sólo los placeres físicos sino también los placeres psíquicos como el estudio, la satisfacción de estar rodeado de los seres queridos o, incluso, la meditación [MF 4].

No obstante, Epicuro entiende que el ser humano debe evitar en lo posible el dolor, ya sea físico o psíquico [CM 131] para lo cual debe satisfacer sus deseos (ἐπιθυμία). Uno de los primeros impulsos naturales del ser humano es el deseo y, añade el autor, los seres humanos deseamos porque hemos nacido para desear, está en nuestra naturaleza desear, y por tanto desear es fácil y es un bien [FV 37]. Es por ello que nuestra naturaleza es débil con respecto al mal y rehúye el mal, pero no es débil con respecto del bien y es atraída por el bien, porque son los placeres los que mantienen la vida y es el dolor el que la destruye [FV 37]. Dado que no debemos transgredir las leyes de la naturaleza, sino obedecerlas, todo deseo es por tanto intrínsecamente bueno y la satisfacción de todo placer es, por su propia naturaleza, deseable y en esencia benigna, ya que todo bien y todo mal está encerrado en nuestros sentidos [CM 124]. Obedeceremos a la naturaleza mediante la satisfacción de nuestros deseos siempre que ello no nos cause daño alguno, y rechazaremos con firmeza todo lo que nos sea nocivo, advertía Epicuro [CM 127], [FV 21] y [MF 26 & 30].

El problema radica por tanto en saber distinguir, como ya hemos indicado anteriormente, entre lo deseado y lo deseable, ya que no de todos los deseos se deduce necesariamente un placer sino que la satisfacción de algunos deseos puede provocar más dolor (ya sea físico o psíquico) que placer (físico o psíquico) [CM 129 & 130]. Tan sólo mediante la instrucción, la meditación y una vida en comunidad y asociación con personas cercanas y queridas, aprenderá la persona a saber distinguir entre los deseos y los placeres que debe perseguir.

En opinión de Epicuro el deseo es básicamente el motivo de toda acción humana, en tanto en cuanto toda acción humana está determinada por nuestro atávico y primigenio deseo de satisfacer nuestros deseos (como beber cuando tenemos sed o comer cuando tenemos hambre) [CM 130]. En segundo lugar, el deseo es asimismo el termómetro en virtud del cual medimos la salud corporal y espiritual [CM 131]. Si tenemos en cuenta que el placer es la fuente de todo deseo, concluimos que la búsqueda de la satisfacción del placer es la norma de todo bien físico y psíquico.

Epicuro dedicó una parte importante de sus escritos a hacer una clasificación de la naturaleza de los deseos. Algunos de los deseos humanos son naturales y otros vanos [CM 127]. De los naturales, unos son necesarios y otros innecesarios, mientras que todos los deseos vanos ni son naturales ni necesarios, sino que se deben a una opinión equivocada. De los necesarios unos son imprescindibles para alcanzar la felicidad, otros para evitar el malestar corporal, y otros para sustentar la vida [MF 29]. Epicuro sostenía que los deseos naturales y necesarios son los que eliminan el dolor, como beber cuando se tiene sed, o abrigarse cuando se tiene frío, o incluso aprender cuando se desconoce algo. Son naturales y no necesarios los deseos que sólo hacen variar el placer, pero no eliminan el dolor, como los banquetes opíparos y el sexo [MF 30]. Las coronas y la erección de estatuas son placeres vacuos y, por tanto, innecesarios y artificiales y, al fin, un estorbo para la consecución de la felicidad [MF 29].

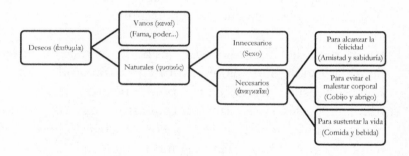

Clasificación de los deseos según Epicuro

Epicuro consideraba que el placer (ἡδονή) era el principio y el fin (ἀρχὴν καὶ τέλος) de una vida feliz [CM 128] y, el origen de *toda* [πᾶς] elección [αἵρεσις] y de *todo* rechazo [φυγή], por lo que la satisfacción del placer era asimismo el criterio para discernir qué es el bien y qué es el mal por medio de la sensibilidad [CM 29]. Ello significa que la persona mide sus acciones en virtud de la deseabilidad, pero no que fundamente ni que deba fundamentar sus decisiones *únicamente* en el deseo. La inclinación a la satisfacción de los deseos epicúreos es el termómetro de la acción humana, pero el ser humano debe trascender a dicho impulso y estudiar las consecuencias que se van a deducir de la satisfacción de dichos deseos.

La mayoría de los autores coinciden en describir esta posición epicúrea de hedonismo psicológico en tanto en cuanto Epicuro sostenía que la conducta humana está motivada primariamente por la búsqueda atávica (innata) del placer y por la prevención del dolor[56]. No obstante, si bien en este punto Epicuro sostenía como Aristipo que el placer era siempre y en todo momento intrínsecamente bueno, discrepaba de aquél al afirmar que no todos los placeres han de ser elegidos por el dolor o la inquietud que previenen y que no siempre era recomendable ni conveniente satisfacer el deseo y perseguir el placer sino que, en ocasiones, era preferible padecer un cierto dolor si de ello se deducía posteriormente un bien mayor [CM 129].

Epicuro sostenía asimismo que el placer era el bien fundamental (ἀγαθὸν πρῶτον) y el dolor el supremo mal [CM 128]. Esta postura ha sido descrita como hedonismo ético en tanto en cuanto implica que todas las personas deben hacer todo lo posible para lograr la mayor cantidad de placer posible a fin de alcanzar la felicidad. Desde este punto de vista Epicuro prescribe el placer como medio de alcanzar la felicidad y, la satisfacción o no satisfacción del placer serviría para discernir entre una acción éticamente correcta (productora de placer) y una mala acción (productora de dolor). El problema de este argumento consiste en establecer si el placer es un bien en sí mismo

[63]

o si por el contrario es un medio para alcanzar un bien mayor. Si aceptamos la doctrina epicúrea de que el objeto de la vida es la conquista de la felicidad[57] debemos ser cautos al afirmar que el hedonismo epicúreo es de carácter ético como lo era, por ejemplo, el hedonismo propuesto por uno de los discípulos de Sócrates, Aristipo de Cirene (ca. 435-ca. 356 a.C.)[58].

La clave en este caso radica en las distintas concepciones de placer que se desprenden de ambas escuelas hedonistas, la cirenaica y la epicúrea. Ambas escuelas entendían que como los deseos, todos los placeres poseen la misma naturaleza pero se diferencian entre sí ya que si todo placer se condensase y perdurase indefinidamente, afectando a todo el cuerpo a un mismo tiempo, o a las partes esenciales del mismo, no se distinguirían unos placeres de los otros [MF 8]. Asimismo ambas escuelas distinguían entre placeres cinéticos o dinámicos (aquellos placeres que se disfrutan cuando se elimina el deseo o el dolor que los provoca) y placeres catastemáticos o estáticos (los placeres que se disfrutan cuando no hay deseo o dolor que eliminar). Los placeres cinéticos entrañan una acción como saciar el hambre o escuchar música, mientras que los placeres estáticos son más bien de carácter pasivo, como el placer que causa el no tener hambre ni sed (en esencia, el placer resultante de la saciedad). El propio Epicuro en su obra *Sobre la elección* - citado por Diógenes Laercio- afirmaba que la paz espiritual y la ausencia de dolor son placeres que implican un estado de reposo mientras que el gozo y la alegría son placeres dinámicos, fruto de la actividad humana [DLV 136][59].

Tal como expresa Diógenes Laercio, Epicuro difería de los cirenaicos con respecto a la definición de placer, ya que éstos anteponían los placeres cinéticos a los catastemáticos. Tal como afirmaba en las obras –hoy perdidas- *Sobre la elección y el rechazo* y *El fin ético*, así como en el primer libro de *Sobre la vida humana* y en la epístola a sus amigos filósofos de Mitilene, Epicuro ponderaba ambos tipos de placeres. Lo mismo opinaba su discípulo Metródoro quien en la obra dedicada a Timócrates afirmaba que en opinión de Epicuro ambos placeres, cinéticos y estáticos, eran igualmente deseables [DLV 136]. Más aún, tal como se desprende de sus escritos, Epicuro sostenía que los placeres estáticos y dinámicos no eran propiamente comparables ya que estos últimos admiten incremento y disminución del grado de placer y los primeros no, esto es, en opinión de Epicuro la saciedad no admitía grados, siempre que fuera completa [DLV 121]. Por otro lado, a diferencia de los placeres catastemáticos, la magnitud del placer que aporta la satisfacción de los placeres cinéticos no tenía límite y, por tanto, podía arrastrar a la persona al abuso por exceso [MF 14].

Tal como afirmaba Cicerón, Epicuro consideraba que el punto máximo de placer se alcanzaba cuando se eliminaba totalmente el dolor (físico o psíquico), ya que más allá de este punto el placer podía variar en relación a su naturaleza pero no podía variar de intensidad (si entendemos que no hay placer más allá de la plena satisfacción o de un grado máximo de saciedad) [MF 3] y [CM 131][60]. Frente a los cirenaicos, los epicúreos sostenían que para satisfacer el primer objetivo de la vida, la conquista de la felicidad, la persona debía perseguir el placer estático antes que el dinámico. Es por ello que los cirenaicos acusaban a los epicúreos de que el estado de suma felicidad del arquetipo del sabio epicúreo, amante de la meditación y de los placeres catastemáticos, era la muerte[61]. Epicuro adujo en favor de su vindicación de los placeres estáticos que la observación de la conducta infantil muestra que los seres humanos se inclinan a satisfacer sus necesidades incluso antes de tener uso de razón, de forma innata, y que aún en este estadio de la vida los seres humanos persiguen el placer y evitan el dolor con el objetivo de entrar en un estado de bienestar (placer estático o saciedad), que es el resultado de haber aplacado sus deseos [DLV 137][62].

El bien perfecto según Epicuro consiste por tanto en la eliminación total del dolor físico y la inquietud espiritual, ya fuera mediante la satisfacción de estos deseos o mediante la renuncia a los mismos [MF 3] y [CM 131]. La mayor de las satisfacciones se genera en el mismo instante en el que se elimina el mayor de los males que es el dolor, decía Epicuro [FV 42]. El estado de ausencia absoluta de dolor físico es el estado de aponia (ἀπονία)[63]. El estado de plena paz espiritual, de ausencia absoluta de inquietud espiritual es el estado de *ataraxia* o paz espiritual y, por extensión, de imperturbabilidad (ἀταραξία)[64]. Dado que Epicuro definió el placer como la ausencia de dolor (físico y espiritual), el placer sólo puede aumentar hasta el punto en el que el dolor físico y la inquietud espiritual han sido eliminados, hasta el punto de aponia y de ataraxia. Más allá de este clímax no es posible aumentar la cantidad de placer: es el estado de sumo placer que la persona alcanza cuando no siente ningún deseo porque la necesidad y el dolor (físico y espiritual) han sido completamente eliminados.

Desde esta perspectiva la necesidad (χρείαν) es siempre un mal, dado que impide al ser humano liberarse de la cautividad y la sumisión que aquélla conlleva. No obstante, Epicuro expresó que no hay necesidad de vivir dominado por la necesidad [CM 127] y [FV 9]. De hecho, evitar la necesidad es el camino hacia la autosuficiencia o la autarquía (αὐταρκείας) y, la mayor recompensa de la autarquía es la libertad: la satisfacción de todas las necesidades y, por tanto, la conquista del estado de ataraxia [FV 77]. Es con este fin que en opinión de Epicuro el ser humano hace todas las cosas y toma todas sus decisiones, a fin de no padecer dolor ni turbación. Conseguido esto, se disipa el desasosiego, ya que los seres vivos no necesitan ir en busca de algo que no necesitan [CM 128]. Además de esto, la autosuficiencia invita al individuo a gozar de la vida y a rehuir hacer daño a otros, porque el hombre tranquilo ni se causa daño a sí mismo ni lo causa a los demás [FV 79].

El optimismo epicúreo se plasma una vez más en sus tesis en torno a la satisfacción de los deseos y el acceso al estado de ataraxia. Los placeres corporales son saciables, causan bienestar y no admiten incremento una vez que se ha eliminado el dolor que causa el deseo; después sólo admiten variación. Sobre esto, Epicuro entendía que la satisfacción plena de los placeres no era una cuestión de tiempo ya que, si medimos racionalmente los límites del placer, el tiempo ilimitado y el tiempo limitado aportan una cantidad igual de placer (catastemático) [MF 18]. La más perfecta felicidad espiritual, el estado de ataraxia, es por tanto fácil de alcanzar, y está a la mano de todos los seres humanos [MF 17]. De hecho, son pocos los deseos (naturales y necesarios) que el ser humano *debe* colmar [MF 14]. De un lado, los tres deseos naturales y necesarios que debemos satisfacer por encima de todo para evitar el dolor físico (y alcanzar así el estado de aponia) y sustentar la vida, que son el apetito, la sed y la necesidad de abrigo [FV 33]. Por otro lado, como hemos comentado, el ser humano debe satisfacer la necesidad de aprender y de disfrutar de la amistad (y alcanzar así el estado de placer sumo o ataraxia). Y si una persona satisface estas necesidades básicas podría rivalizar con los dioses en felicidad [FV 33].

Pero hay asimismo placeres vanos que son insaciables y generan inquietud y, por tanto, no sirven a su propósito fundamental que es la eliminación de dolor [MF 14]. En opinión de Epicuro la falsa necesidad es una de las mayores causas de inquietud ya que incita a muchas personas a echar a perder lo que tienen por desear lo que no tienen, sin recordar que todo lo que tienen es un don de la fortuna [FV 35]. Afirmaba Epicuro que el ser humano no debe transgredir las leyes de la naturaleza, sino obedecerlas [FV 21] por lo que la persona no debía buscar racionalmente placer corporal o espiritual más allá del estado de aponia y ataraxia. Si la persona obedece y satisface sus deseos naturales y necesarios en su justa medida y sin causar daño alguno a nadie, y rechaza con firmeza todo lo que le sea nocivo o innecesario, será feliz [MF 26 y 30].

Tal como consta en una carta que Epicuro dirigió a Idomeneo, aquél instó a éste a entregarse lo antes posible a los placeres de una vida tranquila y de contemplación ya que los falsos deseos y vanos afanes eran según el autor uno de los accidentes fundamentales que se interponían entre las personas y la libertad espiritual o autosuficiencia (αὐτάρκεια). Pero también añadía que la persona no debía intentar alcanzar el estado de autosuficiencia sino en el momento en que estuviera preparada para alcanzar sus objetivos de forma adecuada y oportunamente. Entonces, cuando llegase la ocasión esperada, debía el individuo alcanzar lo deseado, a condición de que no lo hiciera con demasiada prisa y, por tanto, antes de tiempo, ni después del momento indicado, sino sólo llegado el momento oportuno[65].

La persecución de los falsos deseos se debía en opinión del filósofo fundamentalmente a la falta de instrucción de las personas. Decía Epicuro que los deseos naturales que no generan dolor cuando no son satisfechos, no son necesarios. Y si son perseguidos con vehemencia cuando no se pueden satisfacer, esto no se debe a la naturaleza de estos deseos, sino a una opinión equivocada de las personas [MF 30]. Una persona mal instruida o carente de educación podía por tanto caer fácilmente en los prejuicios propios de aquéllos que son presa de la *kenodoxia* (κενοδοξία)[66], de la ignorancia o desinformación. Lo innecesario no es natural, ni por tanto deseable, que es sinónimo de bueno en este sentido. De ahí que en opinión de Epicuro todos los deseos que no conllevan dolor cuando no son saciados son innecesarios, y el anhelo que los genera es fácilmente eludible, ya sea cuando es difícil de obtener, o cuando la satisfacción de dichos deseos es susceptible de producir algún daño [MF 26].

Curiosamente, en contra de las doctrinas de la mayoría de las escuelas filosóficas de su tiempo -y aún anteriores o posteriores- Epicuro no antepuso los deseos del alma a los del cuerpo, ni las virtudes de aquélla a las de éste. Más bien todo lo contrario. En una de las inscripciones de Oinoanda expresaba Diógenes que la mayoría de las

[69]

personas sufre de falsas nociones acerca de las cosas y no escucha al cuerpo cuando el alma las arrastra a desear cosas que no son necesarias [FO 2]. De hecho, desde la perspectiva epicúrea los vanos deseos son ajenos al cuerpo dado que no incrementan el bienestar corporal y, de hecho, en virtud de la clasificación de los deseos epicúreos observamos que dos de los tres deseos naturales y necesarios (capitales) del ser humano figuran las necesidades físicas como el alimento, el cobijo y el abrigo. En el mundo ontológico epicúreo, material y atómico (monista), el alma goza de un estatus igual al del cuerpo.

La agravación de los deseos es por tanto la causa de muchos males según Epicuro. Es innecesaria, es irreal y por tanto no es natural, y encadena al ser humano a la infelicidad. En palabras de Epicuro, nada es suficiente para aquél al cual lo que es suficiente le parece demasiado poco [FV 68]. La primera medida para la seguridad de la vida es velar por la juventud y protegerse de todo aquello que perjudica por medio de la agravación de los deseos [FV 80] o que perjudica porque es fuente de inquietud [MF 7]. Por tanto, antes de satisfacer un deseo la persona se debía hacer a sí misma dos preguntas clave: ¿qué me va a pasar a mí si no alcanzo el objeto de mi deseo? y, ¿qué me ocurrirá si no lo alcanzo? [FV 71].

Como mencionábamos más arriba son pocos los deseos que el ser humano debe satisfacer en opinión del autor, básicamente los tres deseos naturales y necesarios que son el apetito, la sed y la necesidad de abrigo [FV 33]. No obstante, Epicuro opinaba que la codicia del alma incrementa en la persona el eterno deseo de comidas exquisitas, fastuosos ropajes o palacios [FV 69] ya que no es el cuerpo el que es insaciable, sino la falsa opinión de que el cuerpo necesita una cantidad ilimitada de placer para saciarlo [FV 59]. Es en el alma epicúrea donde radica la disolución y el capricho, no en el cuerpo epicúreo.

Entre los deseos superfluos Epicuro subrayó tres, los deseos vanos de fama y fortuna y el deseo natural pero innecesario de sexo [CM 132]. En opinión de Epicuro no se podía extirpar la inquietud del alma ni era posible generar una verdadera satisfacción espiritual o corporal mediante la posesión de una gran riqueza o mediante la adquisición de honores y respeto público ni, en general, mediante cualquier otro deseo ilimitado [FV 81]. Es por todo esto por lo que Cicerón afirmó que, lejos de ser una filosofía sensual y pródiga, el epicureísmo prescribía un modo de vida serio, sobrio y severo[67].

La riqueza no da la felicidad, subrayó Epicuro en repetidas ocasiones. Cuando medimos la pobreza —decía el filósofo— en virtud del propósito natural de la vida, observamos que es una gran riqueza, y la riqueza ilimitada por el contrario una gran pobreza [FV 25]. Más aún, en opinión de Epicuro la riqueza era un obstáculo para la felicidad ya que una persona libre no podía adquirir muchos bienes sin caer en el servilismo y, por tanto, sin perder la libertad [FV 67]. Y, añadía Epicuro, si por casualidad una persona libre obtuviera muchos bienes, le resultaría fácil -y beneficioso- distribuirlos entre aquéllos que no los tienen y ganar así la gratitud de sus conciudadanos.

Dijo Séneca que fue en una carta a Idomeneo donde Epicuro aconsejó a Pitocles que se hiciera rico, pero no en la forma vulgar y equívoca del término. Si lo que deseas —aconsejó Epicuro- es que Pitocles sea rico, no agregues dinero a sus arcas, sino resta ambición de sus deseos.

Según Séneca esta idea era muy clara y no necesitaba explicación alguna y, por añadidura, era demasiado inteligente como para necesitar refuerzo alguno. No obstante, opinaba aquél, esta misma doctrina se podía aplicar a muchos otros conceptos. Por ejemplo, declaró Séneca, si quieres que Pitocles sea una persona honorable, no añadas logros a su palmarés, y resta ambición de sus deseos; si deseas que Pitocles obtenga placer, no añadas apetito a su alma, y réstale deseo; si deseas que Pitocles llegue a ser un hombre viejo, con una vida repleta de vivencias, no le sumes años, y réstale la ambición de ser inmortal. Tal como declaró Séneca, estos pensamientos fueron probablemente heredados por Epicuro de escuelas anteriores y dejaron de ser suyos para convertirse en doctrinas de muchas escuelas con posterioridad, transformándose en propiedad pública[68].

El poder y la fama era el segundo de los deseos vanos que podían perturbar el camino del individuo hacia la felicidad. Los dos años que Epicuro pasó en Atenas realizando el servicio militar y los hechos subsiguientes pueden tal vez explicar el rechazo del filósofo hacia la política. No obstante, ello no significa que Epicuro ni su escuela careciera de opiniones políticas, como por ejemplo un concepto de justicia, o ideas sobre la naturaleza y utilidad de las leyes. Tal vez ello explica que, unido a sus experiencias de juventud y a su ciudadanía ateniense, en virtud del pensamiento epicúreo, Alejandro Magno representase el arquetipo de la *kenodoxia*, un hombre vacuo y fatuo. Ello explica también que Diógenes de Oinoanda inscribiera en el ágora de su ciudad que el filósofo no desea la autoridad que disfrutó Alejandro de Macedonia, ni las riquezas que poseyó, ya que los seres humanos están constituidos de tal modo que no tienen necesidad de lo que es vano [FO 51]. De Epicuro subrayó Diógenes Laercio tres características sobresalientes, su piedad para con los dioses, su amor a Atenas y el afecto hacia sus compañeros. Y añade a esto Diógenes, nunca se ocupó de la política pero, "afligida Grecia por las calamidades de los tiempos, siempre se mantuvo en ella" [DLV 10]. Más que la política en sí misma, Epicuro expresó que es la dedicación a la vida pública lo que puede conducir al hombre a desear lo no deseable, fundamentalmente la fama y el poder: es la corrupción política lo que Epicuro temía, no la política en sí misma.

El placer sexual o la pasión sexual (ἐρωτικὸν πάθος) (fruto de un deseo natural pero no necesario según Epicuro), era el tercero de los impulsos humanos que podía llegar a provocar malestar e inquietud física y espiritual. Tratándose de un deseo natural, el pensamiento epicúreo no podía rechazar la bondad de la actividad sexual ya que, según uno de los axiomas cardinales de esta escuela, todo lo que era natural era esencialmente bueno. No obstante, lo que diferenciaba la actividad sexual de otras actividades físicas en opinión del filósofo era la cantidad de dolor que se podía deducir de la satisfacción de este deseo [MF 9]. Por otro lado, en opinión de Epicuro el placer sexual era de origen físico y, consecuentemente, más fácilmente eludible que los restantes deseos naturales ya que sin el contacto visual, la compañía y el contacto físico, la pasión sexual desaparece [FV 18]. Concluía por tanto Epicuro que si la persona no transgredía las leyes (convenciones) o las buenas costumbres y no causaba ningún daño a nadie ni maltrataba su cuerpo[69] o desperdiciaba su dinero, era enteramente libre de satisfacer sus inclinaciones sexuales a su manera. Sin embargo —añadía- es imposible no tropezar con una u otra de estas barreras, ya que los placeres sexuales nunca han beneficiado a persona alguna y son fuente de muchos males [FV 51][70].

Al tiempo que es preciso evitar o moderar ciertos deseos, Epicuro opinaba que, en ocasiones, el sufrimiento de determinadas dolencias corporales ayudaba a la persona a protegerse de otras similares [FV 73]. La praxis en el dolor favorece a la persona que, cuando ha padecido estrecheces, sabe mejor cómo dar que recibir, porque la autarquía se nutre no solamente de la satisfacción de los placeres sino de la renuncia o moderación de los deseos [FV 44]. De hecho en opinión de Epicuro era muy relevante para la persona aprender a ser frugal y a conocer los límites máximos y mínimos de la satisfacción de los deseos y del disfrute de los placeres. Porque –añade Epicuro- aunque una dieta a base de agua, harina de cebada y cortezas de pan de cebada no es una dieta alegre, el más alto tipo de placer consiste en ser capaz de obtener el máximo placer de un disfrute mínimo. Incluso, añadía el autor, la dieta de una prisión es más generosa, y aquéllos que han sido aislados a la espera de la pena capital no son tan mezquinamente alimentados por aquél que lo va a ejecutar. Y es que aquél que posee un alma lo suficientemente noble como para voluntariamente sostenerse con una dieta más frugal que la de aquéllos que han sido condenados a muerte, no teme a nada. Reduciendo las necesidades vitales a un mínimo, nada podrá arrebatar la felicidad a esta persona que ha sabido extraer el mayor rendimiento (la mayor cantidad de placer) de un coste mínimo (mínima satisfacción de los deseos). Una persona así, opinaba Epicuro, era capaz de disfrutar del placer de una dieta frugal (en todos los sentidos del deseo) y, en consecuencia, no sería presa de placeres furtivos y fugaces que se consumen en un instante, sino que gozaría de un placer firme y seguro durante toda su vida[71]. Y viviría feliz.

En cualquier caso, la negación de los deseos es intrínsecamente un mal en virtud del pensamiento epicúreo [FV 63] y la frugalidad –como el exceso- también tenía un límite en el mundo filosófico epicureo. El perfecto placer era según el autor finito, fácilmente saciable y agotable. El cuerpo podría experimentar un placer sin límites, si dispusiese de toda la eternidad. Pero la razón, que permite al ser humano concebir y aceptar fundadamente el final de la vida y la disolución del cuerpo, pone al alcance de la persona toda la felicidad que la vida es capaz de generar, tan completamente que nadie tendría en ese caso necesidad de desear la eternidad. De este modo, la persona que no renuncia al placer durante su vida se presta a morir dulcemente, ya que morir así significa para esta persona únicamente interrumpir una vida llena de felicidad [MF 19].

Por tanto, la satisfacción de los deseos y la práctica gozosa del placer requiere en opinión de Epicuro una formación y una instrucción previa. Tan sólo la persona formada, educada e instruida sabrá juzgar cuánto placer se deduce de la satisfacción de un determinado deseo o si de dicha satisfacción, llegado el caso, se deduce más dolor que placer. La prudencia (φϱόνησις) es la virtud fundamental, ya que es la maestra que adiestra y ejercita a todas las demás virtudes humanas, y asegura una vida placentera. En virtud del pensamiento epicúreo la persona prudente es superior a todas los demás, ya que aquél que sabe cuáles es el objeto de la vida y los límites del deseo entiende lo fácil que es obtener lo suficiente como para eliminar el dolor que produce la miseria y alcanzar lo necesario como para gozar de una vida completa y perfecta. De este modo no tiene necesidad de las cosas que generan dolor e inquietud [MF 20].

El sabio epicúreo es por tanto una persona dotada de la virtud de la prudencia y conocedor de los límites del bien y del mal, lo cual lo libera de la esclavitud de la *necesidad* y de los falsos prejuicios como, por ejemplo, la creencia en el determinismo físico o en las creencias de las religiones populares [CP 87 y 97]. Epicuro considera que es un sabio aquél que a diferencia de muchos niega que el destino o la fortuna (divina o de otra naturaleza) sea el dueño absoluto de todo y entiende que algunas cosas ocurren por necesidad en virtud de las leyes de la naturaleza, otras simplemente por azar y, otras en virtud del esfuerzo personal de los seres humanos. Una persona así entiende asimismo que la necesidad destruye la responsabilidad individual y que la fortuna es inconstante, mientras que las acciones humanas son fruto de la libertad individual por lo que es a ellas a quienes corresponde todo premio y todo castigo [CM 133]. En otras palabras, el ser humano es sumamente responsable de sus acciones, por lo que debe educarse y adiestrarse a fin de asegurar que sus acciones lo conducen a conquistar la felicidad.

Este canto a la libertad individual del epicureísmo tiene su fundamento en una física que, lejos de ser puramente determinista o mecanicista, admite la participación del azar y, por tanto, la idea de libertad de la materia y, lógicamente de la libertad de elección de las acciones humanas. En una de las inscripciones de Oinoanda Diógenes gravó en piedra que Epicuro aceptaba que el azar existe en el universo y que puede, llegado el caso, causar daño a la persona, pero tan sólo en contadas ocasiones. No obstante, desde la perspectiva del filósofo, el sabio epicúreo estaba protegido de los vaivenes del azar hasta el punto de que, tal como afirmó Epicuro, es muy raro que el azar estorbe al sabio, ya que es la razón humana la fuerza que ha controlado y controla los más graves e importantes asuntos [FO 71].

Una de las conclusiones fundamentales de las doctrinas epicúreas incluidas en la carta a Meneceo es por tanto que el ser humano debe aprender a satisfacer sus deseos con un mínimo de placer ejercitando de este modo el alma a desear poco y a contentarse con lo necesario, sin cometer excesos ni por exceso ni por escasez. Epicuro aconsejaba seguir una dieta simple que asegurase la salud y rodearse de las circunstancias que garantizasen un buen estado de ánimo. Placer no significaría desde esta perspectiva únicamente el disfrute sensual de los placeres y la satisfacción de los deseos sino, además, garantizar la salud del cuerpo y el ejercicio de la mente.

Decíamos al principio de este estudio preliminar que en opinión de Epicuro dos eran los constituyentes fundamentales de la felicidad, la sabiduría y la amistad. La sabiduría brinda dos cosas al individuo: prudencia para poder discernir en torno a la satisfacción de los deseos y el disfrute de los placeres y, conocimiento para no temer a los dioses o al destino o a la muerte, liberando de este modo el alma de falsas inquietudes. La amistad por su parte catapulta el placer que causa la satisfacción de los deseos. Hay placeres que obviamente no se pueden disfrutar en solitario, como el sexo pero, por lo que respecta al resto de los placeres, o no tienen sentido sin relación con otros (poder, dinero…), o no se disfrutan con igual intensidad (comer, beber, discernir, filosofar, debatir…). En esta búsqueda de la felicidad epicúrea la amistad es un importante elemento como escuela de virtudes y catalizador del placer.

En resumen, un decálogo de las doctrinas de Epicuro en este campo sería el que sigue:

1. El objetivo fundamental de la vida humana es la conquista de la felicidad.
2. La felicidad se obtiene mediante la satisfacción de los deseos humanos: todas las inclinaciones naturales son buenas si atienden a su función.
3. El ser humano debe perseguir el placer y eliminar el dolor físico y la inquietud espiritual para satisfacer sus deseos.
4. El ser humano debe formarse a fin de librarse de los prejuicios que de otro modo le impedirán ser feliz y, saber así discernir entre lo deseado y lo deseable.
5. El ser humano debe adiestrarse, convivir, esto es, conquistar la amistad, a fin de asegurar la satisfacción de sus deseos y gozar plenamente de los placeres de la vida: la amistad es el catalizador del placer porque potencia la satisfacción y reduce el deso.
6. Para conquistar la amistad el ser humano debe ser prudente, justo y honesto: sólo una persona buena podrá tener amigos.
7. La prudencia guiará al ser humano y le permitirá satisfacer sus deseos evitando el exceso o la escasez que son dos de las causas del dolor y de la inquietud.

8. Un hombre justo y honesto cumplirá la primera de las normas éticas: no hagas a tu prójimo lo que no quieras que te hagan a ti.
9. Un ser humano que cumpla todo lo anterior será autosuficiente y desconocerá el sufrimiento: será un dios entre los hombres.
10. El ser humano autosuficiente estará en disposición de obtener la satisfacción de los placeres en su justa medida y la supresión del dolor y, alcanzará el sumo grado de imperturbabilidad, el estado de ataraxia: la plenitud de espíritu. Y será feliz.

La noción epicúrea de liberación física y espiritual se asemeja a las prácticas de yoga originarias de la antigua India. En el Mahabharata se define el propósito del yoga como la conquista de un estado de paz permanente, que guarda muchas similitudes con el estado epicúreo de ataraxia. Los contactos comerciales y culturales con las civilizaciones de Oriente introdujeron en Asia Menor nuevas tendencias filosóficas a partir del siglo VII a.C. Fue en Jonia donde surgieron los primeros presocráticos y donde se desarrolló el pensamiento griego preclásico que estuvo muy influenciado por las escuelas orientales. Fruto de todo ello será el impresionante aporte cultural que dará origen al nuevo orden del período clásico. Si bien no hay indicios de que Epicuro tuviera conocimiento específico del Mahabharata, la satisfacción de los placeres catastemáticos y el acceso a un estado de ataraxia, coincide en algunos puntos cardinales con la práctica del yoga tal como se practicaba en el siglo IV a.C.

El término yoga aparece por primera vez en el Katha Upanishad hacia el 400 a.C., donde se define en términos de control de los sentidos que, junto con el cese de la actividad mental, conduce al estado supremo de plenitud. La epopeya Mahabharata también incluye una descripción del denominado yoga de la cesación, datable en torno al 300 o 200 a.C., y por tanto coetáneo del nacimiento de la escuela del jardín[72]. Esta noción de yoga subraya el abandono progresivo de los pensamientos y sensaciones que conducen a un auténtico conocimiento o conciencia del yo. Algunos conceptos como la meditación o la discriminación de sensaciones y emociones, tan importantes en la praxis epicúrea de las virtudes y la satisfacción de los placeres mediante la educación de los deseos son algunos puntos de conexión entre ambas concepciones del ejercicio mental. Así, la escuela epicúrea establece como una de las principales doctrinas el análisis de la percepción y de la cognición mediante el estudio y la meditación, a fin de evitar el sufrimiento que origina la ignorancia, que impide a las personas ser felices. Ya que a toda solución le corresponde un diagnóstico apropiado. Otro punto de unión entre la meditación epicúrea y la práctica del yoga es la búsqueda de un estado de suficiencia o imperturbabilidad mediante la meditación, si bien la naturaleza ontológica de ambas prácticas difiere notablemente. Por último, tanto la práctica del yoga como la búsqueda de un estado ideal de plenitud son caminos hacia la omnisciencia, hacia el conocimiento verdadero que nos permitirá alcanzar la felicidad.

No deja de resultar sumamente intrigante el paralelismo entre la estética del sufrimiento epicúreo y la doctrina del sufrimiento del Mahabharata que define la raíz del sufrimiento en términos de opciones equívocas en virtud de falta de conocimiento o ignorancia de la persona (sufrimiento auto-infligido). Es asimismo notorio el paralelismo que guarda la doctrina del tetrafármacos epicúreo con algunas de las doctrinas filosóficas del antiguo hinduismo en torno al alivio del dolor. Isvarakrsna define por ejemplo en su tratado de Samkhya del siglo V a.C. un método de eliminación del dolor físico y mental en tres pasos. Hay una notable correspondencia entre el tetrafármacos epicúreo y las cuatro nobles verdades del budismo: la verdad sobre la naturaleza del dolor (o sufrimiento), la verdad sobre la naturaleza del origen del sufrimiento (que es el falso deseo), la verdad sobre la naturaleza de la cesación del dolor y, la verdad de la fórmula de cesación del dicho dolor o *dukkha* (dolor, inquietud o insatisfacción), consideradas como una de las doctrinas centrales de la tradición budista del siglo V a.C. -y aún de hoy en día- tendentes a exponer la naturaleza, las causas y el camino hacia la extirpación y prevención del dolor[73].

Epicuro cierra su carta a Meneceo asegurando a su discípulo que prácticando estos preceptos viviría como un dios entre los hombres, pues aquél que vive bendecido entre dioses inmortales nada tiene de común con el resto de los mortales [CM 135].

Tal como hemos indicado, el conocimiento era uno de los pilares fundamentales de la teoría de la felicidad de Epicuro, de modo que la filosofía epicúrea otorgó gran importancia al campo de la epistemología o teoría del conocimiento. Epicuro se enfrentaba en este campo a tres cuestiones básicas para el desarrollo de su filosofía de vida:

1. ¿Podemos aprender? Teniendo en cuenta que la conquista de la felicidad exigía que el ser humano dedicara gran parte de su tiempo al estudio, la reflexión y la meditación, Epicuro debía demostrar

que el ser humano podía en efecto acceder al conocimiento.

2. ¿Cómo podemos aprender para llegar a ser sabios? Epicuro debía señalar cuáles eran las herramientas que posee el ser humano para aprender y qué limitaciones tenían éstas.

3. ¿Cómo podemos aprender sobre aquellas cosas a las que no tenemos acceso directo mediante nuestros sentidos? Por último, teniendo en cuenta que el miedo a la muerte o a los fenómenos celestes eran dos de las causas principales de inquietud entre los seres humanos, Epicuro debía explicar cómo podía la persona tener conocimiento de lo infinitamente grande o de lo infinitamente pequeño.

Además, debía responder a las críticas que desde la escuela escéptica había vertido sobre la arena filosófica ateniense Pirrón de Elis (c. 360 a.C.-ca. 270 a.C.), coetáneo de Epicuro y decidido defensor de que el conocimiento era inaccesible e incierto. Pirrón forjó el concepto de *acatalepsia* (ἀκαταληψία) en virtud del cual a todo juicio se le puede anteponer otro con igual justificación y nivel de credibilidad (nada es más esto que aquello[74]), por lo que el ser humano nunca podrá llegar a saber algo con seguridad y, aunque así fuera, no tiene las herramientas necesarias para saber con certeza donde se esconde la verdad, que es ininteligible. Este criterio debía ser aplicado en opinión de Pirrón tanto a los conceptos e ideas que son aprendidas sin la intervención de los sentidos (νοούμενα) como a los fenómenos (φαινόμενον) o realidades que son perceptibles mediante los sentidos.

En opinión de Pirrón, el sujeto y el objeto de conocimiento cambiaba incesantemente, lo que hacía imposible la distinción entre ser y el parecer, entre la verdadera identidad de un objeto y la percepción que del mismo tiene el individuo[75]. Por otro lado, la escuela pirrónica subrayó la pluralidad de puntos de vista sobre las más diversas cuestiones del saber humano; por ejemplo, diversas culturas tenían diferentes conceptos de belleza, verdad, bondad, religión, vida y justicia. Hizo asimismo Pirrón hincapié en la falta de congruencia de la percepción mediante los sentidos (por ejemplo la percepción de diferentes matices de color en función de la iluminación). Desde esta perspectiva nada es cierto y, el saber es por tanto meramente intuitivo, nunca determinativo. La escuela pirrónica atacó agriamente el dogmatismo del resto de las escuelas atenienses, al considerar que sus hipótesis estaban infundadas y que se trataba de presunciones antes que de conocimientos[76].

A diferencia de Epicuro, Pirrón postuló que el único camino para conquistar la paz espiritual o ataraxia (αταραξια) era suspender el juicio sobre las cosas admitiendo y asumiendo de este modo los límites del saber humano, sin dejar nada al arbitrio de los sentidos y liberando de este modo a la persona de la inquietud y la preocupación[77]. De este modo, sostenía Pirrón que no había nada realmente existente más allá de la costumbre y la convención que gobiernan la acción humana y que, consecuentemente, ningún acto humano podía ser juzgado, por lo que nada podía ser considerado honroso o deshonroso, justo o injusto. No obstante todo ello, Pirrón no abogaba por renunciar al saber, ni al ejercicio intelectual, sino que asumía una humildad epistemológica radical al aceptar la máxima socrática "sólo sé que no sé nada" en su máxima expresión, aplicada al conocimiento humano en general[78].

Como hemos apuntado, Epicuro partió de un axioma diametralmente distinto al pirrónico, afirmando que el estado de ataraxia tan sólo es asequible mediante el estudio por lo que dedicó buena parte de su carta a Heródoto al estudio del conocimiento y responde, punto por punto, a los razonamientos de aquél [CH 46-53].

El estudio de Epicuro del conocimiento parte del análisis de la percepción sensorial, ya que en opinión del filósofo todo conocimiento partía de la observación empírica de la realidad. En un mundo material compuesto de átomos como el epicúreo, existía un específico tipo de partículas diminutas, imperceptibles a simple vista, y con una forma muy semejante a la de los cuerpos sólidos en los que se hallaban. A estos bocetos de los cuerpos compuestos los llamó Epicuro simulacros o ídolos (εἴδωλα). La materia, los cuerpos compuestos, emitirían incesantemente un número infinito de ídolos hacia el exterior de los cuerpos y en todas las direcciones. Según el autor este flujo de ídolos de la superficie de los cuerpos es imperceptible, ya que no se observa disminución en los cuerpos de donde proceden porque otros ídolos ocupan instantáneamente el espacio dejado por los anteriores. Por su parte, aquéllos que se desprenden de los cuerpos conservan durante mucho tiempo la posición y disposición que tenían cuando formaban parte de los cuerpos sólidos, guardando de este modo un "boceto" o "esbozo" de los mismos [CH 48].

Su pequeñísimo tamaño permitiría a los ídolos desplazarse sin apenas obstáculo a través de los intersticios de la materia (sin apenas colisionar con otras partículas). Por otro lado, su extrema velocidad —serían tan veloces como el pensamiento- les permite recorrer una longitud infinitamente grande en un punto infinitamente pequeño (e indivisible) de tiempo [CH 46-47].

Es cuando los ídolos alcanzan los órganos sensoriales humanos cuando el ser humano percibe con la mente. Ésta era en opinión de Epicuro la única explicación lógica del funcionamiento de los órganos sensoriales humanos, ya que según el filósofo las cosas externas no pueden descubrirnos su naturaleza, su color o su forma a través del aire que media entre nosotros y ellas, ni mediante rayos, emisiones o efluvios que desde los órganos sensoriales humanos partieran hacia ellas. Sin embargo, era admisible suponer que ciertas imágenes de una forma, color y magnitud similar a los objetos de los que procedían penetrasen en el organismo, desencadenando los mecanismos de percepción de los órganos sensoriales humanos [CH 49].

Su extrema velocidad permite al flujo ininterrumpido de ídolos representar la apariencia única y continua de un objeto, así como conservar la interconexión mutua que tenían con dicho objeto. Es por ello por lo que, concluía Epicuro, producen en los órganos sensoriales una única percepción que conserva siempre la misma relación con el objeto [CH 50]. Sin una interconexión entre el emisor y el receptor no se podría generar percepción alguna.

Las sensaciones ópticas, auditivas y olfativas humanas estarían causadas por similares flujos de ídolos. Así, por ejemplo, mencionaba Epicuro que la audición se debía a la emanación de ídolos desde el objeto emisor a los órganos sensoriales del sujeto receptor. El impacto auditivo generado por el emisor provoca el desplazamiento de las partículas que forman un flujo parecido a un soplo, y es este desplazamiento de los ídolos en el aire el que da lugar a la sensación de la audición. La corriente sónica de ídolos se diseminaría en partículas que conservan una cierta conexión y una unidad distintiva (flujo), extendiéndose desde el objeto que las emite de forma ininterrumpida hasta los órganos auditivos humanos. Esta corriente causaría, en la mayor parte de los casos, la percepción y, en otros, simplemente indicaría la presencia de un objeto externo (en el caso de que dichos flujos de ídolos llegasen distorsionados o, por ejemplo, en el caso de que el emisor se encontrase a mucha distancia) [CH 52]. El olfato, como la audición o la visión, no produciría ninguna sensación en los órganos sensoriales humanos si partículas del tipo adecuado para excitar estos órganos no fueran transportadas desde el objeto que las produce hasta el receptor [CH 53].

Los sentidos son por tanto, desde la perspectiva epicúrea, la más fiable y más genuina fuente de conocimiento. Pero no la única. Epicuro distingue tres criterios de verdad: las sensaciones (αἰσθήσεις), las preconcepciones o *prolepsis* (πρόληψις[79]), los sentimientos, emociones o *pathos* (πάθος[80]) y la razón o la capacidad de razonar lógicamente (λογισμός).

Los sentidos son el primer criterio de la verdad, ya que generan en nosotros las primeras impresiones y son la fuente primaria de información de los objetos externos. En opinión de Epicuro la información sensorial ni era subjetiva ni falsa, sino totalmente fiable. No obstante, Epicuro entendía que en ocasiones se producen errores en virtud de una errónea recepción sensorial o, en ocasiones dos personas registraban sensaciones parcial o totalmente diversas de una misma fuente emisora. En estos casos, entendía Epicuro, el error ocurre cuando la mente suma o resta algo de estas sensaciones a causa de ideas preconcebidas, esto es, cuando el receptor forja una opinión sin que haya sido confirmada o refutada por la evidencia material (por la información que procede de las sensaciones). Y es por medio de esta desorientación que caemos en el error [CH 50]. En abierta oposición al planteamiento de Pirrón, Epicuro otorgaba total fiabilidad a los sentidos, por lo que el error radicaba siempre en la inferencia ilegítima del receptor de una sensación. Una vez más, el error epicúreo habita en el alma, no en el cuerpo.

Pero, como hemos apuntado, Epicuro admitía asimimo que en ocasiones el flujo de ídolos podía resultar confuso, ya fuera porque la fuente o emisor del flujo de ídolos estuviera distorsionada (por la distancia o alguna otra perturbación o porque los ídolos se entremezclasen generando ideas confusas). Así, por ejemplo, Epicuro aceptaba que la idea de un monstruo como el centauro, mitad hombre mitad caballo, correspondía al estímulo de un flujo distorsionado de ídolos. Cuando un flujo de ídolos de un ser humano chocaba o se entremezclaba con un flujo de ídolos procedente de un caballo, podía dar lugar a la visión borrosa de un centauro. En estos casos la razón nos conduce a considerar que tal concepto es irreal[81].

Las imágenes o preconcepciones (πρόληψις) constituían según Epicuro el conocimiento básico que se tenía de un concepto[82]. La *prolepsis* epicúrea es la comprensión abstraída y compacta de las realidades que han sido percibidas a través de la recepción de flujos de ídolos en repetidas ocasiones. Así, por ejemplo, la recepción repetida de flujos de ídolos de personas generará la imagen abstracta o prolepsis del concepto "ser humano". Estos conceptos básicos se forman mentalmente de acuerdo con y en virtud de la información sensorial. Dichos conceptos son fruto del acuerdo y de la convención entre las personas, de modo que los hablantes de cada una de las lenguas hacen uso de estos conceptos mediante una palabra o expresión determinada. Son por tanto los significados que subyacen en las palabras (ὑποτεταγμένα τοῖς φθόγγοις) o, lo que hoy consideraríamos la sustancia semántica de las palabras [CH 37]. Es por esto que Epicuro daba tanta importancia a la elección de las palabras al hablar y al consenso sobre su significado.

Los sentimientos o las emociones son los impulsos que permiten a la persona distinguir entre lo deseable y lo no deseable. Son por tanto el mecanismo estético de la teoría del conocimiento epicúrea. Las emociones permiten al individuo sentir gusto o desagrado ante determinadas experiencias que son percibidas a través de los sentidos, las cuales se asocian posteriormente con otras ideas generando concepciones en términos de agrado y desagrado. No obstante, los sentimientos simplemente informan al individuo sobre aquello que produce placer y sobre aquello que provoca dolor o inquietud. Este nivel de conocimiento es crucial para el epicureísmo porque constituye la base de su doctrina ética. Sin embargo, la capacidad estética de distinguir entre lo deseable y lo no deseable no es suficiente, ya que el individuo ha de poseer la competencia ética que le permitirá distinguir entre lo deseado y lo deseable. En este sentido, es la razón la que según Epicuro habilita al individuo a reconocer que no todos los deseos han de ser satisfechos ni todos los placeres disfrutados en todo momento, ya que la satisfacción de algunos deseos y el disfrute de ciertos placeres puede generar dolor o inquietud a largo plazo [CM 129].

La capacidad de razonar o calcular lógicamente (λογισμός) es la facultad humana que permite al individuo inferir, por analogía, los conceptos e ideas que no son perceptibles por los órganos sensoriales [CH 75]. La razón permite de este modo al ser humano comprender el mundo invisible a partir de la percepción de aquello que es visible. La capacidad racional humana permite asimismo al individuo realizar suposiciones (ὑπολήψεις) [CH 50 y 51]. Las suposiciones son creadas por la información que generan las asociaciones conscientes o inconscientes de los conceptos que ya han sido construidos, las sensaciones y las emociones [DLV 34]. En cualquier caso, Epicuro insiste en que los conocimientos o criterios deben ser confirmados (ἐπιμαρτυρηθῇ) mediante la observación empírica que permitirá corroborar o desmentir las opiniones, aportándoles por tanto el carácter de criterios o quimeras. Esta verificación de las opiniones sólo se puede hacer por medio del uso de las facultades sensoriales. No obstante, admite Epicuro axiomas o ideas de la razón que son evidentes (δῆλον) por sí mismas, distinguiéndolas de las cosas oscuras u ocultas que requieren confirmación (ἀδήλων) [CH 38].

El proceso de conocimiento elaborado por Epicuro está por tanto estructurado en cinco pasos:

1. Percepción. Toda percepción se genera mediante la recepción de los flujos de ídolos procedentes de

los cuerpos emisores en los órganos sensoriales del sujeto receptor (ya sea mediante la vista, el oído, el olfato, el tacto o el gusto).
2. Procesamiento y transformación. Las imágenes o preconcepciones permiten al receptor considerar por comparación en qué consiste la nueva imagen que se ha registrado.
3. Focalización. Mediante las emociones el individuo reconoce qué tipo de realidad es la que se ha percibido. Esta suposición se asocia con emociones agradables o desagradables, acompañadas por las respectivas imágenes mentales.
4. Verificación. El individuo debe siempre confirmar (verificar) empíricamente la naturaleza del objeto a través de los sentidos.
5. Razonamiento o doble confirmación. La información que se registra a través de los sentidos debe ser procesada por la razón, incluso las cosas que aparentan ser obvias.

Epicuro insiste muy repetidamente a lo largo de sus cartas a Meneceo, Heródoto y Pitocles que todos los juicios y conceptos humanos deben estar sustentados en las claras evidencias empíricas confirmadas por la observación, porque de lo contrario el individuo se perdería en un mar de incertidumbre y confusión [CP 86] [MF 21]. Paralelamente, Epicuro consideraba que aquellas personas que no confiasen en sus sentidos –como los miembros de la escuela pirrónica-, no tendrían nada a lo que hacer referencia, ni medio de juzgar sobre aquello que pretendían afirmar o negar [MF 22]. El rechazo de la capacidad sensorial humana sin distinguir los diferentes elementos de juicio, esto es, por un lado la noción real e inmediata de la percepción y, por otro, la inducción racional que se fundamenta en dichas sensaciones, en las emociones y en las concepciones de la mente (que se generan directamente a partir de las sensaciones que percibimos), significaba en opinión de Epicuro rechazar el único criterio válido de verdad y confundir el criterio con falsas opiniones o creencias infundadas, fruto de la inquietud [MF 23]. En este mismo sentido, la persona que otorgase igual valor a las ideas basadas en la opinión, a aquéllas que están a la espera de confirmación y a aquéllas que no requieren confirmación, erraría, ya que estaría juzgando ambiguamente entre una opinión verdadera y una falsa [MF 24]. Y rubricaba, si el ser humano renunciase a explicar los fenómenos naturales en virtud de hipótesis inconsistentes con la observación de la realidad, estaría abandonando el estudio de la naturaleza para caer en el mito [CP 87].

Epicuro entendía que había realidades que podían ser explicadas de diversos modos o fenómenos que no podían ser explicados con las herramientas de que entonces se disponía. En este sentido adujo que el ser humano no debía esforzarse por obtener lo que no nos es posible obtener, ni comprender todas las cuestiones con la misma claridad, ni por tanto dar explicaciones unívocas [CP 86]. Los fenómenos que no podían ser explicados había que estudiarlos mediante la comparación con los que sí estaban al alcance de la observación empírica, por analogía, ya que ciertos fenómenos brindan evidencias en virtud de las cuales era posible interpretar lo que sucedía en los cielos. A pesar de todo ello, siempre era preciso observar los hechos tal como se presentan, y distinguir los diferentes elementos que les eran propios a fin de explicarlos a partir de un estudio concienzudo y meticuloso [CP 87 y 88].

En suma, opinaba Epicuro en contra de la postura de Pirrón que ningún fenómeno era incomprensible ni inaccesible siempre que se tuviera en mente que existen varias explicaciones posibles de un mismo fenómeno (y por tanto no se cayera en el dogmatismo), que se examinasen los principios y las causas consistentes con las observaciones, y que no se ofrecieran explicaciones inconsistentes con las observaciones [CP 95].

Por último, Epicuro rechazaba las dialécticas confusas y recomendaba a sus discípulos que utilizasen un lenguaje limpio y claro. En este mismo sentido promovió como ya hemos apuntado la utilización de palabras conocidas y utilizadas por todos y evitó la creación de nuevos términos innecesarios u oscuros ya que según el filósofo era suficiente utilizar las palabras correctas que todo el mundo entendiese de la misma manera [CH 37].

Las respuestas que Epicuro dio a las cuestiones fundamentales de la filosofía del conocimiento lo han convertido en uno de los padres de la teoría del conocimiento y en una figura clave en el desarrollo del método científico debido fundamentalmente a su insistencia en que nada debe ser creído, salvo que haya sido probado a través de la observación directa y la deducción lógica, esto es, mediante el conocimiento, análisis y síntesis de los fenómenos que se manifiestan ante nosotros a través de nuestros sentidos.

La carta a Heródoto comienza con un prólogo en el que Epicuro trata algunos de los principios básicos del ámbito de la epistemología que hemos comentado [CH 35-38][83], para pasar a tratar los aspectos básicos de su obra *Sobre la naturaleza* (Περὶ φύσεως) y del resumen que de esta obra hizo, el llamado *Epítome mayor* (Μεγάλη ἐπιτομῇ). Como hemos comentado, no se ha conservado ningún ejemplar de *Sobre la naturaleza*, más allá de los papiros que el suegro de César introdujo en cajas para protegerlos del flujo piroclástico del Vesubio. No obstante, podemos rastrear su contenido a través de la obra de Tito Lucrecio Caro *Sobre la naturaleza de las cosas* (*De rerum natura*), la cual muy posiblemente sea un resumen y comentario de la obra original de Epicuro, si bien no es posible saber hasta qué punto se trata de una relección de la obra original de éste, o una obra original de Lucrecio, por lo que es preciso ser cauto a la hora de sustentar un estudio sobre la obra de Epicuro basado en *De rerum natura*. Tal vez algún día sea posible revelar el contenido del papiro carbonizado de la villa dei papiri de Herculano donde se ha hallado un ejemplar del *Περὶ φύσεως* epicúreo gracias a los avances de la fotografía estratigráfica.

La carta a Heródoto constituye un sumario del contenido de las doctrinas del autor sobre la naturaleza de las cosas, del mismo modo que la carta a Meneceo constituye una síntesis de las doctrinas de Epicuro sobre la ética. Es preciso insistir en el hecho de que Epicuro consideraba que el estudio de la naturaleza, del universo, era meramente instrumental y, por tanto, que estaba supeditado a la ética: el objetivo fundamental del estudio de los fenómenos celestes y de la naturaleza del universo era útil tan sólo en tanto en cuanto protegía al ser humano de la inquietud espiritual que generaban en la persona los prejuicios que originaban la desinformación o la ignorancia.

De forma esquemática, Epicuro sintetizó en siete conceptos básicos y fáciles de memorizar las bases fundamentales de su teoría de la naturaleza [CH 38-45]. El primero de estos mencionados conceptos era un conjunto de tres axiomas (ἀδήλων) o, verdades no evidentes pero lógicas, a las cuales los órganos sensoriales no tenían acceso pero a las que el ser humano podía acceder mediante el uso de la lógica y de la razón:

1. Nada es creado de la nada. De lo contrario, argüía Epicuro, todo nacería de todo y no necesitaría de semillas a partir de las cuales germinar [CH 38]. Epicuro negaba la existencia de dioses generadores de vida y causantes de muerte y, en general, la existencia de dioses que en modo alguno interfiriesen con los seres humanos, por lo que rechazó el dogma de la creatio ex deo u origen divino del cosmos. Rechazada la creatio ex nihilo o creación de materia a partir de la nada, tan sólo restaba a Epicuro una opción lógica, la creatio ex materia o creación de la materia a partir de materia preexistente. En virtud del recurso lógico ad eternum, Epicuro no tenía más remedio que aceptar lógica o racionalmente la idea de un universo infinito, postergando de este modo al infinito la pregunta de cómo se generó en el inicio de todos los tiempos la primera partícula de materia. No es ésta una ley natural original de Epicuro sino que gozaba de mucha aceptación en la Grecia clásica y, hasta donde podemos saber, fue formulada por vez primera por Hesíodo en el siglo VIII a.C. o, más rotunda y profusamente por

Parménides de Elea y Empédocles de Agrigento en el siglo V a.C.[84]

2. Nada desaparece. Epicuro sostenía que nada podía desaparecer, ya que de lo contrario, en un universo temporalmente infinito, todo habría desparecido hacía tiempo: todas las cosas se habrían destruido al no existir algo en lo que transformarse [CH 39]. Este axioma es el origen del moderno principio de conservación de la masa y de la energía y, junto con el anterior, también fue formulado por vez primera por Parménides y Empédocles, si bien Epicuro lo heredó de los atomistas Leucipo y Demócrito y lo desarrolló en relación con la masa atómica, confiriendo a este concepto un significado más cercano al de la física moderna.

3. El universo permanece inalterable. A pesar de que a primera vista este axioma se asemeja al principio físico propuesto por Parménides de que todo permanece y nada cambia y, en consecuencia, a la idea de que todos los cambios que observamos no son sino ilusiones o figuraciones de la razón, la teoría del mundo físico de Epicuro es diametralmente opuesta a este escepticismo radical. Epicuro opinaba que los órganos sensoriales humanos eran inefables y que, por tanto, lo que permanecía inalterable en el universo era únicamente la cantidad de materia (que era y había sido siempre infinita) y el vacío (que no era específicamente nada, pero era ilimitado en extensión y sobre el cual la materia no podía ejercer cambio alguno). No obstante, la materia del cosmos se hallaba en opinión del autor en un constante estado de cambio (omnia mutantur). De este modo, cuando Epicuro afirmó que el universo

siempre fue tal cual es hoy y tal cual será siempre, se refiere al hecho de que no existe nada en que la materia total del universo y el vacío que la contiene se puedan transformar, ya que fuera del universo no hay nada y, por tanto, nada puede penetrar en el mismo ni producir cambio alguno [CH 39].

El segundo principio epicúreo establece que el universo está compuesto de cuerpos sólidos (σώματα) y vacío (κενός). Los cuerpos sólidos ocuparían el espacio vacío ya que si no existiese este espacio desierto e inmaterial, el espacio o naturaleza intangible, los cuerpos no tendrían dónde estar ni por dónde moverse [CH 39-40]. Es éste un principio material de la física epicúrea en el sentido de que es un hecho que el ser humano puede observar y comprobar mediante los sentidos y, por lo tanto, es evidente (que la materia se desplaza a través del espacio). En el universo epicúreo no hay lugar para nada más que cuerpos sólidos (materia) y espacio vacío.

En virtud del tercer principio o tercera ley de la naturaleza de Epicuro, todos los cuerpos están compuestos de partículas elementales o átomos que son indivisibles (ἄτομος) e inmutables (ἀμετάβλητος) [CH 40-41 y 54]. Todos los cuerpos físicos están compuestos de un número finito de partículas elementales [CH 56-57] que se agregan las unas a las otras hasta formar todos los cuerpos sólidos que se observan en el universo. Estas partículas fundamentales de la materia son físicamente indestructibles por lo que no se pueden destruir, dividir o deformar (alargar, constreñir o, en general, cambiar de volumen o longitud –ya que son la unidad mínima de medida). Son asimismo inalterables, por lo que no cambian de forma, color o tamaño cuando se disuelven los cuerpos compuestos de los que forman parte. Y son asimismo infinitas en número, ya que no es posible concebir un universo materialmente infinito fabricado a partir de un número discreto de partículas elementales.

Las partículas elementales, ni son absolutamente iguales a los cuerpos compuestos, ni son absolutamente diferentes a ellos, sino que guardan algunas similitudes con ellos, y es en virtud de estas similitudes que percibimos las características que podemos apreciar mediante los sentidos en estos cuerpos compuestos. Por otro lado, las partículas elementales se encuentran en un perpetuo estado de integración y desintegración mediante asociaciones y disociaciones que provocan la composición y descomposición de los cuerpos compuestos. Las partes de un cuerpo compuesto finito no pueden ser infinitas en número o infinitamente pequeñas porque si lo fueran el cuerpo no podría tener tamaño limitado o no tendría tamaño en absoluto. La diversa disposición de los átomos o la variación del número total de átomos en los cuerpos compuestos determinan los cambios apreciables en estos cuerpos sin que, como hemos dicho, cambie la naturaleza de los átomos que los conforman [CH 55].

En virtud de la cuarta ley de la naturaleza de Epicuro, existen diversos tipos de átomos ya que, en opinión del autor no era posible que las diferentes apariencias que observamos en los cuerpos compuestos se produjeran a partir de un único tipo de partículas elementales. Los átomos epicúreos no tenían sino tres cualidades fundamentales, la forma, la magnitud y el peso. Y cambiaban de color según la posición. El número de tipos de átomos no es infinito, sino extremadamente grande, ya que no hay infinitas formas [CH 42 y 44]. Epicuro entendía que la afirmación de otros atomistas de que hay partículas elementales de todos los tamaños no ayudaba a explicar las diferencias de las propiedades de los cuerpos compuestos ni era algo lógico de suponer, ya que de lo contrario habría que aceptar que existían átomos lo suficientemente grandes como para ser vistos a simple vista, lo cual no se ha observado nunca [CH 56]. Por otro lado, dado que los átomos no pueden ser vistos, era preciso tener conocimiento de los mismos mediante analogías con los cuerpos compuestos, algo perfectamente lícito según Epicuro. No obstante, estas analogías podían conducir a algunas equivocaciones, tales como, por ejemplo, postular que los átomos tenían partes distintas. Los átomos eran unidades mínimas de materia por lo que no podían ser divididos en partes más pequeñas [CH 58]. Estas partículas mínimas con tamaño propio constituían la medida mínima de la extensión y eran consecuentemente, las unidades mínimas de medida [CH 59].

En virtud de la quinta ley de Epicuro, los átomos estaban en movimiento continuo, perpetuamente, ya que el universo (y el tiempo) eran asimismo infinitos. Algunos átomos se distanciaban ocasionalmente del resto o chocaban fortuitamente entre ellos debido a su solidez, originando cambios de trayectoria [CH 44], mientras que otros conservaban su vibración en un lugar concreto cuando eran fortuitamente encerrados por la red atómica que los recubría y mantenía enlazados formando parte de un cuerpo compuesto [CH 42]. Pero los átomos que forman parte de un cuerpo sólido no poseen un mismo movimiento unísono y unidireccional sino que vibran y se mueven en diversas direcciones [CH 62]. También supuso Epicuro que si bien en el seno de los cuerpos compuestos los átomos realmente no se movían a un ritmo igual, de forma coordinada, estos movimientos no forzaban al cuerpo compuesto ya que éste, como un todo, no realizaba las trayectorias de sus componentes sino que se movía libremente arrastrando dentro de sí el movimiento de todas estas partículas elementales.

Según Epicuro todos los átomos se desplazaban a igual velocidad a través del espacio, ya que el vacío no opone resistencia y permite moverse a la misma velocidad tanto a los cuerpos pequeños como a los grandes [CH 43 y 61]. La velocidad de los átomos era la del pensamiento –la velocidad máxima-, ya que ni el peso ni la dirección suponían diferencia alguna al movimiento de las partículas elementales. Este axioma fue muchos siglos después redescubierto y desarrollado por Galileo y más tarde por Newton bajo el nombre de ley de conservación del momento lineal (producto de la masa y la velocidad de un cuerpo en un momento determinado) y es una de las leyes básicas de conservación de la física contemporánea.

Epicuro explicó que un cuerpo que se desplaza a través del espacio nunca llegará en un momento dado a muchos lugares a la vez, ya que esto es incomprensible. Por el contrario, sí era lícito suponer que una serie de partículas elementales llegasen simultáneamente a un mismo punto del espacio a un mismo tiempo, cualquiera que fuese el lugar de origen de su movimiento, ya que la velocidad del movimiento de una partícula que no encuentra ningún obstáculo está absolutamente en las mismas condiciones que la de aquélla cuya rapidez hubiese disminuido a causa de la resistencia causada por un choque con otra partícula elemental [CH 47]. Mediante esta concepción del movimiento atómico Epicuro pretendía dar explicación a un hecho que generaba mucha polémica entre los pensadores contrarios al atomismo: ¿cómo se generó el primer choque de las partículas elementales?

El problema sin duda era difícil de resolver. De un lado Epicuro debía dar respuesta a la duda planteada por Aristóteles en relación a la causa primera del movimiento o, motor inmóvil del movimiento en el universo. Según Aristóteles toda partícula que posea movimiento se desplaza porque otro objeto -la causa eficiente del movimiento- ha suscitado dicho movimiento. En otras palabras, Aristóteles situó el movimiento en una cadena causal y Epicuro debía responder cuál era el origen de dicha cadena, ya que en sus propias palabras ninguna cadena causal podía ser infinita, aunque el universo y el tiempo lo fueran. Por otro lado, si en el origen de los tiempos de un universo material una serie de partículas surgidas en un momento determinado del tiempo comenzaran a desplazarse en direcciones determinadas hacia el infinito nunca colisionarían, a no ser que algún hecho físico las obligase a cambiar de rumbo, algo que en principio nada sino el choque con otra partícula podía forzar.

Epicuro debía por tanto dar una respuesta racional al movimiento físico original y al origen del primer impacto atómico. En principio el filósofo afirma en la carta a Heródoto que el movimiento atómico no tiene principio ni está originado por los átomos, ya que tanto los átomos como el vacío son eternos, por lo que no es posible afirmar que el movimiento tenga un origen físico [CH 44]. No obstante, este recurso al infinito dejaba sin respuesta el origen de las colisiones atómicas. Epicuro hallaría la clave a este dilema en el azar.

En los fragmentos que se han conservado de los escritos epicúreos no hay apenas indicios de la teoría de la aleatoriedad del autor. En la carta a Heródoto Epicuro afirma que los átomos conservan su vibración dentro de los cuerpos compuestos en un lugar concreto cuando son "fortuitamente" encerrados por el enlace atómico o recubiertos por la red atómica que los mantiene enlazados dentro de un cuerpo compuesto [CH 43]. Pero esta mención a la causalidad no constituye mucho más que un indicio de que Epicuro en efecto aceptaba que la casualidad formaba parte de su teoría física.

La mejor pista sobre la teoría del azar de Epicuro nos ha llegado de mano del poeta y filósofo romano Tito Lucrecio Caro (ca. 99 a.C.-ca. 55 a.C.) quien —como hemos mencionado- dedica un espacio a este tema en su obra *Sobre la naturaleza de las cosas*. Dice Lucrecio textualmente que, en opinión de Epicuro, cuando los átomos caen en línea recta a través del vacío debido a su propio peso, se desvían ligeramente de forma aleatoria. Estas desviaciones son lo suficientemente intensas como para hacer variar la dirección del movimiento de las partículas, ya que si éstas no tuvieran "la costumbre de desviarse" todas ellas caerían hacia abajo a través de las infinitas profundidades del vacío, como las gotas de lluvia, y no se produciría ninguna colisión, ni los rebotes que originan las colisiones atómicas. Y si ese hubiera sido el caso, la naturaleza nunca habría producido nada.

La teoría atómica de Epicuro se diferencia por tanto del atomismo de Leucipo o de Demócrito en este punto crítico, porque admite que los átomos no siempre siguen líneas rectas sino que la dirección del movimiento de los átomos puede en ocasiones exhibir una serie de virajes o "clinámina[85]". Sin duda Epicuro puede ser considerado uno de los precursores del principio de incertidumbre, de la teoría de la física cuántica y del concepto de aleatoriedad en virtud de la doctrina del clinamen.

Y el problema no era sólo físico. En la mayor parte de los sistemas filosóficos sustentados en la idea de un universo material generado sin la concurrencia de dioses o fuerzas externas, el comportamiento de la materia está definido y regido por las leyes de la dinámica que, por su propia naturaleza, son fuertemente deterministas. Estos sistemas inmolan por tanto la libertad en favor de la causalidad. Muchos autores -legítima o ilegítimamente- han pasado del terreno ontológico al ético afirmando que en un universo físico no hay lugar para la libertad humana, ya que todo está compuesto por átomos que se comportan de acuerdo a severas leyes físicas que no admiten excepciones. No obstante, según Lucrecio, la hipótesis del clinamen permitió a Epicuro evitar el determinismo implícito en el atomismo anterior y afirmar el libre albedrío en un mundo físico regido por las implacables leyes de la dinámica de partículas, dando lugar al que probablemente es el primer sistema filosófico que sustenta una noción de libertad individual y colectiva radical en el contexto de una física de la causalidad y la casualidad[86]. Epicuro fue asimismo el primero en afirmar la libertad del indeterminismo fundamental del movimiento atómico: postulando así un universo indeterminado, libre, en el que el destino no existe porque no puede existir. Y añadió Epicuro para reforzar su hipótesis que, el hombre que dice que todas las cosas suceden por necesidad no puede criticar al que niega que todas las cosas suceden por necesidad, porque ha de admitir que esto también sucede por necesidad [FV 40].

Este planteamiento de Lucrecio ha conducido a algunos filósofos a expresar que la noción epicúrea de libre albedrío se sustenta fundamentalmente en el azar. Así por ejemplo Marco Aurelio escribió en sus *Meditaciones* que no había sino dos alternativas, o bien existe la providencia o los átomos (la concurrencia fortuita de las cosas)[87]. Pero esta afirmación no es del todo justa con Epicuro. De acuerdo en este punto con Aristóteles el filósofo sostuvo rotundamente en la carta a Meneceo que existen tres causas al afirmar que, 1) algunas cosas suceden por necesidad (por la determinación causal de las leyes de la naturaleza), 2) otras por casualidad (en virtud del azar) y otras 3) en función de la voluntad humana (en virtud de nuestra propia determinación, más allá de los preceptos de las leyes naturales y de la volubilidad del azar) [CM 133]. Y rubricaba, aquél que niega que el destino sea el dueño absoluto de todo entiende que la necesidad destruye la responsabilidad y que la fortuna es inconstante, y sostiene que nuestras acciones son fruto de la libertad por lo que es a ellas a quienes corresponde el premio y el castigo. Sin duda todo un canto a la libertad humana y una expresión más del optimismo epicúreo.

Otra de las consecuencias de la ley de la dinámica de partículas de Epicuro es la del movimiento direccional en el espacio infinito y la de tiempo. El autor establece que no es posible establecer referencias locativas como "arriba" o "abajo" en el vacío si ello significa que hay cumbres o depresiones en términos absolutos, ya que los términos absolutos no tienen cabida en un universo infinito. No obstante, continuaba argumentando Epicuro, a pesar de que es posible avanzar hasta el infinito por encima de nuestras cabezas desde donde sea que coloquemos nuestro sistema de referencia, nunca alcanzaremos el punto más alto (ni ningún otro punto más allá de nuestros límites temporales). Tampoco el que descienda por debajo del punto que sea hasta el infinito podrá llegar simultáneamente infinitamente arriba y abajo del mismo punto, porque tal cosa es inconcebible. Pero es posible observar un desplazamiento en dirección ascendente hacia el infinito, y otro descendente hacia el infinito, por lo que todo desplazamiento se debe concebir en términos finitos, como si el movimiento se extendiera en dirección ascendente o descendente hacia el infinito [CH 60].

Asimismo es interesante observar la noción de tiempo que se deduce del concepto epicúreo de movimiento atómico. En un universo infinito el tiempo es intrínsecamente infinito y por tanto, no tiene principio ni fin, esto es, fluye independientemente del universo atómico al cual dota de eternidad, ya que sin un concepto de tiempo no es posible concebir el cosmos ilimitado de Epicuro [CH 44]. No obstante, de la definición epicúrea de movimiento atómico se deduce que la unidad mínima de tiempo es el tiempo que un átomo tarda en atravesar una distancia mínima (la longitud de un átomo). Éste sería un momento indivisible de tiempo, el más breve posible, la unidad temporal mínima, que en este caso no es infinita [CH 62].

El tiempo es una cualidad muy especial según Epicuro, un ente inmaterial. El autor dedica una sección de la carta a Epicuro a esbozar su teoría de las propiedades y los accidentes o entidades inmateriales en el marco del cosmos físico en el que todo lo que existe es material y formado por átomos [CH 68-73]. El autor siguió en este punto a Aristóteles por lo que tal como menciona en su carta a Heródoto utilizaría los términos "en boga" de "propiedades" y "accidentes" para hacer referencia a los mismos [CH 70]. Entendía Epicuro que todas aquellas cualidades que se atribuyen a los cuerpos sólidos (como la forma, el color, la magnitud y el peso) y que consideramos son propiedades constantes de los mismos junto con las propiedades transitorias o accidentes de éstos no tenían existencia independiente ni eran por tanto entes materiales o partes materiales de los cuerpos compuestos [CH 68]. Pero tampoco eran entes inexistentes, ni entidades incorpóreas que se escindían de o se asociaban a los cuerpos sólidos [CH 69]. Por contra, en opinión del autor eran constituyentes físicos de los cuerpos, y el cuerpo debía su naturaleza (esencial y accidental) a un agregado de propiedades, siempre existentes en el mismo. No obstante, no debía concluirse de ello que estas cualidades se unieran entre sí para formar los cuerpos por lo que tanto las propiedades como los accidentes tenían sus propias características y eran percibidas y se distinguían de forma particular, pero siempre junto con el cuerpo al cual le eran inherentes y nunca separadas de él [CH 69].

El tiempo epicúreo era desde esta perspectiva un tipo muy especial de accidente. En opinión del autor no era necesario adoptar términos nuevos, sino que era preferible hacer uso de las expresiones habituales que la gente tenía acerca del tiempo. El tiempo difería del resto de otros accidentes en el sentido de que no estaba asociado físicamente al cuerpo, como por ejemplo lo estaba los cambios de tamaño de un objeto, por lo que era preciso estudiar el tiempo de forma diferente a como se estudiaban los demás accidentes. No era posible por ejemplo explicar la naturaleza del tiempo mediante ideas preconcebidas de la mente humana, sino que había que investigar el hecho claro y distinto en virtud del cual se habla de "mucho" o "poco" tiempo, en relación con el atributo de duración [CH 72].

En relación con lo que algunos autores consideraban una realidad inmaterial, Epicuro dedicó una sección de la carta a Heródoto a explicar el carácter físico del alma humana [CH 63-68]. La teoría del alma de Epicuro debe mucho a la teoría del alma de Aristóteles. El autor opinaba que el alma no podía ser incorpórea ya que si así fuera no podría ejercer acción alguna sobre los cuerpos físicos (ya que sólo es posible la interacción entre objetos físicos). Por otra parte, nada podría ejercer acción alguna sobre ella. El alma epicúrea era por tanto un ente material compuesto de átomos especialmente finos diseminados por todo el organismo, muy semejante a un soplo de aire cálido. La vida no es posible sin alma según Epicuro, ya que es el alma material la que comunicaría las facultades sensoriales al resto del cuerpo. Aun perdiendo partes del cuerpo el alma conservaría la capacidad de generar las sensaciones, pero si se perdiera el alma, el cuerpo dejaría de sentir, y lo propio ocurre con el alma cuando el cuerpo se descompone.

Una tercera parte de este alma humana (un concepto cercano al de alma racional aristotélica) excedería a las otras dos por la finura de sus partículas, lo que le permitiría mantener un contacto más estrecho con el resto del organismo. Todo esto se evidencia según el autor en la facultad mental y sensitiva de los seres humanos, así como en la rapidez con la que la mente discierne. El alma por tanto sería la causa de la capacidad racional humana y el motor de los pensamientos, y de todas las cosas cuya pérdida provoca la muerte [CH 63].

El sexto principio de la física epicúrea se deduce de los anteriores y establece que el universo es cuantitativamente infinito -dado que existe un infinito número de átomos- y cualitativamente infinito —dado que el espacio vacío tiene una extensión ilimitada-. Epicuro sostenía que el universo era infinito e ilimitado porque lo que es limitado tiene término o extremo y un extremo se observa desde algún otro extremo. No obstante, no se observa un límite exterior al universo. Por otro lado, si el vacío fuese infinito y los cuerpos finitos, estos cuerpos nunca reposarían, ni colisionaría entre sí, sino que se dispersarían a través del vacío. Si el vacío fuese finito y los cuerpos infinitos, no tendrían espacio en el que estar y a través del cual moverse [CH 41-42].

Ésta es posiblemente la más optimista y generosa de las leyes de la naturaleza del autor, ya que de este concepto se colige un universo en permanente expansión, en constante cambio, inagotable y, por tanto, infinitamente fructuoso, sin límites ni términos a la germinación, crecimiento y desarrollo, absolutamente próspero y espléndido, ilimitadamente rico en materiales, fabuloso, opulento y exuberante. Semejante universo, sin un final previsible, constituye un sistema físico eternamente primaveral, difícilmente comparable a otros sistemas cósmicos de la antigüedad clásica.

El séptimo y último principio de Epicuro establece que en el universo infinito existen infinitos mundos (κόσμος) [CH 73]. Algunos de estos mundos o cosmos serían como el que habitamos o muy parecidos a éste, y otros diferentes [CH 45] y [CP 89].

Un cosmos es en opinión de Epicuro un complejo que contiene los astros celestes y los planetas y todos los demás objetos materiales, separado del vacío infinito por un límite que lo envuelve y que puede ser más o menos grueso [CP 88]. Una idea parecida a la moderna concepción de galaxia. Todos estos cosmos tendrían por tanto, como el nuestro, un límite o capa cuya función sería la de mantener unidas las partes que lo componen entre sí, impidiendo de este modo que se desintegrasen y que saliesen expelidas hacia el infinito, provocando así la destrucción de todo cuanto contuviesen [CP 88]. Los límites exteriores o esferas exteriores de algunos de estos mundos girarían mientras que otras permanecerían en reposo [CP 90].

Del mismo modo que los cuerpos sólidos, estos mundos se generarían según Epicuro en virtud de agregaciones de materia y se disolverían de manera similar, debido a causas muy diversas y a ritmos distintos [CH 73]. Epicuro expresó que los mundos pueden surgir tanto dentro de un mundo ya constituido o en un metacosmos (μετακόσμιος) (un espacio semivacío entre dos o más mundos) y no en el espacio vacío, ya que en estos espacios no había suficiente confluencia de materia como para formar un cosmos [CP 89].

Los mundos surgían en opinión del filósofo cuando ciertas semillas adecuadas procedentes de uno o varios mundos o metacosmos confluían en un determinado lugar y se agregaban o articulaban gradualmente. Posteriormente, semillas procedentes de otros lugares se unían a aquéllas hasta formar un ente duradero que admitía posteriores adiciones de materia. Epicuro apuntó asimismo que las tesis de Demócrito de que las agregaciones de materia podían surgir en el vacío y que dichos mundos crecían hasta que chocaban los unos con los otros contradecían los datos procedentes de la observación empírica [CP 90].

En opinión del filósofo el sol y la luna y los demás astros se formaron de forma independiente y más tarde fueron absorbidos dentro de nuestro cosmos. Asimismo, la tierra y el mar se formaron de forma espontánea, y posteriormente ganaron tamaño mediante las adiciones y los movimientos de sustancias ligeras, compuestas por elementos de fuego y aire, o incluso de ambos principios a la vez [CP 90].

Se desprende de la carta a Heródoto que Epicuro consideraba que el cosmos en el que se encontraba el planeta tierra era redondo y que ésta se hallaba sustentada en el espacio. Expresaba Epicuro con cierto tono peyorativo que los astros "no son más que meras masas de fuego", desprovistos así de todo carácter mágico o divino [CH 77]. Y, rubricaba, es preciso suponer que los ciclos regulares de los cuerpos celestes y todos los fenómenos que les son propios ocurren de forma "necesaria", esto es, están determinados por leyes físicas, desde el comienzo de los tiempos debido a la interacción de dichos conglomerados de átomos en el origen de los mundos.

Por lo mismo, opinaba Epicuro que no había por qué suponer que todos los mundos tenían necesariamente una única forma, ni todos ellos la misma forma. Por el contrario, en el duodécimo capítulo de su obra *Sobre la naturaleza* Epicuro expresaba que la forma de los mundos variaba notablemente, siendo algunos de ellos esféricos, otros ovalados o de otros diversos aspectos. No obstante, por razones que desconocemos (tal vez por las mismas razones por las que rechazaba que hubiese infinitas formas de átomos), Epicuro no admitía que los mundos pudieran ser de cualquier forma, sino sólo de un número concreto de formas.

Los seres vivos no procederían del vacío sino que se formarían en el seno de estos mundos. Por lo tanto, como el nuestro, el resto de los mundos del universo podrían estar habitados por personas, animales y el resto de los seres vivos, si bien no todos los mundos poseerían necesariamente la misma configuración que el nuestro, ya que nadie puede demostrar que mientras en un mundo dado sea posible encontrar las semillas de las que surgieron los animales, las plantas y el resto de las cosas que vemos, en otro mundo sea o no sea posible [CH 74].

Las artes fueron generadas de forma natural pero desarrolladas por la razón. El ser humano desarrolló por tanto mediante el uso de la razón todo lo que le fue transmitido por la naturaleza de forma innata, descubriendo de este modo nuevas cosas. En algunos sitios ciertas civilizaciones se han desarrollado con mayor rapidez que otras y, en ciertos momentos de la historia algunas culturas han logrado mayores avances que en otras [CH 75].

De este modo, el lenguaje se originó según el filósofo a partir de palabras pronunciadas en virtud de los sonidos naturales que puede articular el ser humano, que los eligió guiándose arbitrariamente por sus sentimientos e impresiones. Tan sólo posteriormente desarrollaría el ser humano el lenguaje, en este caso guiándose por la razón. Las palabras del lenguaje se crearon por tanto de estas dos formas, natural e instintiva y, racional y premeditada. De ahí deducimos que incluso los nombres de las cosas no surgieron originalmente por convención sino que, en virtud de pasiones particulares, los seres humanos aprendieron imágenes concretas y desarrollaron las palabras propias de sus lenguajes a través de los sentidos, según sus culturas. Los sonidos fueron por tanto modulados de formas diferentes por personas de culturas distintas, dando lugar de este modo a diferentes lenguajes en las diferentes regiones del planeta que estos pueblos habitaron [CH 75].

Los pueblos normalizarían las particularidades de sus lenguas de común acuerdo a fin de que la comunicación entre las personas resultase menos ambigua y fuese más concisa. Y en cuanto a los conceptos abstractos, cuando aquellas personas concibieron estas ideas, inventaron nuevas palabras para hacer referencia a las mismas, y algunas veces se vieron obligadas de forma instintiva a pronunciarlas de una manera determinada [por analogía], y en otras ocasiones optarían por seleccionar los sonidos de forma racional [CH 76].

Esta concepción del origen de las civilizaciones de nuestro cosmos y del -probable- resto de los cosmos del universo la heredó Epicuro de las escuelas atomistas de la antigüedad clásica, pero destaca por su enorme igualitarismo y por la total falta de etnocentrismo, algo sin duda fuera de lo común. La visión epicúrea del origen de las civilizaciones y del lenguaje destaca por tanto por su cosmopolitismo, que en este caso rompe las barreras de lo mundano para proyectarse a lo universal e infinito.

Cerró Epicuro su carta a Heródoto haciendo hincapié en la idea de que ni los movimientos ni el destino de los astros están controlados por seres de origen divino, ni los astros son seres divinos [CH 76-82] ya que cualquiera de estas dos afirmaciones sería contradictoria con la majestad de los dioses. Y vuelve a subrayar la idea de que un conocimiento general de la naturaleza de los cuerpos celestes y de las causas de los fenómenos naturales es esencial para la felicidad humana, pero, añade, no es necesario tener un conocimiento detallado de dichas cuestiones ya que en ocasiones estos conocimientos pueden estar todavía fuera del alcance de las capacidades humanas. Por tanto, concluye Epicuro, el ser humano debe estar satisfecho, incluso si no es capaz de hallar una única causa para explicar un mismo fenómeno natural.

La carta a Pitocles es de hecho una exposición de esta misma idea. Básicamente recorre Epicuro veintisiete fenómenos naturales distintos (naturaleza de la lluvia, el granizo y la nieve, formación de las nubes, origen de los terremotos y los huracanes, fases de la luna…) y da varias explicaciones para cada uno de ellos, insistiendo repetidamente en cuatro ideas básicas de la epistemología epicúrea, a las cuales ya hemos hecho referencia con anterioridad:

1. Las principales causas de los temores de los hombres en relación con los fenómenos celestes son la creencia de que los cuerpos celestes son de origen divino u obedecen al mandato divino y, el miedo al castigo eterno después de la muerte.

2. La persona debe estudiar filosofía natural para eliminar estos temores.

3. A fin de descubrir los secretos de la naturaleza el individuo debe confiar en los sentidos, atender siempre a las evidencias directas, y juzgar en virtud de los criterios del juicio racional.

4. La persona debe razonar sobre los fenómenos celestes mediante la analogía con las cosas que puede observar y estudiar en detalle en la tierra, y no inquietarse si no encuentra una sola sino varias causas posibles para un único fenómeno, siempre y cuando rechace todas las causas irracionales.

Y así será feliz, vivirá feliz y hará felices a cuantos lo rodeen.

Sobre las diversas ediciones de las cartas de Epicuro

Hay varios manuscritos existentes de las *Vidas, opiniones y sentencias de los filósofos más ilustres* de Diógenes Laercio en el original griego, aunque ninguno de ellos es contemporáneo de Epicuro. Todos los manuscritos que se han conservado son copias de un único códice y por lo tanto presentan las mismas carencias y lagunas. Así, por ejemplo, ninguno de ellos tiene el final del libro séptimo dedicado a los estoicos. Los tres manuscritos más completos son conocidos como B, P y F. El manuscrito B (Codex Borbónico) data del siglo XII, y se encuentra en la Biblioteca Nacional de Nápoles. El manuscrito P (París) y el manuscrito F (Florencia) son probablemente copias más modernas.

Las primeras ediciones impresas fueron traducidas y publicadas en latín. La primera de estas ediciones de *Laertii Diogenis Vitae et sententiae eorum qui in philosophia probati fuerunt* se hizo en Roma por Giorgo Lauer en 1472. Se trata de la traducción de Ambrogio Traversari. La primera edición de la totalidad del texto griego fue publicada por Hieronymus Froben en 1533 y la primera edición crítica del texto en su totalidad la hizo Herbert S. Long para Clarendon Press en 1964 (*Scriptorum Classicorum Bibliotheca Oxoniensis*)[88].

Uno de los primeros trabajos de traducción de *Los diez libros de Diógenes Laercio sobre las vidas, opiniones y sentencias de los filósofos más ilustres* al castellano es obra de Juan Pérez Salas de 1746, que se limita a las sentencias de los siete sabios de Grecia, incluidas en el libro primero de la obra de Diógenes[89]. La primera traducción completa de la obra de Diógenes al castellano es obra de José Ortiz la cual ha conocido no menos de veinte ediciones desde 1792 cuando se publicó por primera vez[90]. Hay tres traducciones más a la lengua castellana, la de Rafael Sartorio de 1986 y, las ediciones de Carlos García Gual y José Marchena de 2007 y 2013.

Hay traducciones completas y parciales del libro décimo de la obra de Diógenes Laercio sobre Epicuro, entre ellas la de Antoni Piqué de 1981, la de Concetto Marchesi y José Marchena de 1985, la de Rafael Sartorio de 1986, la de Monserrat Jufresa de 1994 (reeditada en 2001, 2004, 2005, 2007 y, 2008), la de José Vara Donado de 1995 (reeditada en 2001 y 2004), la de Lena Balzaretti y Marcelo D. Boeri de 2000, la de Carlos García Gual y José Marchena de 2007 y, la de Luis Andrés Bredlow de 2013.

Existen asimismo numerosas ediciones inglesas tales como la magnífica traducción de Robert Drew Hicks, publicada por vez primera en su obra *Stoic and Epicurean* de 1910 en la que incluye la carta a Meneceo y las Máximas, la cual ha conocido doce ediciones. Charles D. Yonge finalizó en 1853 una de las que a nuestro juicio figura entre las más concienzudas traducciones de las obras de Epicuro al inglés. Por último, hemos consultado asimismo la traducción de Cyril Bailey de 1926 y su traducción de la obra de Lucrecio *Sobre la naturaleza de las cosas*, así como la traducción de las máximas fundamentales que Peter Saint-Andre finalizó en 2008 y las de la carta a Meneceo y los fragmentos vaticanos de 2011 que el lector puede consultar online en la siguiente dirección: http://www.monadnock.net/epicurus/

Entre las traducciones más modernas de la obra de Epicuro al inglés cabe citar las de George K. Strodach para Penguin en 2012 y la de Tiziano Dorandi para Cambridge University Press en 2013. Entre las traducciones históricas del texto griego a la lengua inglesa podemos citar la edición de Walter Charleston de 1656, que fue reeditada en 1670, la de T. Fetherstone y otros autores de 1688 y las reediciones de estas obras hechas en Londres en 1696 y 1702, así como la traducción de la carta a Meneceo y las sentencias de John Digby de 1712.

Hemos consultado asimismo las dos traducciones existentes en lengua vasca. La primera de ellas se debe a Javier Aguirre y Cristina Lasa y fue publicada en 1995 por Erein e Iralka. La segunda se debe a Holaiz Etxeberria y fue publicada por Informart en 1998.

Una de las últimas traducciones al francés es la del equipo de especialistas bajo la dirección de Marie-Odile Goulet-Cazé, publicada en Paris en 1992 bajo el título *Vies, doctrines et sentences des philosophes illustres.*

Por lo que respecta al original griego, nos hemos guiado en esta edición por el texto de Hermann Usener publicado en su obra *Epicurea* de 1887 y la de Muhll de 1453 en sus ediciones de 1922, 1966 y 1996[91]. Tras el estudio de la edición de las traducciones de Saint-Pierre hemos creído conveniente incluir algunas pequeñas modificaciones. El texto griego es de dominio público y sigue por lo general la edición de Hermann Usener tal como la publicó en 1887, con unas pocas modificaciones introducidas por Graziano Arrighetti en su edición de la obra de Epicuro de 1960 y la de Anthoni Long y David Sedley publicada en 1987, que también hemos consultado.

Los primeros cinco fragmentos vaticanos son similares a las primeras cinco máximas fundamentales. Los dos primeros fragmentos vaticanos se corresponden exactamente con las dos primeras doctrinas fundamentales, el fragmento tercero se corresponde con la doctrina cuarta, el fragmento cuarto es similar a la primera parte de la doctrina cuarta y, por fin, el fragmento quinto se corresponde exactamente con la doctrina quinta. En general, catorce de los fragmentos vaticanos se corresponden con trece de las máximas fundamentales[92]. Además, algunos de los fragmentos vaticanos no son escritos originales de Epicuro y algunos otros son inciertos, por lo que tan sólo hemos añadido aquéllos que no se corresponden con las máximas fundamentales y son con certeza de Epicuro, lo cual hace un total de 59 de los 81 fragmentos del manuscrito original.

La presente traducción y el estudio preliminar se terminaron en 1992 como parte de un proyecto de tesis doctoral de Xabier Irujo en filología clásica por la UNED. Tras la realización de un máster de lengua y cultura griegas, el proyecto ha reposado en un estante hasta este año en que, como hemos indicado, conmemoramos el 2315 aniversario de la fundación del Jardín de Epicuro a las afueras de Atenas.

Bibliografía

Aguirre, Javier; Lasa, Cristina (Eds.), *Epicuro. Zorionari gutuna*, Erein, Donostia, 1995.
Aguirre, Javier; Lasa, Cristina (Eds.), *Epicuro. Zoriontasuna. Menekeorentzako gutuna*, Iralka, Irun, 1995.
Annas, Julia, *The Morality of Happiness*, Oxford University Press, Oxford, 1995.
Arrighetti, Graziano (Ed.), *[Epicuro] Opere*, Giulio Einaudi Editore, Torino, 1960 [1974, 1983 y 1993].
Asmis, Elizabeth, *Epicurus' Scientific Method*, Cornell University Press, Ithaca & London, 1984.
Bailey, Cyril (Ed.), *Epicurus: The Extant Remains*, Clarendon Press, Oxford, 1926 [1970, 1989].
Bailey, Cyril, *The Greek Athomists and Epicurus: A Study*, Clarendon Press, Oxford, 1928 [1964, 1978].
Balzaretti, Lena R; Boeri, Marcelo D. (Eds.), *Epicuro: vida, doctrinas, morales, testimonios*, Facultad de Humanidades y Artes de Rosario, Rosario (Argentina), HyA Ed., 2000.
Bjarnason, Paul E., *Philosophy of Consolation: The Epicurean Tetrapharmakos*, University of Stellenbosch, Stellenbosch, 2004.
Bredlow, Luis A. (Ed.), *Vidas y opiniones de los filósofos ilustres*, Lucina, Zamora, 2010.
Caro, Sebastián; Silva, Trinidad (Trad.), "Epicuro: Epístola a Heródoto. Introducción, traducción y notas", Onomázein 17 (2008/1): 135-170.
Charleton, Walter (Trad.), *Epicurus's Morals, collected partly out of his own Greek text, in Diogenes Laertius, and partly out of the rhapsodies of Marcus Antoninus, Plutarch,*

Cicero, & Seneca, Printed by W. Wilson for Henry Herringman, London, 1656 [1670].

Diogene Laertio [San Ambrosio de Camaldoli, trad.; Brognolus, Benedicto, ed.], Iacobu de Ragazonibus, Bononiæ, 1495/1497.

Dorandi, Tiziano (Ed.), *Lives of Eminent Philosophers*, Cambridge University Press, Cambridge, 2013.

Englert, Walter, *Epicurus on the Swerve and Voluntary Action*, Scholars Press, Atlanta, 1987.

Epicuro [José Vara Donado ed.], *Obras completas*, Cátedra, Madrid, 1995.

Epicuro [Monserrat Jufresa ed.], *Obras*, Altaya, Barcelona, 1994.

Epicuro [Monserrat Jufresa ed.], *Obras*, Tecnos, Madrid, 1994 [2001, 2004, 2005, 2007, 2008].

Epicuro, *Cartas y sentencias*, José J. de Olañeta, Palma de Mallorca, 2007.

Epicurus's Morals; Translated from the Greek by John Digby with Comments and Reflections Taken out of Several Authors, S. Briscoe, 1712.

Etxeberria, Holaiz (Ed.), *Epicuro. Carpe diem*, Informart, Legutiano, 1998.

Farrington, Benjamin, *The Faith of Epicurus*, Basic Books Inc., New York, 1967.

Fetherstone, T. et alia (Eds.), *The lives, opinions, and remarkable sayings of the most famous ancient philosophers*, Printed for E. Brewster, London, 1688.

Fetherstone, T. et alia (Eds.), *The lives, opinions, and remarkable sayings of the most famous ancient philosophers*, Printed for R. Bentley, W. Hensman, F. Taylor, and T. Chapman, London, 1696.

Fougerolles, François de (Ed.), *Le Diogène françois tiré du grec, ou Diogène Laertien touchant les vies, doctrines, & notables propos des plus illustres philosophes, compris en dix liures. Traduit et paraphrasé sur le grec par M. François de Fougerolles... Avec des annotations, etc.*, Jean Ant. Huguetan, Lyon, 1602.

Furley, David J., *Two Studies on the Greek Atomists*, Princeton University Press, Princeton, 1967.

Gallop, David, *Parmenides of Elea: A Text and Translation with an Introduction*, University of Toronto Press, 1991

García Gual, Carlos & José Marchena (Eds.), *Obras*, RBA, Barcelona, 2007.

García Gual, Carlos; Marchena, José (Eds.), *Vidas y opiniones de los filósofos ilustres*, Omega, Barcelona, 2003.

García Gual, Carlos; Marchena, José (Eds.), *Vidas y opiniones de los filósofos ilustres*, Alianza, Madrid, 1985 [1988, 1993, 1996, 2002, 2013].

Gigandet, Alain; Morel, Pierre-Marie (Eds.), *Lire Epicure et les épicuriens*, PUF, París, 2006.

Gordon, Pamela, *Epicurus in Lycia: The Second-century World of Diogenes of Oenoanda*, University of Michigan Press, Ann Arbor, 1996.

Gosling, Justine C. B.; Taylor, Christopher C. W., "Katastematic and Kinetic Pleasures", en, Gosling, Justin C. B.; Taylor, Christopher C. W. (Eds.), *The Greeks On Pleasure*, Clarendon Press, Oxford, 1982.

Goulet-Cazé, Marie-Odile et alia (Ed.), *Vies, doctrines et sentences des philosophes illustres*, Le livre de poche, Paris, 1992.

Herculanensium Voluminum, Oxonii Clarendoniani, Oxford, 1824-1825.

Hicks, Robert D. (Ed.), *Stoic and Epicurean*, C. Scribner's Sons, New York, 1910 [2009].

Hicks, Robert D. (Trad.), *Lives of Eminent Philosophers*, Harvard University Press, Cambridge (Mass.),

1950 [1958-59, 1965-66, 1970, 1972, 1979-80, 1991, 1995, 2000 y 2005].

Hicks, Robert D. (Trad.), *Lives of Eminent Philosophers*, W. Heinemann, 1925 [1938, 1950, 1958-59, 1965-66, 1970, 1972, 1979-80, 1991, 1995, 2000 y 2005)]

Historiorgraphi de philosophorum vita, París, 1512.

Inwood, Brad; Gerson, Lloyd P.; Hutchinson, David S. (Eds.), *The Epicurus Reader: Selected Writings and Testimonia*, Hackett, Indianapolis, 1994.

Jones, Howard, *The Epicurean Tradition*, Routledge, New York & London, 1989 [2013].

Lledó, Emilio, *El epicureísmo*, Santillana Ediciones Generales, Madrid, 2011.

Lillegard, Norman, *Epicurus*, Wadsworth/Thompson Learning, Belmont (CA), 2003.

Long, Anthony A., *Hellenistic Philosophy: Stoics, Epicureans, Sceptics*, University of California Press, Berkeley, 1986.

Long, Anthony A.; Sedley, David N., *The Hellenistic Philosophers*, Cambridge University Press, Cambridge, 1987.

Long, Herbert S. (Ed.), *Vitae philosophorum. Recognovit brevique adnotatione critica instruxit H. S. Long*, Clarendon Press, Oxford, 1964.

Marchesi, Concetto; Marchena, José (Eds.), *De la naturaleza. Epicuro / Diógenes Laercio*, Porruúa, México, 1985.

Meyers, Susan S., *Ancient Ethics*, Routledge, London, 2004, pp. 95-102.

Mitsis, Phillip, *Epicuru's Ethical Theory: The Pleasures of Invulnerability*, Cornell University Press, Ithaca, 1988.

Mountain, Jacob H. B., *A Summary of the Writings of Lactantius*, J. G. & F. Rivington, London, 1839.

Mühll, Peter von der, *Epicuri epistulae tres et ratae sententiae a Laertio Diogene servatae*, B.G. Teubner, Leipzig, 1453 [1922, 1966, 1975, 1996].

Nussbaum, Martha C., *The Therapy of Desire: Theory and Practice in Hellenistic Ethics*, Princeton University Press, Princeton, (NJ), 1996.

O'Keefe, Tim, "Action and responsibility", en, Warren, James (Ed.), *The Cambridge Companion to Epicureanism*, Cambridge University Press, Cambridge, 2009.

O'Keefe, Tim, *Epicurus on Freedom*, Cambridge University Press, Cambridge, 2005.

Ortiz y Sánz, José Francisco (Ed.), *Los diez libros de Diógenes Laercio sobre las vidas, opiniones y sentencias de los filósofos más ilustres*, Imprenta Real, Madrid, 1792 [1923].

Ortiz y Sánz, José Francisco (Ed.), *Los diez libros de Diógenes Laercio sobre las vidas, opiniones y sentencias de los filósofos más ilustres*, Luis Navarro, Madrid, 1887.

Ortiz y Sánz, José Francisco (Ed.), *Los diez libros de Diógenes Laercio sobre las vidas, opiniones y sentencias de los filósofos más ilustres*, Librería Perlado Páez y Compañía, Madrid & Buenos Aires, 1904.

Ortiz y Sánz, José Francisco (Ed.), *Los diez libros de Diógenes Laercio sobre las vidas, opiniones y sentencias de los filósofos más ilustres*, Emecé, Buenos Aires, 1945.

Ortiz y Sánz, José Francisco (Ed.), *Los diez libros de Diógenes Laercio sobre las vidas, opiniones y sentencias de los filósofos más ilustres*, El Ateneo, Buenos Aires, 1947.

Ortiz y Sánz, José Francisco (Ed.), *Los diez libros de Diógenes Laercio sobre las vidas, opiniones y sentencias de los filósofos más ilustres*, Espasa-Calpe, Madrid & Buenos Aires, 1949-50.

Ortiz y Sánz, José Francisco (Ed.), *Los diez libros de Diógenes Laercio sobre las vidas, opiniones y sentencias de los filósofos más ilustres*, Iberia, Barcelona, 1962.

Ortiz y Sánz, José Francisco (Ed.), *Los diez libros de Diógenes Laercio sobre las vidas, opiniones y sentencias de los filósofos más ilustres*, Nabu Press, 2012 [reimpresión de la edición de la Librería Perlado de 1914].

Ortiz y Sánz, José Francisco (Ed.), *Vidas, opiniones y sentencias de los filósofos más ilustres*, Editorial Maxtor, Valladolid, 2008 [reimpresión de la edición de la Librería Perlado de 1914].

Philosophia Epicurea, Officina Fabriana, Colloniae Allobrogum, 1619.

Piqué, Antoni, *Vida de Epicuro. Libro X de las vidas de los filósofos ilustres*, Edicions de la Universitat de Barcelona, Barcelona, 1981.

Preuss, Peter, *Epicurean Ethics: Katastematic Hedonism*, E. Mellen Press, Lewiston, 1994.

Rist, John M., *Epicurus: An Introduction*, Cambridge University Press, Cambridge, 1977.

Roldán, Antonio J., *Epicuro de Samos: vida, pensamiento y máximas morales*, Editorial Edita D.L., 2009.

Rosettini, Bartolommeo; Rosettini, Lodovico; Rosettini, Pietro (Eds.), *Le Vite degli illustri filosofi di Diogene Laertio, da'l Greco idiomate ridutte ne la lingua commune d'Italia*, Vicenzo Vaugris, Venecia, 1545 [Domenico Farri, 1566].

Sartorio, Rafael (Ed.), *Los diez libros de Diógenes Laercio sobre las vidas, opiniones y sentencias de los filósofos más ilustres*, Alhambra, Madrid, 1986.

Scott, Walter (Ed.), *Fragmenta Herculanensia: A descriptive catalogue of the Oxford copies of the Herculanean rolls; together with the texts of several papyri accompanied by facsimiles*, Clarendon Press, Oxford, 1885.

Smith, Martin F. (Ed.), *Lucretius, On the Nature of Things*, Hackett Publishing Co., Indianapolis, 2001.

Strodach, George K.; Klein, Daniel (Eds.), *The Art of Happiness*, Penguin, New York, 2012.

Taylor, Alfred E., *Epicurus*, Constable, London, 1911.

The lives of the ancient philosophers, containing an account of their several sects, doctrines, actions, and remarkable sayings, Printed for John Nicholson and The Newborough, London, 1702.

Titus Lucretius Carus [Bailey, Cyril Ed.], *On the Nature of Things*, Clarendon Press, Oxford, 1910.

Tsouna, Voula, *Philodemus: On Choices and Avoidances*, Bibliopolis Press, Naples, 1995.

Tsouna, Voula, *The Ethics of Philodemus*, Oxford University Press, Oxford, 2006.

Usener, Hermann (Ed.), *Epicurea*, B.G. Teubner, Leipzig, 1887 [1963, 1966, 1967, 2010].

Vita de philosophi moralissime et de le loro elegantissime sententie. (Incomincia el libro ... extracto da D. Laertio. et da altri antiquissimi auctori), per Melchiorem Sessa, Venecia, 1508.

Wallace, William, *Epicureanism*, Society for promoting Christian Knowledge, 1880.

Warren, James (Ed.), *The Cambridge Companion to Epicureanism*, Cambridge University Press, Cambridge & New York, 2009.

Warren, James, *Facing Death: Epicurus and his Critics*, Clarendon Press, Oxford & New York, 2004.

Warren, James, *Epicurus and Democritean ethics: An Archaeology of Ataraxia*, Cambridge University Press, Cambridge & New York, 2002.

Wilson, Catherine, *Epicureanism at the Origins of Modernity*, Oxford University Press, Oxford, 2008.

Yonge, Charles D. (Trad.), *The Lives and Opinions of Eminent Philosophers*, Henry G. Bohn, London, 1853.

Yonge, Charles D. (Trad.), *The Lives and Opinions of Eminent Philosophers*, George Bell & Sons, London, 1901.

Zeller, Eduard; Reichel, Oswald, *The Stoics, Epicureans, and Sceptics*, Longmans, Green and Co., London, 1870 [2006].

Carta a Meneceo

[122] Ni el joven debe esperar demasiado para filosofar, ni el viejo debe dejar de filosofar, pues nadie es ni muy joven ni muy viejo para procurar la salud del espíritu. Aquél que dice que no le ha llegado el tiempo de filosofar, o que ya se le ha pasado, es como aquél que dice que no le ha llegado el tiempo de buscar la felicidad o que ya se le ha pasado. De modo que viejos y jóvenes deben estudiar filosofía: los unos para que conforme envejecen se sientan jóvenes al recordar con placer todas aquellas cosas que han aprendido y los otros para ser jóvenes y viejos a un mismo tiempo, perdiendo el miedo al futuro. Es preciso que nos ejercitemos en las cosas que nos hacen felices, ya que si somos felices lo tenemos todo y cuando no lo somos, hacemos todo lo que está en nuestras manos por llegar a serlo.

[123] Practica y ejercita las cosas que te he aconsejado tantas veces y ten por cierto que los principios para vivir gratamente son los que siguen. Primero entiende que, de acuerdo con el sentido común, dios es un ser vivo, inmortal y bienaventurado. No le atribuyas propiedades incompatibles con la inmortalidad e impropias de la bienaventuranza. Procura entender en cambio que está investido de todas aquellas características que le permiten preservar estas cualidades. Porque los dioses en efecto existen, tal como dicta claramente nuestro entendimiento. Pero no son como la gente se los imagina, ya que no los conciben ni los juzgan con el respeto que deberían. No es impío aquél que reniega de los dioses tal como los entiende la mayoría sino quien tiene opiniones vulgares acerca de los dioses, ya que las creencias que tienen de los dioses no son criterios, sino falsas opiniones.

[122] Μήτε νέος τις ὢν μελλέτω φιλοσοφεῖν, μήτε γέρων ὑπάρχων κοπιάτω φιλοσοφῶν. οὔτε γὰρ ἄωρος οὐδείς ἐστιν οὔτε πάρωρος πρὸς τὸ κατὰ ψυχὴν ὑγιαῖνον. ὁ δὲ λέγων ἢ μήπω τοῦ φιλοσοφεῖν ὑπάρχειν ὥραν ἢ παρεληλυθέναι τὴν ὥραν, ὅμοιός ἐστιν τῷ λέγοντι πρὸς εὐδαιμονίαν ἢ μὴ παρεῖναι τὴν ὥραν ἢ μηκέτι εἶναι. ὥστε φιλοσοφητέον καὶ νέῳ καὶ γέροντι, τῷ μὲν ὅπως γηράσκων νεάζῃ τοῖς ἀγαθοῖς διὰ τὴν χάριν τῶν γεγονότων, τῷ δὲ ὅπως νέος ἅμα καὶ παλαιὸς ᾖ διὰ τὴν ἀφοβίαν τῶν μελλόντων· μελετᾶν οὖν χρὴ τὰ ποιοῦντα τὴν εὐδαιμονίαν, εἴπερ παρούσης μὲν αὐτῆς πάντα ἔχομεν, ἀπούσης δὲ πάντα πράττομεν εἰς τὸ ταύτην ἔχειν.

[123] Ἃ δέ σοι συνεχῶς παρήγγελλον, ταῦτα καὶ πρᾶττε καὶ μελέτα, στοιχεῖα τοῦ καλῶς ζῆν ταῦτ' εἶναι διαλαμβάνων. πρῶτον μὲν τὸν θεὸν ζῷον ἄφθαρτον καὶ μακάριον νομίζων, ὡς ἡ κοινὴ τοῦ θεοῦ νόησις ὑπεγράφη, μηθὲν μήτε τῆς ἀφθαρσίας ἀλλότριον μήτε τῆς μακαριότητος ἀνοίκειον αὐτῷ πρόσαπτε· πᾶν δὲ τὸ φυλάττειν αὐτοῦ δυνάμενον τὴν μετὰ ἀφθαρσίας μακαριότητα περὶ αὐτὸν δόξαζε. θεοὶ μὲν γὰρ εἰσίν· ἐναργὴς γὰρ αὐτῶν ἐστιν ἡ γνῶσις· οἵους δ' αὐτοὺς <οἱ> πολλοὶ νομίζουσιν, οὐκ εἰσίν· οὐ γὰρ φυλάττουσιν αὐτοὺς οἵους νομίζουσιν. ἀσεβὴς δὲ οὐχ ὁ τοὺς τῶν πολλῶν θεοὺς ἀναιρῶν, ἀλλ' ὁ τὰς τῶν πολλῶν δόξας θεοῖς προσάπτων.

[124] De aquí surgen quimeras como la de que los dioses castigan a las malas personas y favorecen a las buenas, ya que la gente imagina a los dioses en función de las virtudes humanas, considerando que todo lo que es diferente de las cualidades humanas es incompatible con la naturaleza divina.

En segundo lugar, acostúmbrate a considerar que la muerte no nos afecta en nada, ya que todo el bien y todo el mal está en los sentidos, y la muerte no es otra cosa que la privación de los sentidos. De modo que el perfecto conocimiento de que la muerte nos es ajena nos permite disfrutar de la vida mortal, no añadiéndole tiempo ilimitado, sino restándole el anhelo de inmortalidad.

[125] No hay por tanto nada aterrador en la vida para aquél que sabe que dejar de vivir no es algo terrible. Es un necio el que dice que teme a la muerte, no porque sufra cuando está presente, sino porque sufre al pensar que algún día llegará; ya que aquéllo que no nos atormenta cuando se presenta, no debería hacernos sufrir mientras lo esperamos. La muerte pues, [que según la mayoría de la gente] es el más horrible de los males, es ajena a nosotros, ya que mientras nosotros vivimos no ha llegado y cuando llega nosotros ya no vivimos. En suma, la muerte es ajena a los vivos y a los muertos, pues en aquéllos todavía no está y en éstos ya no está. A pesar de esto, muchos huyen en unas ocasiones de la muerte como del mayor de los males, y en otras la abrazan como el descanso de las penalidades de la vida.

[124] Οὐ γὰρ προλήψεις εἰσίν ἀλλ᾽ ὑπολήψεις ψευδεῖς αἱ τῶν πολλῶν ὑπὲρ θεῶν ἀποφάσεις. ἔνθεν αἱ μέγισται βλάβαι ἐκ θεῶν ἐπάγονται καὶ ὠφέλειαι. ταῖς γὰρ ἰδίαις οἰκειούμενοι διὰ παντὸς ἀρεταῖς τοὺς ὁμοίους ἀποδέχονται, πᾶν τὸ μὴ τοιοῦτον ὡς ἀλλότριον νομίζοντες.

Συνέθιζε δὲ ἐν τῷ νομίζειν μηδὲν πρὸς ἡμᾶς εἶναι τὸν θάνατον ἐπεὶ πᾶν ἀγαθὸν καὶ κακὸν ἐν αἰσθήσει·στέρησις δέ ἐστιν αἰσθήσεως ὁ θάνατος. ὅθεν γνῶσις ὀρθὴ τοῦ μηθὲν εἶναι πρὸς ἡμᾶς τὸν θάνατον ἀπολαυστὸν ποιεῖ τὸ τῆς ζωῆς θνητόν, οὐκ ἄπειρον προστιθεῖσα χρόνον, ἀλλὰ τὸν τῆς ἀθανασίας ἀφελομένη πόθον.

[125] Οὐθὲν γάρ ἐστιν ἐν τῷ ζῆν δεινὸν τῷ κατειληφότι γνησίως τὸ μηδὲν ὑπάρχειν ἐν τῷ μὴ ζῆν δεινὸν. ὥστε μάταιος ὁ λέγων δεδιέναι τὸν θάνατον οὐχ ὅτι λυπήσει παρών, ἀλλ᾽ ὅτι λυπεῖ μέλλων. ὃ γὰρ παρὸν οὐκ ἐνοχλεῖ, προσδοκώμενον κενῶς λυπεῖ. τὸ φρικωδέστατον οὖν τῶν κακῶν ὁ θάνατος οὐθὲν πρὸς ἡμᾶς, ἐπειδήπερ ὅταν μὲν ἡμεῖς ὦμεν, ὁ θάνατος οὐ πάρεστιν, ὅταν δὲ ὁ θάνατος παρῇ, τόθ᾽ ἡμεῖς οὐκ ἐσμέν. οὔτε οὖν πρὸς τοὺς ζῶντάς ἐστιν οὔτε πρὸς τοὺς τετελευτηκότας, ἐπειδήπερ περὶ οὓς μὲν οὐκ ἔστιν, οἳ δ᾽ οὐκέτι εἰσίν. ἀλλ᾽ οἱ πολλοὶ τὸν θάνατον ὁτὲ μὲν ὡς μέγιστον τῶν κακῶν φεύγουσιν, ὁτὲ δὲ ὡς ἀνάπαυσιν τῶν ἐν τῷ ζῆν <κακῶν αἱροῦνται.

[126] El sabio por contra, no teme el no vivir, puesto que no le inquieta vivir ni opina que el no vivir sea un mal. Y así como no elige la comida más abundante sino la más sabrosa, tampoco elige el tiempo de vida más prolongado, sino el más grato. Es un necio quien incita a los jóvenes a vivir honestamente y a los viejos a morir dulcemente, no sólo porque la vida es agradable, sino porque vivir honestamente requiere el mismo esfuerzo que morir dulcemente. Pero mucho peor es aquél que asegura que habría sido mejor no haber nacido o que, habiendo nacido, sería preferible caminar apresuradamente hacia las puertas del Hades.

[127] Pues si así lo creía, ¿por qué no abandonaba este mundo? Le habría sido fácil hacerlo si estaba firmemente convencido de ello. No obstante, si lo dijo bromeando fue un simple al tratar histriónicamente cosas que no admiten burlas. Debemos recordar que el futuro ni es enteramente nuestro, ni deja de serlo, de modo que ni debemos esperar las cosas como si tuvieran que ocurrir necesariamente, ni mucho menos debemos desesperarnos pensando que no van a ocurrir nunca.

En tercer lugar, debemos entender también que algunos de nuestros deseos son naturales y otros vanos. De los naturales unos son necesarios y otros solamente naturales. De los necesarios unos son imprescindibles para alcanzar la felicidad, otros para evitar el malestar corporal, y otros para sustentar la vida.

[126] Ὁ δὲ σοφὸς οὔτε παραιτεῖται τὸ ζῆν> οὔτε φοβεῖται τὸ μὴ ζῆν·οὔτε γὰρ αὐτῷ προσίσταται τὸ ζῆν οὔτε δοξάζεται κακὸν εἶναί τι τὸ μὴ ζῆν. ὥσπερ δὲ τὸ σιτίον οὐ τὸ πλεῖστον πάντως ἀλλὰ τὸ ἥδιστον αἱρεῖται, οὕτω καὶ χρόνον οὐ τὸν μήκιστον ἀλλὰ τὸν ἥδιστον καρπίζεται. ὁ δὲ παραγγέλλων τὸν μὲν νέον καλῶς ζῆν, τὸν δὲ γέροντα καλῶς καταστρέφειν, εὐήθης ἐστὶν οὐ μόνον διὰ τὸ τῆς ζωῆς ἀσπαστόν, ἀλλὰ καὶ διὰ τὸ τὴν αὐτὴν εἶναι μελέτην τοῦ καλῶς ζῆν καὶ τοῦ καλῶς ἀποθνήσκειν. πολὺ δὲ χείρων καὶ ὁ λέγων·καλὸν μὴ φῦναι, φύντα δ' ὅπως ὤκιστα πύλας Ἀίδαο περῆσαι.

[127] Εἰ μὲν γὰρ πεποιθὼς τοῦτό φησιν, πῶς οὐκ ἀπέρχεται ἐκ τοῦ ζῆν; ἐν ἑτοίμῳ γὰρ αὐτῷ τοῦτ' ἐστίν, εἴπερ ἦν βεβουλευμένον αὐτῷ βεβαίως·εἰ δὲ μωκώμενος, μάταιος ἐν τοῖς οὐκ ἐπιδεχομένοις. μνημονευτέον δὲ ὡς τὸ μέλλον οὔτε πάντως ἡμέτερον οὔτε πάντως οὐχ ἡμέτερον, ἵνα μήτε πάντως προσμένωμεν ὡς ἐσόμενον μήτε ἀπελπίζωμεν ὡς πάντως οὐκ ἐσόμενον.

Ἀναλογιστέον δὲ ὡς τῶν ἐπιθυμιῶν αἱ μέν εἰσι φυσικαί, αἱ δὲ κεναί, καὶ τῶν φυσικῶν αἱ μὲν ἀναγκαῖαι, αἱ δὲ φυσικαὶ μόνον·τῶν δὲ ἀναγκαίων αἱ μὲν πρὸς εὐδαιμονίαν εἰσὶν ἀναγκαῖαι, αἱ δὲ πρὸς τὴν τοῦ σώματος ἀοχλησίαν, αἱ δὲ πρὸς αὐτὸ τὸ ζῆν.

[128] El que tiene un conocimiento claro y seguro de estas cosas sabe qué debe elegir y qué debe evitar en beneficio de la salud del cuerpo y de la tranquilidad del espíritu [ataraxia], ya que el objeto de la vida no es otro que vivir felizmente. Es con este fin que hacemos todas las cosas, a fin de no padecer dolor ni turbación. Conseguido esto, se disipa el desasosiego, ya que los seres vivos no necesitamos ir en busca de algo que no necesitamos, ni buscar otra cosa con la que completar el bien del alma y del cuerpo. Cuando sufrimos a causa de la ausencia de placer, entonces y sólo entonces, sentimos la necesidad de placer. Y cuando ya no sufrimos, ya no lo necesitamos.

Por todo ello debemos concluir que el placer es el principio y el fin de una vida feliz, el bien fundamental. [129] Es el origen de la elección y del rechazo y es el criterio para discernir qué es el bien por medio de la sensibilidad. Y dado que el placer es el bien fundamental, no elegimos todos los placeres, sino que evitamos muchos de ellos cuando entendemos que su disfrute conlleva a la postre mayores inquietudes. En ocasiones incluso preferimos algunos dolores a algunos placeres si padecer estos dolores durante algún tiempo conlleva después un mayor gozo. Todo placer es un bien por ajustarse a nuestra naturaleza, pero no merece la pena perseguir cualquier placer. También todo dolor es un mal, pero no siempre se ha de evitar el dolor.

[128] Τούτων γὰρ ἀπλανὴς θεωρία πᾶσαν αἵρεσιν καὶ φυγὴν ἐπανάγειν οἶδεν ἐπὶ τὴν τοῦ σώματος ὑγίειαν καὶ τὴν τῆς ψυχῆς ἀταραξίαν, ἐπεὶ τοῦτο τοῦ μακαρίως ζῆν ἐστι τέλος. τούτου γὰρ πάντα πράττομεν, ὅπως μήτε ἀλγῶμεν μήτε ταρβῶμεν. ὅταν δὲ ἅπαξ τοῦτο περὶ ἡμᾶς γένηται, λύεται πᾶς ὁ τῆς ψυχῆς χειμών, οὐκ ἔχοντος τοῦ ζῴου βαδίζειν ὡς πρὸς ἐνδέον τι καὶ ζητεῖν ἕτερον ᾧ τὸ τῆς ψυχῆς καὶ τοῦ σώματος ἀγαθὸν συμπληρώσεται. τότε γὰρ ἡδονῆς χρείαν ἔχομεν, ὅταν ἐκ τοῦ μὴ παρεῖναι τὴν ἡδονὴν ἀλγῶμεν·<ὅταν δὲ μὴ ἀλγῶμεν> οὐκέτι τῆς ἡδονῆς δεόμεθα.

Καὶ διὰ τοῦτο τὴν ἡδονὴν ἀρχὴν καὶ τέλος λέγομεν εἶναι τοῦ μακαρίως ζῆν. [129] ταύτην γὰρ ἀγαθὸν πρῶτον καὶ συγγενικὸν ἔγνωμεν, καὶ ἀπὸ ταύτης καταρχόμεθα πάσης αἱρέσεως καὶ φυγῆς, καὶ ἐπὶ ταύτην καταντῶμεν ὡς κανόνι τῷ πάθει πᾶν ἀγαθὸν κρίνοντες. καὶ ἐπεὶ πρῶτον ἀγαθὸν τοῦτο καὶ σύμφυτον, διὰ τοῦτο καὶ οὐ πᾶσαν ἡδονὴν αἱρούμεθα, ἀλλ' ἔστιν ὅτε πολλὰς ἡδονὰς ὑπερβαίνομεν, ὅταν πλεῖον ἡμῖν τὸ δυσχερὲς ἐκ τούτων ἕπηται·καὶ πολλὰς ἀλγηδόνας ἡδονῶν κρείττους νομίζομεν, ἐπειδὰν μείζων ἡμῖν ἡδονὴ παρακολουθῇ πολὺν χρόνον ὑπομείνασι τὰς ἀλγηδόνας. πᾶσα οὖν ἡδονὴ διὰ τὸ φύσιν ἔχειν οἰκείαν ἀγαθὸν, οὐ πᾶσα μέντοι αἱρετή·καθάπερ καὶ ἀλγηδὼν πᾶσα κακόν, οὐ πᾶσα δὲ ἀεὶ φευκτὴ πεφυκυῖα.

[130] Debemos pues juzgar estas cosas y ponderar su conveniencia o inconveniencia, pues en algunas ocasiones nos servimos del bien como si fuese un mal y del mal como si fuese un bien.

En cuarto lugar, estimamos que la austeridad es un gran bien, no para servirnos de poco en todo momento, sino para vivir con poco cuando no tenemos mucho, entendiendo que aquéllos que menos lo necesitan disfrutan más de la opulencia y que todo lo que es natural es fácil de obtener, pero lo vano, muy difícil de satisfacer. Asimismo, es preciso entender que los alimentos sencillos y económicos son tan sabrosos como los costosos cuando renunciamos a todo deseo vacuo que pueda causarnos inquietud. [131] El pan ordinario y el agua producen el máximo placer cuando se consumen con hambre. Acostumbrarnos a comidas simples y económicas es bueno para la salud ya que nos permite cumplir con los requisitos necesarios de la vida sin menoscabo alguno, al tiempo que nos libera de inquietudes innecesarias y, cuando en ciertas ocasiones nos deleitamos con una opípara comida, estamos en mejor disposición de disfrutar de ella; estas cosas nos preparan para afrontar los vaivenes de la fortuna.

De este modo, cuando decimos que el placer es el fin de la vida, no nos referimos al modo en que los lujuriosos y los disolutos disfrutan de los placeres (como entienden algunos que desconocen nuestras doctrinas o son contrarios a ellas, o las interpretan mal). Disfrutar del placer significa no padecer dolor corporal ni padecer inquietud de ánimo.

[130] Τῇ μέντοι συμμετρήσει καὶ συμφερόντων καὶ ἀσυμφόρων βλέψει ταῦτα πάντα κρίνειν καθήκει. χρώμεθα γὰρ τῷ ἀγαθῷ κατά τινας χρόνους ὡς κακῷ, τῷ δὲ κακῷ τοὔμπαλιν ὡς ἀγαθῷ.

Καὶ τὴν αὐτάρκειαν δὲ ἀγαθὸν μέγα νομίζομεν, οὐχ ἵνα πάντως τοῖς ὀλίγοις χρώμεθα, ἀλλ' ὅπως, ἐὰν μὴ ἔχωμεν τὰ πολλά, τοῖς ὀλίγοις ἀρκώμεθα, πεπεισμένοι γνησίως ὅτι ἥδιστα πολυτελείας ἀπολαύουσιν οἱ ἥκιστα ταύτης δεόμενοι, καὶ ὅτι τὸ μὲν φυσικὸν πᾶν εὐπόριστόν ἐστι, τὸ δὲ κενὸν δυσπόριστον, οἵ τε λιτοὶ χυλοὶ ἴσην πολυτελεῖ διαίτῃ τὴν ἡδονὴν ἐπιφέρουσιν, ὅταν ἅπαν τὸ ἀλγοῦν κατ' ἔνδειαν ἐξαιρεθῇ, [131] καὶ μᾶζα καὶ ὕδωρ τὴν ἀκροτάτην ἀποδίδωσιν ἡδονήν, ἐπειδὰν ἐνδέως τις αὐτὰ προσενέγκηται. τὸ συνεθίζειν οὖν ἐν ταῖς ἁπλαῖς καὶ οὐ πολυτελέσι διαίταις καὶ ὑγιείας ἐστὶ συμπληρωτικὸν καὶ πρὸς τὰς ἀναγκαίας τοῦ βίου χρήσεις ἄοκνον ποιεῖ τὸν ἄνθρωπον καὶ τοῖς πολυτελέσιν ἐκ διαλειμμάτων προσερχομένοις κρεῖττον ἡμᾶς διατίθησι καὶ πρὸς τὴν τύχην ἀφόβους παρασκευάζει.

Ὅταν οὖν λέγωμεν ἡδονὴν τέλος ὑπάρχειν, οὐ τὰς τῶν ἀσώτων ἡδονὰς καὶ τὰς ἐν ἀπολαύσει κειμένας λέγομεν, ὥς τινες ἀγνοοῦντες καὶ οὐχ ὁμολογοῦντες ἢ κακῶς ἐκδεχόμενοι νομίζουσιν, ἀλλὰ τὸ μήτε ἀλγεῖν κατὰ σῶμα μήτε ταράττεσθαι κατὰ ψυχήν.

[132] No es una larga sucesión de juergas y banquetes, ni el placer sexual, ni disfrutar de ricos pescados u otros costosos manjares lo que produce una vida grata, sino la sobria razón que nos permite dirimir perfectamente entre aquello que debemos elegir y rechazar, y evitar de este modo las vacuas opciones que causan inquietud de ánimo.

Por tanto, la prudencia es el mayor y más preciado de los bienes; es incluso más valiosa que la filosofía ya que de ella proceden todas las demás virtudes y nos enseña que nadie puede vivir gratamente sin ser prudente, honesto y justo y que, igualmente, siendo prudente, honesto y justo no podrá dejar de vivir gratamente, pues las virtudes son propias de una vida placentera, y una vida placentera es consustancial a las virtudes.

[133] ¿Quién puede aventajarse a aquél que opina piadosamente de los dioses, no teme a la muerte y reflexiona acertadamente que aquélla constituye la terminación natural de la vida? Aquél que sabe cuán fácil es alcanzar y satisfacer el límite mínimo de los bienes y asimismo cuán breves o inapreciables son los males; aquél que a diferencia de muchos niega que el destino sea el dueño absoluto de todo y sólo concede que algunas cosas ocurren por necesidad, otras por azar y otras en virtud de nuestro propio esfuerzo, ya que entiende que la necesidad destruye la responsabilidad y que la fortuna es inconstante, mientras que nuestras acciones son fruto de la libertad por lo que es a ellas a quienes corresponde el premio y el castigo.

[132] Οὐ γὰρ πότοι καὶ κῶμοι συνείροντες οὐδ' ἀπολαύσεις παίδων καὶ γυναικῶν οὐδ' ἰχθύων καὶ τῶν ἄλλων ὅσα φέρει πολυτελὴς τράπεζα, τὸν ἡδὺν γεννᾷ βίον, ἀλλὰ νήφων λογισμὸς καὶ τὰς αἰτίας ἐξερευνῶν πάσης αἱρέσεως καὶ φυγῆς καὶ τὰς δόξας ἐξελαύνων, ἐξ ὧν πλεῖστος τὰς ψυχὰς καταλαμβάνει θόρυβος.

Τούτων δὲ πάντων ἀρχὴ καὶ τὸ μέγιστον ἀγαθὸν φρόνησις. διὸ καὶ φιλοσοφίας τιμιώτερον ὑπάρχει φρόνησις, ἐξ ἧς αἱ λοιπαὶ πᾶσαι πεφύκασιν ἀρεταί, διδάσκουσα ὡς οὐκ ἔστιν ἡδέως ζῆν ἄνευ τοῦ φρονίμως καὶ καλῶς καὶ δικαίως οὐδὲ φρονίμως καὶ καλῶς καὶ δικαίως ἄνευ τοῦ ἡδέως. συμπεφύκασι γὰρ αἱ ἀρεταὶ τῷ ζῆν ἡδέως, καὶ τὸ ζῆν ἡδέως τούτων ἐστὶν ἀχώριστον.

[133] Ἐπεὶ τίνα νομίζεις εἶναι κρείττονα τοῦ καὶ περὶ θεῶν ὅσια δοξάζοντος καὶ περὶ θανάτου διὰ παντὸς ἀφόβως ἔχοντος καὶ τὸ τῆς φύσεως ἐπιλελογισμένου τέλος καὶ τὸ μὲν τῶν ἀγαθῶν πέρας ὡς ἔστιν εὐσυμπλήρωτόν τε καὶ εὐπόριστον διαλαμβάνοντος, τὸ δὲ τῶν κακῶν ὡς ἢ χρόνους ἢ πόνους ἔχει βραχεῖς; τὴν δὲ ὑπό τινων δεσπότιν εἰσαγομένην πάντων *** ἐγγελῶντος <εἱμαρμένην; οὗτος γὰρ ἑαυτὸν παρέχει τῶν πραχθέντων ὑπεύθυνον, ἃ μὲν κατ' ἀνάγκην γίνεσθαι τιθέμενος,> *** ἃ δὲ ἀπὸ τύχης, ἃ δὲ παρ' ἡμᾶς, διὰ τὸ τὴν μὲν ἀνάγκην ἀνυπεύθυνον εἶναι, τὴν δὲ τύχην ἄστατον ὁρᾶν, τὸ δὲ παρ' ἡμᾶς ἀδέσποτον, ᾧ καὶ τὸ μεμπτὸν καὶ τὸ ἐναντίον παρακολουθεῖν πέφυκεν.

[134] De hecho, sería preferible creerse las fábulas de los dioses que admitir servilmente la noción de fortuna de los filósofos naturalistas, pues uno puede esperar alguna recompensa por honrar a los dioses, pero la noción de necesidad de los segundos no atiende a peticiones. Tampoco sostiene el sabio que la fortuna sea una diosa, como creen algunos, pues en los actos de los dioses no hay lugar para el desorden; tampoco que sea una causa, aunque se trate de una causa incierta, ya que el sabio cree que ningún bien ni ningún mal ocurre para que los hombres gocen de una vida feliz y bienaventurada, aunque sostiene que la fortuna está igualmente en el origen de todo el bien y de todo el mal. [135] El sabio sabe que es preferible ser infeliz racionalmente que feliz irracionalmente y, en suma, que aquello que se ha hecho bien porque se ha juzgado virtuosamente no debe su éxito a los albures de la fortuna.

Medita día y noche estas cosas y otras semejantes y coméntalas con aquéllos que están contigo. Y de este modo nunca padecerás inquietudes, ni dormido ni despierto, sino que vivirás como un dios entre los hombres, pues aquél que vive bendecido entre dioses inmortales nada tiene de común con el resto de los mortales.

[134] Ἐπεὶ κρεῖττον ἦν τῷ περὶ θεῶν μύθῳ κατακολουθεῖν ἢ τῇ τῶν φυσικῶν εἱμαρμένῃ δουλεύειν· ὁ μὲν γὰρ ἐλπίδα παραιτήσεως ὑπογράφει θεῶν διὰ τιμῆς, ἡ δὲ ἀπαραίτητον ἔχει τὴν ἀνάγκην. τὴν δὲ τύχην οὔτε θεόν, ὡς οἱ πολλοὶ νομίζουσιν, ὑπολαμβάνων, οὐθὲν γὰρ ἀτάκτως θεῷ πράττεται, οὔτε ἀβέβαιον αἰτίαν, οὐκ οἴεται μὲν γὰρ ἀγαθὸν ἢ κακὸν ἐκ ταύτης πρὸς τὸ μακαρίως ζῆν ἀνθρώποις δίδοσθαι, ἀρχὰς μέντοι μεγάλων ἀγαθῶν ἢ κακῶν ὑπὸ ταύτης χορηγεῖσθαι· [135] κρεῖττον εἶναι νομίζει εὐλογίστως ἀτυχεῖν ἢ ἀλογίστως εὐτυχεῖν· βέλτιον γὰρ ἐν ταῖς πράξεσι τὸ καλῶς κριθὲν <μὴ ὀρθωθῆναι ἢ τὸ μὴ καλῶς κριθὲν> ὀρθωθῆναι διὰ ταύτην.

Ταῦτα οὖν καὶ τὰ τούτοις συγγενῆ μελέτα πρὸς σεαυτὸν ἡμέρας καὶ νυκτὸς <καὶ> πρὸς τὸν ὅμοιον σεαυτῷ, καὶ οὐδέποτε οὔθ' ὕπαρ οὔτ' ὄναρ διαταραχθήσῃ, ζήσῃ δὲ ὡς θεὸς ἐν ἀνθρώποις. οὐθὲν γὰρ ἔοικε θνητῷ ζώῳ ζῶν ἄνθρωπος ἐν ἀθανάτοις ἀγαθοῖς.

Carta a Heródoto

[35] Querido Heródoto, he escrito este resumen para aquéllos que no puedan estudiar con celo cada una de las cosas que he escrito acerca de la naturaleza, ni puedan en consecuencia leer los voluminosos libros que he escrito sobre todo ello. Lo escribo para darles a conocer un epítome de mis opiniones sobre las cosas más importantes de forma que puedan valerse de él en cualquier momento, en caso de que se dediquen al estudio de la naturaleza. Aún los aventajados en el estudio del universo deben esculpir en la memoria una imagen elemental de toda mi obra, ya que por lo general necesitamos antes un compendio general que una exposición detallada de las cosas.

[36] Lo analizaremos y lo leeremos repetidas veces a fin de memorizarlo, para que cuando emprendamos el estudio de cosas importantes, descubramos las cuestiones particulares una vez hayamos aprendido las cuestiones generales. Un alumno diligente deber ser capaz de hacer uso apropiado de sus ideas y expresarlas en forma de principios elementales, ya que no es posible reunir los resultados de un estudio continuo y laborioso si no podemos reproducir en breves fórmulas y con todo detalle cuanto se haya aprendido antes.

[37] Y dado que este método de escribir es útil a cuantos se dedican al estudio de la naturaleza, yo, que dedico a este tema mi energía de forma continua y cultivo el sereno disfrute de una vida como ésta, he escrito este compendio y exposición elemental de todas mis ideas.

[35] Τοῖς μὴ δυναμένοις, ὦ Ἡρόδοτε, ἕκαστα τῶν περὶ φύσεως ἀναγεγραμμένων ἡμῖν ἐξακριβοῦν μηδὲ τὰς μείζους τῶν συντεταγμένων βίβλους διαθρεῖν ἐπιτομὴν τῆς ὅλης πραγματείας εἰς τὸ κατασχεῖν τῶν ὁλοσχερωτάτων γε δοξῶν τὴν μνήμην ἱκανῶς αὐτὸς παρεσκεύασα, ἵνα παρ' ἑκάστους τῶν καιρῶν ἐν τοῖς κυριωτάτοις βοηθεῖν αὑτοῖς δύνωνται, καθ' ὅσον ἂν ἐφάπτωνται τῆς περὶ φύσεως θεωρίας. καὶ τοὺς προβεβηκότας δὲ ἱκανῶς ἐν τῇ τῶν ὅλων ἐπιβλέψει τὸν τύπον τῆς ὅλης πραγματείας τὸν κατεστοιχειωμένον δεῖ μνημονεύειν·τῆς γὰρ ἀθρόας ἐπιβολῆς πυκνὸν δεόμεθα, τῆς δὲ κατὰ μέρος οὐχ ὁμοίως.

[36] Βαδιστέον μὲν οὖν καὶ ἐπ' ἐκεῖνα συνεχῶς, ἐν <δὲ> τῇ μνήμῃ τὸ τοσοῦτο ποιητέον ἀφ' οὗ ἥ τε κυριωτάτη ἐπιβολὴ ἐπὶ τὰ πράγματα ἔσται καὶ δὴ καὶ τὸ κατὰ μέρος ἀκρίβωμα πᾶν ἐξευρήσεται, τῶν ὁλοσχερωτάτων τύπων εὖ περιειλημμένων καὶ μνημονευομένων· ἐπεὶ καὶ τοῦ τετελεσιουργημένου τοῦτο κυριώτατον τοῦ παντὸς ἀκριβώματος γίνεται, τὸ ταῖς ἐπιβολαῖς ὀξέως δύνασθαι χρῆσθαι, ἑκάστων πρὸς ἁπλᾶ στοιχειώματα καὶ φωνὰς συναγομένων. οὐ γὰρ οἷόν τε τὸ πύκνωμα τῆς συνεχοῦς τῶν ὅλων περιοδείας εἰδέναι μὴ δυνάμενον διὰ βραχέων φωνῶν ἅπαν ἐμπεριλαβεῖν ἐν αὑτῷ τὸ καὶ κατὰ μέρος ἂν ἐξακριβωθέν.

[37] Ὅθεν δὴ πᾶσι χρησίμης οὔσης τοῖς ᾠκειωμένοις φυσιολογίᾳ τῆς τοιαύτης ὁδοῦ, παρεγγυῶν τὸ συνεχὲς ἐνέργημα ἐν φυσιολογίᾳ καὶ τοιούτῳ μάλιστα ἐγγαληνίζων τῷ βίῳ ἐποίησά σοι καὶ τοιαύτην τινὰ ἐπιτομὴν καὶ στοιχείωσιν τῶν ὅλων δοξῶν.

Heródoto, conviene primeramente que entiendas el significado de las palabras para que cuando hagamos referencia a un concepto podamos ponderar nuestras opiniones, preguntas o dudas y para que nuestros argumentos no resulten ser explicaciones difusas ni utilicemos términos imprecisos. [38] Es pues necesario primeramente entender el significado de cada palabra hasta el punto de que no necesiten más explicaciones si queremos tener una referencia [válida] cuando nos referimos a una cuestión, problema u opinión.

Conviene también observar todas las cosas atendiendo a nuestros sentidos, esto es, en virtud de las percepciones o de cualquier otro criterio del entendimiento, e igualmente en virtud de las sensaciones, a fin de que podamos inferir basándonos en estos indicios qué es lo que debe ser confirmado y qué nos es evidente.

Teniendo esto claro, conviene ahora considerar las cosas que no son evidentes. En primer lugar, nada surge de la nada o de lo que no existe, pues de lo contrario todo nacería de todo y no necesitaría semillas.

[39] Y si lo que desaparece no se convirtiese en otra cosa sino en nada, todas las cosas se habrían destruido al no existir algo en lo que disolverse. De este modo, el universo siempre fue tal cual es hoy, tal cual será siempre, pues no existe nada en que se pueda convertir ya que fuera del universo no hay nada que pueda entrar en el mismo y producir algún cambio.

"Πρῶτον μὲν οὖν τὰ ὑποτεταγμένα τοῖς φθόγγοις, ὦ Ἡρόδοτε, δεῖ εἰληφέναι, ὅπως ἂν τὰ δοξαζόμενα ἢ ζητούμενα ἢ ἀπορούμενα ἔχωμεν εἰς ταῦτα ἀναγαγόντες ἐπικρίνειν, καὶ μὴ ἄκριτα πάντα ἡμῖν ᾖ εἰς ἄπειρον ἀποδεικνύουσιν ἢ κενοὺς φθόγγους ἔχωμεν. [38] ἀνάγκη γὰρ τὸ πρῶτον ἐννόημα καθ' ἕκαστον φθόγγον βλέπεσθαι καὶ μηθὲν ἀποδείξεως προσδεῖσθαι, εἴπερ ἕξομεν τὸ ζητούμενον ἢ ἀπορούμενον καὶ δοξαζόμενον ἐφ' ὃ ἀνάξομεν.

Ἔτι τε κατὰ τὰς αἰσθήσεις δεῖ πάντα τηρεῖν καὶ ἁπλῶς τὰς παρούσας ἐπιβολὰς εἴτε διανοίας εἴθ' ὅτου δήποτε τῶν κριτηρίων, ὁμοίως δὲ καὶ τὰ ὑπάρχοντα πάθη, ὅπως ἂν καὶ τὸ προσμένον καὶ τὸ ἄδηλον ἔχωμεν οἷς σημειωσόμεθα.

Ταῦτα δεῖ διαλαβόντας συνορᾶν ἤδη περὶ τῶν ἀδήλων·πρῶτον μὲν ὅτι οὐθὲν γίνεται ἐκ τοῦ μὴ ὄντος. πᾶν γὰρ ἐκ παντός.

[39] ἐγίνετ' ἂν σπερμάτων γε οὐθὲν προσδεόμενον. καὶ εἰ ἐφθείρετο δὲ τὸ ἀφανιζόμενον εἰς τὸ μὴ ὄν, πάντα ἂν ἀπωλώλει τὰ πράγματα, οὐκ ὄντων εἰς ἃ διελύετο. καὶ μὴν καὶ τὸ πᾶν ἀεὶ τοιοῦτον ἦν οἷον νῦν ἐστι, καὶ ἀεὶ τοιοῦτον ἔσται. οὐθὲν γάρ ἐστιν εἰς ὃ μεταβάλλει. παρὰ γὰρ τὸ πᾶν οὐθέν ἐστιν ὃ ἂν εἰσελθὸν εἰς αὐτὸ τὴν μεταβολὴν ποιήσαιτο.

Más aún [*esto ya lo dijo el autor al principio del Epítome mayor y en el primero de los libros De la naturaleza*] el universo consiste en cuerpos sólidos y vacío. Que los cuerpos sólidos existen es algo que atestiguan los sentidos, y la razón se debe valer de ellos cuando procuramos desvelar lo desconocido a partir de lo conocido. [40] Si no existiese lo que llamamos vacío, el espacio, la naturaleza intangible, los cuerpos no tendrían dónde estar ni por dónde moverse, y es evidente que se mueven. Aparte de estas cosas [materia y espacio] nada puede entenderse como existente ni por reflexión ni por analogía con las cosas comprensibles, ya que entendemos los cuerpos y el espacio como realidades, no como propiedades o accidentes de otras realidades o cosas.

De los cuerpos unos son cuerpos compuestos y otros son cuerpos simples de los que los compuestos se forman [*esto mismo dijo el autor en los libros primero, catorce y quince De la naturaleza, y en el Epítome grande*]. [41] Estos cuerpos simples son indivisibles e inmutables, puesto que no pueden desaparecer todos y pasar a no ser. Por el contrario, fuertes como son, perseveran firmes e incorruptos cuando se disuelven los cuerpos compuestos, ya que son de naturaleza sólida y no tienen en qué ni cómo disolverse. Concluimos pues que estos elementos primordiales [átomos] son sólidos e indivisibles.

El universo es infinito e ilimitado porque lo que es limitado tiene término o extremo y un extremo se observa desde algún otro extremo. De modo que, no teniendo extremo no tiene límite y, no teniendo límite, es infinito e ilimitado, tanto por la cantidad de cuerpos [que contiene] como por la dimensión del vacío.

Ἀλλὰ μὴν καὶ τοῦτο καὶ ἐν τῇ Μεγάλῃ ἐπιτομῇ φησι κατ'
ἀρχὴν καὶ ἐν τῇ α′ Περὶ φύσεως τὸ πᾶν ἐστι <σώματα καὶ
κενόν>·σώματα μὲν γὰρ ὡς ἔστιν, αὐτὴ ἡ αἴσθησις ἐπὶ
πάντων μαρτυρεῖ, καθ' ἣν ἀναγκαῖον τὸ ἄδηλον τῷ λογισμῷ
τεκμαίρεσθαι, ὥσπερ [40] προεῖπον τὸ πρόσθεν. εἰ <δὲ>
μὴ ἦν ὃ κενὸν καὶ χώραν καὶ ἀναφῆ φύσιν ὀνομάζομεν, οὐκ
ἂν εἶχε τὰ σώματα ὅπου ἦν οὐδὲ δι' οὗ ἐκινεῖτο, καθάπερ
φαίνεται κινούμενα. παρὰ δὲ ταῦτα οὐθὲν οὐδ' ἐπινοηθῆναι
δύναται οὔτε περιληπτικῶς οὔτε ἀναλόγως τοῖς περιληπτοῖς
ὡς καθ' ὅλας φύσεις λαμβανόμενα καὶ μὴ ὡς τὰ τούτων
συμπτώματα ἢ συμβεβηκότα λεγόμενα.

Καὶ μὴν καὶ τῶν τοῦτο καὶ ἐν τῇ πρώτῃ Περὶ φύσεως καὶ
τῇ ιδ′ καὶ ιε′ καὶ τῇ Μεγάλῃ ἐπιτομῇ σωμάτων τὰ μέν ἐστι
[41] συγκρίσεις, τὰ δ' ἐξ ὧν αἱ συγκρίσεις πεποίηνται·ταῦτα
δέ ἐστιν ἄτομα καὶ ἀμετάβλητα, εἴπερ μὴ μέλλει πάντα εἰς
τὸ μὴ ὂν φθαρήσεσθαι, ἀλλ' ἰσχύοντα ὑπομένειν ἐν ταῖς
διαλύσεσι τῶν συγκρίσεων, πλήρη τὴν φύσιν ὄντα, οὐκ
ἔχοντα ὅπῃ ἢ ὅπως διαλυθήσεται. ὥστε τὰς ἀρχὰς ἀτόμους
ἀναγκαῖον εἶναι σωμάτων φύσεις.

Ἀλλὰ μὴν καὶ τὸ πᾶν ἄπειρόν ἐστι. τὸ γὰρ πεπερασμένον
ἄκρον ἔχει·τὸ δὲ ἄκρον παρ' ἕτερόν τι θεωρεῖται. ὥστε οὐκ
ἔχον ἄκρον πέρας οὐκ ἔχει· πέρας δὲ οὐκ ἔχον ἄπειρον ἂν
εἴη καὶ οὐ πεπερασμένον. Καὶ μὴν καὶ τῷ πλήθει τῶν
σωμάτων ἄπειρόν ἐστι τὸ πᾶν

[42] Porque si el vacío fuese infinito y los cuerpos finitos, estos cuerpos nunca reposarían, sino que andarían dispersos por el vacío infinito, no teniendo quién los fijase y comprimiese en sus choques y rebotes. Si el vacío fuese finito y los cuerpos infinitos, no tendrían estos cuerpos infinitos espacio donde estar.

Y, además de esto, los cuerpos indivisibles y sólidos de los cuales se forman los cuerpos compuestos y en los cuales se disuelven tienen innumerables formas, pues no es posible que la gran diferencia de estas formas compuestas se produzca a partir de un número discreto de cuerpos indivisibles [átomos]. Existen infinitos átomos de un mismo tipo pero el número de formas de los átomos no es infinito, sino extremadamente grande. [43] [*Pues como dice el autor más abajo, no se puede dividir infinitamente; pero añade, las cualidades mudan, a no ser que algún cuerpo pueda simplemente agrandarse hasta el infinito*].

Los átomos están perpetuamente en movimiento continuo. [*Y más abajo el autor dice que se mueven a igual velocidad, ya que el vacío permite moverse igualmente tanto a los cuerpos pequeños como a los grandes*]. Mientras algunos se distancian enormemente, otros conservan su vibración en un lugar concreto cuando son fortuitamente encerrados por el enlace atómico o cubiertos por átomos enlazados que forman parte de un cuerpo compuesto.

[42] καὶ τῷ μεγέθει τοῦ κενοῦ. εἴ τε γὰρ ἦν τὸ κενὸν ἄπειρον τὰ δὲ σώματα ὡρισμένα, οὐθαμοῦ ἂν ἔμενε τὰ σώματα, ἀλλ' ἐφέρετο κατὰ τὸ ἄπειρον κενὸν διεσπαρμένα, οὐκ ἔχοντα τὰ ὑπερείδοντα καὶ στέλλοντα κατὰ τὰς ἀνακοπάς· εἴ τε τὸ κενὸν ἦν ὡρισμένον, οὐκ ἂν εἶχε τὰ ἄπειρα σώματα ὅπου ἐνέστη.

Πρός τε τούτοις τὰ ἄτομα τῶν σωμάτων καὶ μεστά, ἐξ ὧν καὶ αἱ συγκρίσεις γίνονται καὶ εἰς ἃ διαλύονται, ἀπερίληπτά ἐστι ταῖς διαφοραῖς τῶν σχημάτων· οὐ γὰρ δυνατὸν γενέσθαι τὰς τοσαύτας διαφορὰς ἐκ τῶν αὐτῶν σχημάτων περιειλημμένων. καὶ καθ' ἑκάστην δὲ σχημάτισιν ἁπλῶς ἄπειροί εἰσιν αἱ ὅμοιαι, ταῖς δὲ διαφοραῖς οὐχ ἁπλῶς ἄπειροι ἀλλὰ μόνον ἀπερίληπτοι, [43] οὐδὲ γὰρ φησιν ἐνδοτέρω εἰς ἄπειρον τὴν τομὴν τυγχάνειν. λέγει δέ, ἐπειδὴ αἱ ποιότητες μεταβάλλονται, εἰ μέλλει τις μὴ καὶ τοῖς μεγέθεσιν ἁπλῶς εἰς ἄπειρον αὐτὰς ἐκβάλλειν.

Κινοῦνταί τε συνεχῶς αἱ ἄτομοι φησὶ δὲ ἐνδοτέρω καὶ ἰσοταχῶς αὐτὰς κινεῖσθαι τοῦ κενοῦ τὴν εἶξιν ὁμοίαν παρεχομένου καὶ τῇ κουφοτάτῃ καὶ τῇ βαρυτάτῃ. τὸν αἰῶνα, καὶ αἱ μὲν εἰς μακρὰν ἀπ' ἀλλήλων διιστάμεναι, αἱ δὲ αὖ τὸν παλμὸν ἴσχουσιν ὅταν τύχωσι τῇ περιπλοκῇ κεκλειμέναι ἢ στεγαζόμεναι παρὰ τῶν πλεκτικῶν.

[44] Esto ocurre porque cada átomo está separado del resto por el vacío que es incapaz de ofrecer resistencia a los rebotes. Es la solidez de los átomos la que causa su vibración y movimiento tras una colisión, rebotando a pequeña distancia mientras permanecen encerrados dentro de los cuerpos compuestos. Este movimiento no tiene principio [no está originado por los átomos], ya que tanto los átomos como el vacío son eternos. [*Dice también Epicuro más adelante "que los átomos no tienen ninguna cualidad, excepto la forma, la magnitud y el peso". Y en el libro decimo de sus Elementos o Instituciones afirma "que el color de los átomos cambia según la variedad de sus posiciones". Y afirma asimismo que los átomos no tienen cualquier forma o magnitud, y que nunca se han percibido por los sentidos*].

[45] Cuando se repite todo lo que acabamos de recordar, tenemos una imagen idónea de la naturaleza de las cosas.

Hay infinitos mundos, algunos semejantes y otros desemejantes a este mundo nuestro; pues siendo los átomos infinitos, como he dicho, son asimismo arrastrados a lugares muy remotos. Ni los átomos de los cuales se hizo o se pudo hacer el mundo fueron utilizados en un único mundo ni en infinitos mundos, ya fueran semejantes o desemejantes a éste. Así, no hay cosa que impida la infinidad de mundos.

[44] Ἥ τε γὰρ τοῦ κενοῦ φύσις ἡ διορίζουσα ἑκάστην αὐτὴν τοῦτο παρασκευάζει, τὴν ὑπέρεισιν οὐχ οἷά τε οὖσα ποιεῖσθαι· ἥ τε στερεότης ἡ ὑπάρχουσα αὐταῖς κατὰ τὴν σύγκρουσιν τὸν ἀποπαλμὸν ποιεῖ, ἐφ' ὁπόσον ἂν ἡ περιπλοκὴ τὴν ἀποκατάστασιν ἐκ τῆς συγκρούσεως διδῷ. ἀρχὴ δὲ τούτων οὐκ ἔστιν, ἀιδίων τῶν ἀτόμων οὐσῶν καὶ τοῦ κενοῦ. φησὶ δ' ἐνδοτέρω μηδὲ ποιότητά τινα περὶ τὰς ἀτόμους εἶναι πλὴν σχήματος καὶ μεγέθους καὶ βάρους· τὸ δὲ χρῶμα παρὰ τὴν θέσιν τῶν ἀτόμων ἀλλάττεσθαι ἐν ταῖς Δώδεκα στοιχειώσεσί φησι. πᾶν τε μέγεθος μὴ εἶναι περὶ αὐτάς· οὐδέποτε γοῦν ἄτομος ὤφθη αἰσθήσει.

[45] Ἡ τοσαύτη δὴ φωνὴ τούτων πάντων μνημονευομένων τὸν ἱκανὸν τύπον ὑποβάλλει <ταῖς περὶ> τῆς τῶν ὄντων φύσεως ἐπινοίαις.

Ἀλλὰ μὴν καὶ κόσμοι ἄπειροί εἰσιν, οἵ θ' ὅμοιοι τούτῳ καὶ ἀνόμοιοι. αἵ τε γὰρ ἄτομοι ἄπειροι οὖσαι, ὡς ἄρτι ἀπεδείχθη, φέρονται καὶ πορρωτάτω. οὐ γὰρ κατανήλωνται αἱ τοιαῦται ἄτομοι ἐξ ὧν ἂν γένοιτο κόσμος ἢ ὑφ' ὧν ἂν ποιηθείη, οὔτ' εἰς ἕνα οὔτ' εἰς πεπερασμένους, οὔθ' ὅσοι τοιοῦτοι οὔθ' ὅσοι διάφοροι τούτοις. ὥστε οὐδὲν τὸ ἐμποδοστατῆσόν ἐστι πρὸς τὴν ἀπειρίαν τῶν κόσμων.

[46] Además existen simulacros con forma semejante a los cuerpos sólidos pero mucho más pequeños que cualquier objeto visible. Porque no es imposible hallar estas combinaciones en el aire, ni tampoco lo es que generen adaptaciones de los cuerpos compuestos en el vacío, ni efluvios conservando la misma posición relativa y el movimiento que tenían en los objetos compuestos de los que proceden. A estos esbozos los llamamos ídolos [o simulacros]. El desplazamiento de estos ídolos a través del vacío ocurre sin que colisionen con otros objetos, de modo que es tan veloz que recorre una longitud infinitamente grande en un punto indivisible de tiempo. Y es que la lentitud es proporcional a la resistencia [que encuentra un cuerpo en el vacío] y su ausencia es proporcional a la velocidad.

[47] Un cuerpo que se desplaza a través del espacio nunca llega en un momento dado a muchos lugares a la vez, ya que esto es incomprensible, pero llega simultáneamente en el tiempo desde cualquier punto del infinito, cualquiera que sea el lugar de origen de su movimiento, cuando la rapidez [o velocidad] del movimiento [de un cuerpo] que no encuentra ningún obstáculo está absolutamente en las mismas condiciones que aquél cuya rapidez ha disminuido a causa de la resistencia causada por un choque [con otro cuerpo]. Es útil retener este principio elemental. Los ídolos tienen una pequeñez incomparable y ningún cuerpo les opone resistencia, por lo cual tienen una velocidad extrema, al tiempo que pueden pasar por cualquier parte. Y a pesar de que emanan [de los cuerpos] sin cesar, no experimentan ningún choque, o en todo caso choques muy ocasionales, mientras que una multitud infinita de cuerpos encuentra muy pronto cierta resistencia.

[46] Καὶ μὴν καὶ τύποι ὁμοιοσχήμονες τοῖς στερεμνίοις εἰσί, λεπτότησιν ἀπέχοντες μακρὰν τῶν φαινομένων. οὔτε γὰρ ἀποστάσεις ἀδυνατοῦσιν ἐν τῷ περιέχοντι γίνεσθαι τοιαῦται οὔτ' ἐπιτηδειότητες τῆς κατεργασίας τῶν κοιλωμάτων καὶ λεπτοτήτων γίνεσθαι, οὔτε ἀπόρροιαι τὴν ἑξῆς θέσιν καὶ βάσιν διατηροῦσαι ἥνπερ καὶ ἐν τοῖς στερεμνίοις εἶχον·τούτους δὲ τοὺς τύπους εἴδωλα προσαγορεύομεν. καὶ μὴν καὶ ἡ διὰ τοῦ κενοῦ φορὰ κατὰ μηδεμίαν ἀπάντησιν τῶν ἀντικοψόντων γινομένη πᾶν μῆκος περιληπτὸν ἐν ἀπερινοήτῳ χρόνῳ συντελεῖ. βράδους γὰρ καὶ τάχους ἀντικοπὴ καὶ οὐκ ἀντικοπὴ ὁμοίωμα λαμβάνει.

[47] Οὐ μὴν οὐδ' ἅμα κατὰ τοὺς διὰ λόγου θεωρητοὺς χρόνους αὐτὸ τὸ φερόμενον σῶμα ἐπὶ τοὺς πλείους τόπους ἀφικνεῖται -ἀδιανόητον γάρ- καὶ τοῦτο συναφικνούμενον ἐν αἰσθητῷ χρόνῳ ὅθεν δήποθεν τοῦ ἀπείρου οὐκ ἐξ οὗ ἂν περιλάβωμεν τὴν φορὰν τόπου ἔσται ἀφιστάμενον·ἀντικοπῇ γὰρ ὅμοιον ἔσται, κἂν μέχρι τοσούτου τὸ τάχος τῆς φορᾶς μὴ ἀντικοπὲν καταλίπωμεν. χρήσιμον δὴ καὶ τοῦτο κατασχεῖν τὸ στοιχεῖον. εἶθ' ὅτι τὰ εἴδωλα ταῖς λεπτότησιν ἀνυπερβλήτοις κέχρηται οὐθὲν ἀντιμαρτυρεῖ τῶν φαινομένων· ὅθεν καὶ τάχη ἀνυπέρβλητα ἔχει, πάντα πόρον σύμμετρον ἔχοντα πρὸς τῷ <τῷ> ἀπείρῳ αὐτῶν μηθὲν ἀντικόπτειν ἢ ὀλίγα ἀντικόπτειν, πολλαῖς δὲ καὶ ἀπείροις εὐθὺς ἀντικόπτειν τι.

[48] Por otro lado, no hay que olvidar que la producción de los ídolos es tan veloz como el pensamiento. El flujo de ídolos de la superficie de los cuerpos es continuo e imperceptible, ya que no se observa disminución en los cuerpos de donde proceden porque otros ídolos ocupan el espacio dejado por los anteriores. Y aquéllos que se desprenden [de los cuerpos] conservan durante mucho tiempo la posición y disposición que tenían cuando formaban parte de los cuerpos sólidos, aunque en ocasiones el flujo puede resultar confuso. La producción de imágenes en el espacio es instantánea, porque las imágenes son sólo sustancias ligeras, sin profundidad. Pero hay otras maneras en las que se producen este tipo de ídolos y nada de esto es refutado por nuestros sentidos, si tenemos en cuenta la relación que se establece entre los objetos externos y nosotros mismos.

[49] Debemos entender que sólo cuando alguna cosa externa entra en nosotros vemos sus formas y las percibimos con la mente, ya que las cosas externas no pueden descubrirnos su naturaleza, su color y su forma a través del aire que media entre nosotros y ellas, ni mediante rayos, emisiones o efluvios que de nosotros parten hacia ellas. Sin embargo, es admisible que ciertas imágenes del mismo color, forma y de una magnitud proporcional a estos objetos penetre en nosotros, de forma que lleguen a ser vistos y percibidos por nosotros.

Tres cartas de Epicuro sobre la amistad, el placer y la felicidad

[48] Πρός τε τούτοις, ὅτι ἡ γένεσις τῶν εἰδώλων ἅμα νοήματι συμβαίνει. καὶ γὰρ ῥεῦσις ἀπὸ τῶν σωμάτων τοῦ ἐπιπολῆς συνεχής, οὐκ ἐπίδηλος τῇ μειώσει διὰ τὴν ἀνταναπλήρωσιν, σῴζουσα τὴν ἐπὶ τοῦ στερεμνίου θέσιν καὶ τάξιν τῶν ἀτόμων ἐπὶ πολὺν χρόνον, εἰ καὶ ἐνίοτε συγχεομένη ὑπάρχει, καὶ συστάσεις ἐν τῷ περιέχοντι ὀξεῖαι διὰ τὸ μὴ δεῖν κατὰ βάθος τὸ συμπλήρωμα γίνεσθαι, καὶ ἄλλοι δὲ τρόποι τινὲς γεννητικοὶ τῶν τοιούτων φύσεών εἰσιν. οὐθὲν γὰρ τούτων ἀντιμαρτυρεῖ<ται> ταῖς αἰσθήσεσιν, ἂν βλέπῃ τίς τινα τρόπον τὰς ἐναργείας ἵνα καὶ τὰς συμπαθείας ἀπὸ τῶν ἔξωθεν πρὸς ἡμᾶς ἀνοίσει.

[49] Δεῖ δὲ καὶ νομίζειν ἐπεισιόντος τινὸς ἀπὸ τῶν ἔξωθεν τὰς μορφὰς ὁρᾶν ἡμᾶς καὶ διανοεῖσθαι· οὐ γὰρ ἂν ἐναποσφραγίσαιτο τὰ ἔξω τὴν ἑαυτῶν φύσιν τοῦ τε χρώματος καὶ τῆς μορφῆς διὰ τοῦ ἀέρος τοῦ μεταξὺ ἡμῶν τε κἀκείνων, οὐδὲ διὰ τῶν ἀκτίνων ἢ ὡνδήποτε ῥευμάτων ἀφ' ἡμῶν πρὸς ἐκεῖνα παραγινομένων, οὕτως ὡς τύπων τινῶν ἐπεισιόντων ἡμῖν ἀπὸ τῶν πραγμάτων ὁμοχρόων τε καὶ ὁμοιομόρφων κατὰ τὸ ἐναρμόττον μέγεθος εἰς τὴν ὄψιν ἢ

[50] Se mueven muy rápidamente, y es por esto que presentan la apariencia de un objeto único y continuo, y conservan la interconexión mutua que tenían en el objeto, y producen en nosotros una única percepción que conserva siempre la misma relación con el objeto. Y cualquiera que sea la presentación que derivamos por contacto directo, ya sea con la mente o con los órganos sensoriales, ya sea de la forma u otras propiedades del objeto, esta imagen que se nos presenta tiene la forma de dicho objeto sólido, y se debe o bien a una estrecha coherencia de la imagen en su conjunto o bien a un simple resto que ha dejado en nosotros. El error y la falsedad se producen cuando nuestra opinión no ha sido confirmada o refutada por la evidencia y no es confirmada (o incluso es refutada) por el movimiento [sensación] que persevera en nosotros. Y es por medio de esta desorientación que caemos en el error.

[51] Las visiones que recibimos, bien sea en sueños o mediante algún otro medio de aprehensión de la mente o de los demás instrumentos del juicio, nunca se asemejarían a los objetos que llamamos reales y verdaderos a menos que los objetos de esta clase fueran directamente percibidos por nosotros. Pero no erraríamos [nunca] si no percibiéramos otro tipo de movimiento [sensación causada por la imaginación y que nos confunde] en el interior de nosotros mismos, estrechamente vinculado a la captura de imágenes, pero diferente a aquélla. Y si este movimiento [sensación causada por la imaginación] no es confirmado o resulta desmentido [por los sentidos], se produce una [percepción] falsa, mientras que si se confirma o no se contradice [por los sentidos], se produce una verdadera.

[50] τὴν διάνοιαν, ὠκέως ταῖς φοραῖς χρωμένων, εἶτα διὰ ταύτην τὴν αἰτίαν τοῦ ἑνὸς καὶ συνεχοῦς τὴν φαντασίαν ἀποδιδόντων καὶ τὴν συμπάθειαν ἀπὸ τοῦ ὑποκειμένου σῳζόντων κατὰ τὸν ἐκεῖθεν σύμμετρον ἐπερεισμὸν ἐκ τῆς κατὰ βάθος ἐν τῷ στερεμνίῳ τῶν ἀτόμων πάλσεως. καὶ ἣν ἂν λάβωμεν φαντασίαν ἐπιβλητικῶς τῇ διανοίᾳ ἢ τοῖς αἰσθητηρίοις εἴτε μορφῆς εἴτε συμβεβηκότων, μορφή ἐστιν αὕτη τοῦ στερεμνίου, γινομένη κατὰ τὸ ἑξῆς πύκνωμα ἢ ἐγκατάλειμμα τοῦ εἰδώλου·τὸ δὲ ψεῦδος καὶ τὸ διημαρτημένον ἐν τῷ προσδοξαζομένῳ ἀεί ἐστιν <ἐπὶ τοῦ προσμένοντος> ἐπιμαρτυρηθήσεσθαι ἢ μὴ ἀντιμαρτυρηθήσεσθαι, εἶτ' οὐκ ἐπιμαρτυρουμένου <ἢ ἀντιμαρτυρουμένου> κατά τινα κίνησιν ἐν ἡμῖν αὐτοῖς συνημμένην τῇ φανταστικῇ ἐπιβολῇ, διάληψιν δὲ ἔχουσαν, καθ' ἣν τὸ ψεῦδος γίνεται.

[51] Ἥ τε γὰρ ὁμοιότης τῶν φαντασμῶν οἱονεὶ ἐν εἰκόνι λαμβανομένων ἢ καθ' ὕπνους γινομένων ἢ κατ' ἄλλας τινὰς ἐπιβολὰς τῆς διανοίας ἢ τῶν λοιπῶν κριτηρίων οὐκ ἄν ποτε ὑπῆρχε τοῖς οὖσί τε καὶ ἀληθέσι προσαγορευομένοις εἰ μὴ ἦν τινα καὶ τοιαῦτα προσβαλλόμενα·τὸ δὲ διημαρτημένον οὐκ ἂν ὑπῆρχεν εἰ μὴ ἐλαμβάνομεν καὶ ἄλλην τινὰ κίνησιν ἐν ἡμῖν αὐτοῖς συνημμένην μὲν <τῇ φανταστικῇ ἐπιβολῇ,> διάληψιν δὲ ἔχουσαν·κατὰ δὲ ταύτην [τὴν συνημμένην τῇ φανταστικῇ ἐπιβολῇ, διάληψιν δὲ ἔχουσαν], ἐὰν μὲν μὴ ἐπιμαρτυρηθῇ ἢ ἀντιμαρτυρηθῇ, τὸ ψεῦδος γίνεται·ἐὰν δὲ ἐπιμαρτυρηθῇ ἢ μὴ ἀντιμαρτυρηθῇ, τὸ ἀληθές.

[52] Por tanto, debemos hacer todo lo posible para tener presente este principio, a fin de no desestimar los criterios que están de acuerdo con las percepciones claras ni dar por verdadera una falsedad que lo confunda todo.

La audición se produce cuando una corriente pasa desde el objeto que emite la voz o el sonido o ruido, ya sea persona o cosa, y produce la sensación de oír en cualquier forma que sea. Esta corriente se disemina en partículas similares entre sí, que al mismo tiempo conservan una cierta simpatía [conexión] y una unidad distintiva que se extiende hasta el objeto que las emite, y por lo tanto, en la mayor parte de los casos, causan la percepción o, si no, simplemente indican la presencia del objeto externo.

[53] Porque sin una cierta interconexión entre el emisor y el receptor no se podría generar tal percepción. Por tanto, no debemos suponer que la voz emitida moldea el aire o algo similar, porque el aire está muy lejos de padecer esta acción por la voz, sino que es el impacto que se genera en nosotros cuando liberamos un sonido el que provoca un desplazamiento de las partículas que producen un flujo parecido a un soplo, y es este desplazamiento [de las partículas en el aire] el que da lugar a la sensación de la audición. Y debemos considerar asimismo que el olfato, como la audición, no produciría ninguna sensación en nosotros si partículas del tipo adecuado para excitar el órgano del olfato no fueran transportadas desde el objeto [que las produce hasta nuestros órganos olfativos]. Algunas partículas nos son ajenas y producen una sensación perturbadora y otras por contra nos son familiares y provocan una sensación familiar.

[52] Καὶ ταύτην οὖν σφόδρα γε δεῖ τὴν δόξαν κατέχειν, ἵνα μήτε τὰ κριτήρια ἀναιρῆται τὰ κατὰ τὰς ἐναργείας μήτε τὸ διημαρτημένον ὁμοίως βεβαιούμενον πάντα συνταράττῃ.

Ἀλλὰ μὴν καὶ τὸ ἀκούειν γίνεται ῥεύματός τινος φερομένου ἀπὸ τοῦ φωνοῦντος ἢ ἠχοῦντος ἢ ψοφοῦντος ἢ ὁπωσδήποτε ἀκουστικὸν πάθος παρασκευάζοντος. τὸ δὲ ῥεῦμα τοῦτο εἰς ὁμοιομερεῖς ὄγκους διασπείρεται, ἅμα τινὰ διασῴζοντος συμπάθειαν πρὸς ἀλλήλους καὶ ἑνότητα ἰδιότροπον, διατείνουσαν πρὸς τὸ ἀποστεῖλαν καὶ τὴν ἐπαίσθησιν τὴν ἐπ' ἐκείνου ὡς τὰ πολλὰ ποιοῦσαν, εἰ δὲ μή γε τὸ ἔξωθεν μόνον ἔνδηλον παρασκευάζουσαν.

[53] ἄνευ γὰρ ἀναφερομένης τινὸς ἐκεῖθεν συμπαθείας οὐκ ἂν γένοιτο ἡ τοιαύτη ἐπαίσθησις. οὐκ αὐτὸν οὖν δεῖ νομίζειν τὸν ἀέρα ὑπὸ τῆς προϊεμένης φωνῆς ἢ καὶ τῶν ὁμογενῶν σχηματίζεσθαιπολλὴν γὰρ ἔνδειαν ἕξει τοῦτο πάσχων ὑπ' ἐκείνης, -ἀλλ' εὐθὺς τὴν γινομένην πληγὴν ἐν ἡμῖν, ὅταν φωνὴν ἀφίωμεν, τοιαύτην ἔκθλιψιν ὄγκων τινῶν ῥεύματος πνευματώδους ἀποτελεστικῶν ποιεῖσθαι, ἢ τὸ πάθος τὸ ἀκουστικὸν ἡμῖν παρασκευάζει.

Καὶ μὴν καὶ τὴν ὀσμὴν νομιστέον ὥσπερ καὶ τὴν ἀκοὴν οὐκ ἄν ποτε οὐθὲν πάθος ἐργάσασθαι, εἰ μὴ ὄγκοι τινὲς ἦσαν ἀπὸ τοῦ πράγματος ἀποφερόμενοι σύμμετροι πρὸς τὸ τοῦτο τὸ αἰσθητήριον κινεῖν, οἱ μὲν τοῖοι τεταραγμένως καὶ ἀλλοτρίως, οἱ δὲ τοῖοι ἀταράχως καὶ οἰκείως ἔχοντες.

[54] Por otra parte, los átomos no poseen en realidad ninguna de las cualidades que les son propias a las cosas que podemos ver, excepto la forma, el peso y el tamaño y las propiedades propias de su forma. Pues toda cualidad cambia pero los átomos no cambian, ya que es necesario que algo sólido e indisoluble permanezca cuando se disuelven los cuerpos compuestos, que no produzca cambios hacia lo no-existente ni a partir de ello, pero que a menudo genere cambios ya sea a través de variaciones de posición en los cuerpos compuestos, o en ocasiones a través de sumas y restas [de estos átomos]. De ahí que estas partículas [átomos] sean incorruptibles e inmutables, aun cuando posean su propia masa y configuración distintiva. Éstas deben permanecer.

[55] Porque observamos que cuando se producen cambios de configuración en los cuerpos, la forma que es inherente a éstos no se altera, aun cuando otras cualidades se alteran como consecuencia de la reducción del número de átomos, y desaparecen por completo de los cuerpos. Así pues, las cosas que permanecen tras los cambios son suficientes para dar cuenta de las diferencias en los cuerpos compuestos, ya que es necesario que algo permanezca y no se destruya.

Y tampoco debemos considerar que los átomos tienen todos y cada uno de los tamaños a fin de que los hechos no contradigan tal consideración, pero hay que admitir que en efecto existen variaciones en el tamaño de éstos, porque esto además ayuda a explicar más fácilmente las impresiones y las sensaciones.

[54] Καὶ μὴν καὶ τὰς ἀτόμους νομιστέον μηδεμίαν ποιότητα τῶν φαινομένων προσφέρεσθαι πλὴν σχήματος καὶ βάρους καὶ μεγέθους καὶ ὅσα ἐξ ἀνάγκης σχήματος συμφυῆ ἐστι. ποιότης γὰρ πᾶσα μεταβάλλει· αἱ δὲ ἄτομοι οὐδὲν μεταβάλλουσιν, ἐπειδήπερ δεῖ τι ὑπομένειν ἐν ταῖς διαλύσεσι τῶν συγκρίσεων στερεὸν καὶ ἀδιάλυτον, ὃ τὰς μεταβολὰς οὐκ εἰς τὸ μὴ ὂν ποιήσεται οὐδ' ἐκ τοῦ μὴ ὄντος, ἀλλὰ κατὰ μεταθέσεις ἐν πολλοῖς, τινῶν δὲ καὶ προσόδους καὶ ἀφόδους. ὅθεν ἀναγκαῖον τὰ [μὴ] μετατιθέμενα ἄφθαρτα εἶναι καὶ τὴν τοῦ μεταβάλλοντος φύσιν οὐκ ἔχοντα, ὄγκους δὲ καὶ σχηματισμοὺς ἰδίους· ταῦτα γὰρ καὶ ἀναγκαῖον ὑπομένειν.

[55] Καὶ γὰρ ἐν τοῖς παρ' ἡμῖν μετασχηματιζομένοις κατὰ τὴν περιαίρεσιν τὸ σχῆμα ἐνυπάρχον λαμβάνεται, αἱ δὲ ποιότητες οὐκ ἐνυπάρχουσαι ἐν τῷ μεταβάλλοντι, ὥσπερ ἐκεῖνο καταλείπεται, ἀλλ' ἐξ ὅλου τοῦ σώματος ἀπολλύμεναι. ἱκανὰ οὖν τὰ ὑπολειπόμενα ταῦτα τὰς τῶν συγκρίσεων διαφορὰς ποιεῖν, ἐπειδήπερ ὑπολείπεσθαί γέ τινα ἀναγκαῖον καὶ <μὴ> εἰς τὸ μὴ ὂν φθείρεσθαι.

Ἀλλὰ μὴν οὐδὲ δεῖ νομίζειν πᾶν μέγεθος ἐν ταῖς ἀτόμοις ὑπάρχειν, ἵνα μὴ τὰ φαινόμενα ἀντιμαρτυρῇ· παραλλαγὰς δέ τινας μεγεθῶν νομιστέον εἶναι. βέλτιον γὰρ καὶ τούτου προσόντος τὰ

[56] Por contra, afirmar que hay átomos de todos los tamaños no ayuda a explicar las diferencias de las propiedades de los cuerpos y, además, en ese caso habría átomos lo suficientemente grandes como para ser vistos a simple vista, lo cual ni se ha observado nunca, ni es concebible.

Además, no debemos suponer que hay infinitas partículas en un cuerpo finito, ni de cualquier tamaño, no sea que nos veamos forzados a reducir todo a la nada, y nos veamos obligados a admitir que en una masa compuesta por una multitud de elementos lo existente pueda reducirse a la no-existencia [nada]. Más bien debemos rechazar como imposible el incremento [suma] o la disminución [subdivisión] de la progresión de los cuerpos limitados ad infinitum.

[57] Porque si alguien dijera que un número infinito de partículas –cualquiera que sea su tamaño- caben en un cuerpo finito, sería imposible concebir que tal cuerpo tuviera un tamaño finito. Por un lado, un número infinito de partículas debe tener un cierto tamaño, y además, cualquiera que fuera su tamaño, el agregado resultante sería infinito. Y, por otro, ya que lo que es finito tiene una extremidad que es distinguible, incluso cuando no sea observable, no es posible evitar pensar en otra extremidad próxima a ésta. Tampoco podemos evitar pensar que, de esta manera, procediendo hacia adelante de una a la siguiente, en orden, sea posible imaginar una progresión infinita.

[56] κατὰ τὰ πάθη καὶ τὰς αἰσθήσεις γινόμενα ἀποδοθήσεται. πᾶν δὲ μέγεθος ὑπάρχειν οὔτε χρήσιμόν ἐστι πρὸς τὰς τῶν ποιοτήτων διαφοράς, ἀφῖχθαί τε ἅμ' ἔδει καὶ πρὸς ἡμᾶς ὁρατὰς ἀτόμους· ὃ οὐ θεωρεῖται γινόμενον οὔθ' ὅπως ἂν γένοιτο ὁρατὴ ἄτομος ἔστιν ἐπινοῆσαι.

Πρὸς δὲ τούτοις οὐ δεῖ νομίζειν ἐν τῷ ὡρισμένῳ σώματι ἀπείρους ὄγκους εἶναι οὐδ' ὁπηλίκους οὖν. ὥστε οὐ μόνον τὴν εἰς ἄπειρον τομὴν ἐπὶ τοὔλαττον ἀναιρετέον, ἵνα μὴ πάντα ἀσθενῆ ποιῶμεν κἀν ταῖς περιλήψεσι τῶν ἀθρόων εἰς τὸ μὴ ὂν ἀναγκαζώμεθα τὰ ὄντα θλίβοντες καταναλίσκειν, ἀλλὰ καὶ τὴν μετάβασιν μὴ νομιστέον γίνεσθαι ἐν τοῖς ὡρισμένοις εἰς ἄπειρον μηδ' <ἐπὶ> τοὔλαττον.

[57] Οὔτε γὰρ ὅπως, ἐπειδὰν ἅπαξ τις εἴπῃ ὅτι ἄπειροι ὄγκοι ἔν τινι ὑπάρχουσιν ἢ ὁπηλίκοι οὖν, ἔστι νοῆσαι, πῶς τ' ἂν ἔτι τοῦτο πεπερασμένον εἴη τὸ μέγεθος. πηλίκοι γάρ τινες δῆλον ὡς οἱ ἄπειροί εἰσιν ὄγκοι· καὶ οὗτοι ὁπηλίκοι ἄν ποτε ὦσιν, ἄπειρον ἂν ἦν καὶ τὸ μέγεθος. ἄκρον τε ἔχοντος τοῦ πεπερασμένου διαληπτόν, εἰ μὴ καὶ καθ' ἑαυτὸ θεωρητόν, οὐκ ἔστι μὴ οὐ καὶ τὸ ἑξῆς τούτου τοιοῦτον νοεῖν καὶ οὕτω κατὰ τὸ ἑξῆς εἰς τοὔμπροσθεν βαδίζοντα εἰς τὸ ἄπειρον ὑπάρχειν κατὰ <τὸ> τοιοῦτον ἀφικνεῖσθαι τῇ ἐννοίᾳ.

[58] También es preciso entender que la partícula más diminuta perceptible por los sentidos, ni es absolutamente igual a los objetos que son susceptibles de transformación, ni es absolutamente diferente de ellos, sino que tiene algunas similitudes con las cosas que tienen tamaño, si bien [las partículas mínimas] no tienen partes distintas. Pero cuando en virtud de una ilusión creada por estas semejanzas creamos que podemos distinguir partes distintas en estas partículas mínimas, una parte aquí y otra parte allá, será preciso concluir que son iguales. De hecho, observamos estas partículas mínimas, una tras otra, comenzando por la primera, pero sin ocupar el mismo espacio, ni tampoco como si sus partes entrasen en contacto, sino que es en virtud de su carácter peculiar que podemos medir sus magnitudes: más de ellas en un cuerpo mayor, menos de ellas si el cuerpo medido es menor.

Esta analogía con las cosas sensibles se aplica al átomo, siempre y cuando consideramos que tiene las dimensiones más pequeñas posibles. [59] Evidentemente aunque su pequeñez lo diferencia de todos los objetos sensibles, esta analogía le es aplicable. Pues el hecho de que el átomo posea magnitud lo hemos concluido de esta analogía [con los objetos sensibles], pero incrementando su pequeñez. Y, además, es preciso tener en cuenta que las partículas mínimas y sin partes constituyen el límite mínimo de la longitud, y que por tanto constituyen las unidades de medida de las longitudes grandes o pequeñas, cuando observamos mediante el uso de la razón las cosas invisibles. Y la afinidad que las partículas mínimas del átomo tienen con las partes homogéneas de las cosas sensibles es suficiente para justificar nuestra conclusión en este sentido: si bien no es posible que lleguen a reunirse como órganos, aunque tuviesen movimiento.

[58] Τό τε ἐλάχιστον τὸ ἐν τῇ αἰσθήσει δεῖ κατανοεῖν ὅτι οὔτε τοιοῦτόν ἐστιν οἷον τὸ τὰς μεταβάσεις ἔχον οὔτε πάντη πάντως ἀνόμοιον, ἀλλ' ἔχον μέν τινα κοινότητα τῶν μεταβατῶν, διάληψιν δὲ μερῶν οὐκ ἔχον· ἀλλ' ὅταν διὰ τὴν τῆς κοινότητος προσεμφέρειαν οἰηθῶμεν διαλήψεσθαί τι αὐτοῦ, τὸ μὲν ἐπιτάδε, τὸ δὲ ἐπέκεινα, τὸ ἴσον ἡμῖν δεῖ προσπίπτειν. ἑξῆς τε θεωροῦμεν ταῦτα ἀπὸ τοῦ πρώτου καταρχόμενοι καὶ οὐκ ἐν τῷ αὐτῷ, οὐδὲ μέρεσι μερῶν ἁπτόμενα, ἀλλ' ἢ ἐν τῇ ἰδιότητι τῇ ἑαυτῶν τὰ μεγέθη καταμετροῦντα, τὰ πλείω πλεῖον καὶ τὰ ἐλάττω ἔλαττον.

Ταύτῃ τῇ ἀναλογίᾳ νομιστέον καὶ τὸ ἐν τῇ ἀτόμῳ ἐλάχιστον [59] κεχρῆσθαι·μικρότητι γὰρ ἐκεῖνο δῆλον ὡς διαφέρει τοῦ κατὰ τὴν αἴσθησιν θεωρουμένου, ἀναλογίᾳ δὲ τῇ αὐτῇ κέχρηται. ἐπείπερ καὶ ὅτι μέγεθος ἔχει ἡ ἄτομος κατὰ τὴν ἐνταῦθα ἀναλογίαν κατηγορήσαμεν, μικρόν τι μόνον μακρὰν ἐκβαλόντες. ἔτι τε τὰ ἐλάχιστα καὶ ἀμιγῆ πέρατα δεῖ νομίζειν τῶν μηκῶν τὸ καταμέτρημα ἐξ αὐτῶν πρώτων τοῖς μείζοσι καὶ ἐλάττοσι παρασκευάζοντα τῇ διὰ λόγου θεωρίᾳ ἐπὶ τῶν ἀοράτων. ἡ γὰρ κοινότης ἡ ὑπάρχουσα αὐτοῖς πρὸς τὰ ἀμετάβολα ἱκανὴ τὸ μέχρι τούτου συντελέσαι·συμφόρησιν δὲ ἐκ τούτων κίνησιν ἐχόντων οὐχ οἷόν τε γενέσθαι.

[60] No debemos hablar de "arriba" o "abajo" en el infinito en referencia a una zona más alta o más baja en términos absolutos. Y, a pesar de que se puede proceder hasta el infinito por encima de nuestras cabezas desde donde sea que estemos, nunca alcanzaremos el punto más alto. Tampoco el que descienda por debajo del punto que sea hasta el infinito puede estar simultáneamente infinitamente arriba y abajo del mismo punto, porque tal cosa es inconcebible. Pero es posible observar un desplazamiento en dirección ascendente hacia el infinito, y otro descendente hacia el infinito; incluso si lo que se traslada sobre nuestras cabezas se desplazara incontables veces llegando a los pies de aquéllos por encima de nosotros, o lo que se mueve hacia abajo de nosotros llegase a las cabezas de aquéllos que tenemos por debajo de nosotros. Y es que todo movimiento se concibe como extendiéndose en direcciones opuestas hacia el infinito.

[61] Cuando los átomos se desplazan a través del vacío y no encuentran resistencia, lo hacen a la misma velocidad. Si no encuentran resistencia, ni los átomos pesados se desplazan más rápidamente que los pequeños y ligeros, ni los átomos pequeños se desplazan con mayor rapidez que los grandes, ya que, siempre que no encuentren ningún obstáculo en el camino, todos encuentran pasajes adecuados [a través del vacío] a su tamaño. Tampoco será más rápido el desplazamiento ascendente o lateral, que es debido a las colisiones, ni tampoco su desplazamiento hacia abajo causado por su peso. Mientras el átomo retenga el movimiento, continuará desplazándose a la velocidad del pensamiento, siempre que no exista obstrucción, ya sea debido a una colisión externa o al propio peso de los átomos [el cual afectará a la fuerza resultante del impacto con otro átomo].

[60] Καὶ μὴν καὶ τοῦ ἀπείρου ὡς μὲν ἀνωτάτω καὶ κατωτάτω οὐ δεῖ κατηγορεῖν τὸ ἄνω ἢ κάτω. εἰς μέντοι τὸ ὑπὲρ κεφαλῆς, ὅθεν ἂν στῶμεν, εἰς ἄπειρον ἄγειν ὄν, μηδέποτε φανεῖσθαι τοῦτο ἡμῖν, ἢ τὸ ὑποκάτω τοῦ νοηθέντος εἰς ἄπειρον ἅμα ἄνω τε εἶναι καὶ κάτω πρὸς τὸ αὐτό·τοῦτο γὰρ ἀδύνατον διανοηθῆναι. ὥστε ἔστι μίαν λαβεῖν φορὰν τὴν ἄνω νοουμένην εἰς ἄπειρον καὶ μίαν τὴν κάτω, ἂν καὶ μυριάκις πρὸς τοὺς πόδας τῶν ἐπάνω τὸ παρ' ἡμῶν φερόμενον <εἰς> τοὺς ὑπὲρ κεφαλῆς ἡμῶν τόπους ἀφικνῆται ἢ ἐπὶ τὴν κεφαλὴν τῶν ὑποκάτω τὸ παρ' ἡμῶν κάτω φερόμενον·ἡ γὰρ ὅλη φορὰ οὐθὲν ἧττον ἑκατέρα ἑκατέρᾳ ἀντικειμένη ἐπ' ἄπειρον νοεῖται.

[61] Καὶ μὴν καὶ ἰσοταχεῖς ἀναγκαῖον τὰς ἀτόμους εἶναι, ὅταν διὰ τοῦ κενοῦ εἰσφέρωνται μηθενὸς ἀντικόπτοντος. οὔτε γὰρ τὰ βαρέα θᾶττον οἰσθήσεται τῶν μικρῶν καὶ κούφων, ὅταν γε δὴ μηδὲν ἀπαντᾷ αὐτοῖς·οὔτε τὰ μικρὰ τῶν μεγάλων, πάντα πόρον σύμμετρον ἔχοντα, ὅταν μηθὲν μηδὲ ἐκείνοις ἀντικόπτῃ·οὔθ' ἡ ἄνω οὔθ' ἡ εἰς τὸ πλάγιον διὰ τῶν κρούσεων φορά, οὔθ' ἡ κάτω διὰ τῶν ἰδίων βαρῶν. ἐφ' ὁπόσον γὰρ ἂν κατίσχῃ ἑκάτερον, ἐπὶ τοσοῦτον ἅμα νοήματι τὴν φορὰν σχήσει, ἕως <ἂν> ἀντικόψῃ ἢ ἔξωθεν ἢ ἐκ τοῦ ἰδίου βάρους πρὸς τὴν τοῦ πλήξαντος δύναμιν.

[62] Por otra parte, cuando tratamos de los cuerpos compuestos, unos son más rápidos que otros, aunque sus átomos tengan la misma velocidad. De hecho, el movimiento continuo de un átomo que tiene lugar en un momento indivisible de tiempo, el más breve posible, es igual de rápido [que el del resto de los átomos]. Al mismo tiempo, un átomo no tiene un movimiento continuo en la misma dirección, sino más bien una serie de movimientos oscilantes que dan como resultado, en última instancia, un movimiento continuo perceptible por los sentidos. Por tanto, si supusiéramos en virtud de un razonamiento sobre las cosas invisibles, que en los intervalos de tiempo perceptibles por la razón los átomos tienen un movimiento continuo, nos engañaríamos a nosotros mismos, ya que lo que es concebido por el pensamiento es verdadero únicamente si se percibe directamente [a través de los sentidos].

[63] Es por tanto preciso tener en cuenta nuestras percepciones y nuestros sentimientos para así tener fundamentos más sólidos sobre los que fundamentar nuestras opiniones. Es asimismo preciso reconocer que el alma es un cuerpo compuesto de partículas finas diseminado por todo el organismo, muy semejante a un soplo de aire cálido, parecido en cierto sentido a un soplo y en otro al calor. Pero, hay también una tercera parte que excede a las otras dos por la finura de sus partículas y que de ese modo mantiene un contacto más estrecho con el resto del organismo. Y todo esto lo evidencian las facultades mentales y los sentimientos, la rapidez con la que la mente discierne y los pensamientos, y todas las cosas cuya pérdida provoca la muerte.

[62] Ἀλλὰ μὴν καὶ κατὰ τὰς συγκρίσεις θάττων ἑτέρα ἑτέρας <φο>ρηθήσεται τῶν ἀτόμων ἰσοταχῶν οὐσῶν, τῷ ἐφ' ἕνα τόπον φέρεσθαι τὰς ἐν τοῖς ἀθροίσμασιν ἀτόμους καὶ κατὰ τὸν ἐλάχιστον συνεχῆ χρόνον, εἰ <καὶ> μὴ ἐφ' ἕνα κατὰ τοὺς λόγῳ θεωρητοὺς χρόνους· ἀλλὰ πυκνὸν ἀντικόπτουσιν, ἕως ἂν ὑπὸ τὴν αἴσθησιν τὸ συνεχὲς τῆς φορᾶς γίνηται. τὸ γὰρ προσδοξαζόμενον περὶ τοῦ ἀοράτου, ὡς ἄρα καὶ οἱ διὰ λόγου θεωρητοὶ χρόνοι τὸ συνεχὲς τῆς φορᾶς ἕξουσιν, οὐκ ἀληθές ἐστιν ἐπὶ τῶν τοιούτων· ἐπεὶ τό γε θεωρούμενον πᾶν ἢ κατ' ἐπιβολὴν λαμβανόμενον τῇ διανοίᾳ ἀληθές ἐστιν.

[63] Μετὰ δὲ ταῦτα δεῖ συνορᾶν ἀναφέροντα ἐπὶ τὰς αἰσθήσεις καὶ τὰ πάθη-οὕτω γὰρ ἡ βεβαιοτάτη πίστις ἔσται-ὅτι ἡ ψυχὴ σῶμά ἐστι λεπτομερὲς παρ' ὅλον τὸ ἄθροισμα παρεσπαρμένον, προσεμφερέστατον δὲ πνεύματι θερμοῦ τινα κρᾶσιν ἔχοντι καὶ πῇ μὲν τούτῳ προσεμφερές, πῇ δὲ τούτῳ· ἔστι δὲ τὸ <τρίτον> μέρος πολλὴν παραλλαγὴν εἰληφὸς τῇ λεπτομερείᾳ καὶ αὐτῶν τούτων, συμπαθὲς δὲ τούτῳ μᾶλλον καὶ τῷ λοιπῷ ἀθροίσματι· τοῦτο δὲ πᾶν αἱ δυνάμεις τῆς ψυχῆς δηλοῦσι καὶ τὰ πάθη καὶ αἱ εὐκινησίαι καὶ αἱ διανοήσεις καὶ ὧν στερόμενοι θνήσκομεν. καὶ μὴν καὶ ὅτι ἔχει ἡ ψυχὴ τῆς αἰσθήσεως τὴν πλείστην αἰτίαν δεῖ

[64] Además, es preciso considerar que es en virtud del alma que sentimos. Pese a ello, no tendríamos sensaciones si el alma no estuviera confinada en el organismo. Pero éste, a pesar de proporcionar esta condición indispensable al alma, participa asimismo de esa capacidad sensitiva del alma, y sin embargo no posee todas las cualidades de aquélla. De ahí que cuando el alma abandona el cuerpo éste pierda la capacidad de sentir, ya que el cuerpo no tiene ese poder en sí mismo, sino que es alguna otra cosa, congénita al cuerpo, la que se lo proporciona. Es a través de la potencialidad que posee el cuerpo que el alma, por medio del movimiento, aporta al cuerpo la cualidad de la sensibilidad, en virtud de la proximidad y de la interconexión entre ellos.

[65] Por lo tanto, siempre y cuando el alma está en el cuerpo, éste no pierde la capacidad de sentir, aunque pierda alguna parte. El organismo que retiene el alma puede ser dislocado en parte o en su totalidad, y partes del alma pueden por lo tanto perderse; sin embargo, a pesar de esto, el alma retendrá la capacidad de sentir. Pero el resto del organismo, ya sea que permanezca en su totalidad o parcialmente destruido, no tendrá la capacidad de sentir una vez que los átomos que constituyen la naturaleza del alma se hayan ido, sea cual sea su número. Por otra parte, cuando se disuelve el organismo, el alma se dispersa y ya no tiene las mismas facultades que tenía antes, ni los mismos movimientos, por lo que no poseerá la capacidad de sentir.

[64] κατέχειν·οὐ μὴν εἰλήφει ἂν ταύτην, εἰ μὴ ὑπὸ τοῦ λοιποῦ ἀθροίσματος ἐστεγάζετό πως. τὸ δὲ λοιπὸν ἄθροισμα παρασκευάσαν ἐκείνῃ τὴν αἰτίαν ταύτην μετείληφε καὶ αὐτὸ τοιούτου συμπτώματος παρ' ἐκείνης, οὐ μέντοι πάντων ὧν ἐκείνη κέκτηται·διὸ ἀπαλλαγείσης τῆς ψυχῆς οὐκ ἔχει τὴν αἴσθησιν. οὐ γὰρ αὐτὸ ἐν ἑαυτῷ ταύτην ἐκέκτητο τὴν δύναμιν, ἀλλ' ἕτερον ἅμα συγγεγενημένον αὐτῷ παρεσκεύαζεν, ὃ διὰ τῆς συντελεσθείσης περὶ αὐτὸ δυνάμεως κατὰ τὴν κίνησιν σύμπτωμα αἰσθητικὸν εὐθὺς ἀποτελοῦν ἑαυτῷ ἀπεδίδου κατὰ τὴν ὁμούρησιν καὶ συμπάθειαν καὶ ἐκείνῳ, καθάπερ εἶπον.

[65] Διὸ δὴ καὶ ἐνυπάρχουσα ἡ ψυχὴ οὐδέποτε ἄλλου τινὸς μέρους ἀπηλλαγμένου ἀναισθητεῖ· ἀλλ' ἃ ἂν καὶ ταύτης ξυναπόληται τοῦ στεγάζοντος λυθέντος εἴθ' ὅλου εἴτε καὶ μέρους τινός, ἐάνπερ διαμένῃ, ἕξει τὴν αἴσθησιν. τὸ δὲ λοιπὸν ἄθροισμα διαμένον καὶ ὅλον καὶ κατὰ μέρος οὐκ ἔχει τὴν αἴσθησιν ἐκείνου ἀπηλλαγμένου, ὅσον ποτέ ἐστι τὸ συντεῖνον τῶν ἀτόμων πλῆθος εἰς τὴν τῆς ψυχῆς φύσιν. καὶ μὴν καὶ διαλυομένου τοῦ ὅλου ἀθροίσματος ἡ ψυχὴ διασπείρεται καὶ οὐκέτι ἔχει τὰς αὐτὰς δυνάμεις οὐδὲ κινεῖται, ὥστε οὐδ' αἴσθησιν κέκτηται.

[66] Porque no podemos pensar en el alma como un algo sensible si no es [incluida] en este conjunto compuesto [el cuerpo] y cuando se sirve de estos movimientos. Tampoco podemos pensar que el organismo siente cuando las envolturas que lo encierran y lo rodean ya no son las mismas que aquéllas en las que el alma ahora se encuentra y en las cuales lleva a cabo sus movimientos. [*Dice Epicuro en otra parte que el alma está compuesta de los átomos más lisos y redondos, muy superiores en ambos aspectos a los del fuego; que parte de ella es irracional, la cual se dispersa por el resto del organismo, mientras que la parte racional reside en el pecho, como se pone de manifiesto cuando sentimos nuestros miedos y nuestras alegrías; que el sueño se produce cuando las partes del alma que han sido esparcidas por todo el organismo compuesto se concentran o, cuando se dispersan y chocan entre sí. El semen emana de la totalidad del cuerpo*].

[67] Y es asimismo preciso considerar qué es lo incorpóreo, esto es, si de acuerdo con el uso habitual del término se debe aplicar a lo que puede concebirse como existente por sí mismo. Pero es imposible concebir cualquier cosa que sea incorpórea como existente, excepto el espacio vacío. Y el espacio vacío ni puede por sí mismo actuar sobre algo, ni nada puede actuar sobre él, sino que simplemente permite que los cuerpos sólidos se desplacen a través de él. Por tanto, hablan tontamente aquéllos que dicen que el alma es incorpórea, porque si así fuera, no podría actuar ni padecer. Y ya hemos expresado claramente que el alma participa de estos accidentes.

[66] Οὐ γὰρ οἷόν τε νοεῖν αὐτὸ αἰσθανόμενον μὴ ἐν τούτῳ τῷ συστήματι καὶ ταῖς κινήσεσι ταύταις χρώμενον, ὅταν τὰ στεγάζοντα καὶ περιέχοντα μὴ τοιαῦτα ᾖ, ἐν οἷς νῦν οὖσα ἔχει ταύτας τὰς κινήσεις. λέγει ἐν ἄλλοις καὶ ἐξ ἀτόμων αὐτὴν συγκεῖσθαι λειοτάτων καὶ στρογγυλωτάτων, πολλῷ τινι διαφερουσῶν τῶν τοῦ πυρός·καὶ τὸ μέν τι ἄλογον αὐτῆς, ὃ τῷ λοιπῷ παρεσπάρθαι σώματι· τὸ δὲ λογικὸν ἐν τῷ θώρακι, ὡς δῆλον ἔκ τε τῶν φόβων καὶ τῆς χαρᾶς. ὕπνον τε γίνεσθαι τῶν τῆς ψυχῆς μερῶν τῶν παρ' ὅλην τὴν σύγκρισιν παρεσπαρμένων ἐγκατεχομένων ἢ διαφορουμένων, εἶτα συμπιπτόντων τοῖς ἐπερεισμοῖς. τό τε σπέρμα ἀφ' ὅλων τῶν σωμάτων φέρεσθαι.

[67] Ἀλλὰ μὴν καὶ τόδε γε δεῖ προσκατανοεῖν, ὅ τι τὸ ἀσώματον λέγομεν κατὰ τὴν πλείστην ὁμιλίαν τοῦ ὀνόματος ἐπὶ τοῦ καθ' ἑαυτὸ νοηθέντος ἄν·καθ' ἑαυτὸ δὲ οὐκ ἔστι νοῆσαι τὸ ἀσώματον πλὴν τοῦ κενοῦ. τὸ δὲ κενὸν οὔτε ποιῆσαι οὔτε παθεῖν δύναται, ἀλλὰ κίνησιν μόνον δι' ἑαυτοῦ τοῖς σώμασι παρέχεται. ὥστε οἱ λέγοντες ἀσώματον εἶναι τὴν ψυχὴν ματαΐζουσιν. οὐθὲν γὰρ ἂν ἐδύνατο ποιεῖν οὔτε πάσχειν, εἰ ἦν τοιαύτη·νῦν δ' ἐναργῶς ἀμφότερα ταῦτα διαλαμβάνεται περὶ τὴν ψυχὴν τὰ συμπτώματα.

[68] Ciertamente, si traemos a colación todos estos argumentos relativos al alma y los aplicamos en lo que respecta a nuestros sentimientos y percepciones, concluiremos que los hemos tratado adecuadamente, lo cual nos permitirá explicar estas cuestiones en detalle y con precisión.

Por otra parte, las formas y los colores, las magnitudes y los pesos, y todas aquellas cualidades que se atribuyen a los cuerpos, y que consideramos son propiedades de éstos, ya sea de todos los cuerpos ya de los cuerpos visibles, y que son apreciables por los sentidos, no debe suponerse que existen de forma independiente (porque esto es inconcebible).

[69] Tampoco son inexistentes, ni entidades incorpóreas que se escinden de los cuerpos, ni tampoco partes del cuerpo. Debemos considerar por contra que todo el cuerpo tiene su naturaleza permanente a partir de todas estas cualidades. Pero tales cuerpos no se han formado a partir de la agregación de estas cualidades como cuando un cuerpo compuesto se compone a partir de las partículas elementales [átomos] o de partículas de menor magnitud que las del cuerpo compuesto. Todas estas cualidades, repito, tan sólo le dan al cuerpo su naturaleza permanente. Todas ellas tienen sus propias características y son percibidas y se distinguen de forma particular, pero siempre junto con el cuerpo al cual le son inherentes y nunca separadas de él. Y es en virtud de esta concepción integral del cuerpo como éste es concebido.

[68] Ταῦτα οὖν πάντα τὰ διαλογίσματα <τὰ> περὶ ψυχῆς ἀνάγων τις ἐπὶ τὰ πάθη καὶ τὰς αἰσθήσεις, μνημονεύων τῶν ἐν ἀρχῇ ῥηθέντων, ἱκανῶς κατόψεται τοῖς τύποις ἐμπεριειλημμένα εἰς τὸ κατὰ μέρος ἀπὸ τούτων ἐξακριβοῦσθαι βεβαίως.

Ἀλλὰ μὴν καὶ τὰ σχήματα καὶ τὰ χρώματα καὶ τὰ μεγέθη καὶ τὰ βάρη καὶ ὅσα ἄλλα κατηγορεῖται σώματος ὡσανεὶ συμβεβηκότα ἢ πᾶσιν ἢ τοῖς ὁρατοῖς καὶ κατὰ τὴν αἴσθησιν αὐτὴν γνωστά, οὔθ' ὡς καθ' ἑαυτάς εἰσι φύσεις δοξαστέον - οὐ γὰρ [69] δυνατὸν ἐπινοῆσαι τοῦτο - οὔτε ὅλως ὡς οὐκ εἰσίν, οὔθ' ὡς ἕτερ' ἄττα προσυπάρχοντα τούτῳ ἀσώματα, οὔθ' ὡς μόρια τούτου ἀλλ' ὡς τὸ ὅλον σῶμα καθόλου μὲν <ἐκ> τούτων πάντων τὴν ἑαυτοῦ φύσιν ἔχον ἀΐδιον, οὐχ οἷον δὲ εἶναι συμπεφορημένον ὥσπερ ὅταν ἐξ αὐτῶν τῶν ὄγκων μεῖζον ἄθροισμα συστῇ ἤτοι τῶν πρώτων ἢ τῶν τοῦ ὅλου μεγεθῶν τοῦδέ τινος ἐλαττόνων, - ἀλλὰ μόνον, ὡς λέγω, ἐκ τούτων ἁπάντων τὴν ἑαυτοῦ φύσιν ἔχον ἀΐδιον. καὶ ἐπιβολὰς μὲν ἔχοντα ἰδίας πάντα ταῦτά ἐστι καὶ διαλήψεις, συμπαρακολουθοῦντος δὲ τοῦ ἀθρόου καὶ οὐθαμῇ ἀποσχιζομένου, ἀλλὰ κατὰ τὴν ἀθρόαν ἔννοιαν τοῦ σώματος κατηγορίαν εἰληφότος.

[70] Sobre todo esto, las cualidades a menudo acompañan accidentalmente a los cuerpos sin serles concomitantes o permanentes, pero ni son entidades invisibles ni tampoco incorpóreas. Por tanto, sirviéndonos del término en boga de "accidentes", debemos considerar que estos "accidentes" no tienen la naturaleza del todo al que pertenecen que, concebido mentalmente como una unidad, llamamos cuerpo, ni el de las propiedades concomitantes y permanentes, sin las cuales el cuerpo no puede ser concebido.

Pero es sólo en virtud de ciertos actos de aprehensión [71] y, siempre y cuando el cuerpo sea un agregado coherente, que pueden estas características recibir el nombre de cualidades, y sólo en aquellas ocasiones en las que se manifiestan, ya que los accidentes no son cualidades permanentes. No hay necesidad de negar la evidencia de que los accidentes no tienen la naturaleza del todo al que llamamos cuerpo y al que pertenecen, ni que las propiedades permanentes acompañan al conjunto. Tampoco hemos de suponer que el accidente tiene existencia independiente (porque esto es tan inconcebible en el caso de los accidentes como en el de las propiedades permanentes). Por contra, tal como se manifiestan, estas cualidades deben ser consideradas accidentes, no como inherentes y permanentes a los cuerpos, ni tampoco como teniendo el rango de existencias independientes. Más bien, es preciso observarlas tal como nuestras sensaciones nos las muestran.

[70] Καὶ μὴν καὶ τοῖς σώμασι συμπίπτει πολλάκις καὶ οὐκ ἀίδιον παρακολουθεῖν οὔτ' ἐν τοῖς ἀοράτοις καὶ οὔτε ἀσώματα. ὥστε δὴ κατὰ τὴν πλείστην φορὰν τούτῳ τῷ ὀνόματι χρώμενοι φανερὰ ποιοῦμεν τὰ συμπτώματα οὔτε τὴν τοῦ ὅλου φύσιν ἔχειν, ὃ συλλαβόντες κατὰ τὸ ἀθρόον σῶμα προσαγορεύομεν, οὔτε τὴν τῶν ἀίδιον παρακολουθούντων ὧν ἄνευ σῶμα οὐ δυνατὸν νοεῖσθαι. κατ' ἐπιβολὰς δ' ἄν τινας παρακολουθοῦντος τοῦ ἀθρόου ἕκαστα [71] προσαγορευθείη, ἀλλ' ὅτε δήποτε ἕκαστα συμβαίνοντα θεωρεῖται, οὐκ ἀίδιον τῶν συμπτωμάτων παρακολουθούντων. καὶ οὐκ ἐξελατέον ἐκ τοῦ ὄντος ταύτην τὴν ἐνάργειαν, ὅτι οὐκ ἔχει τὴν τοῦ ὅλου φύσιν ᾧ συμβαίνει ὃ δὴ καὶ σῶμα προσαγορεύομεν, οὐδὲ τὴν τῶν ἀίδιον παρακολουθούντων, οὐδ' αὖ καθ' αὑτὰ νομιστέον-οὐδὲ γὰρ τοῦτο διανοητὸν οὔτ' ἐπὶ τούτων οὔτ' ἐπὶ τῶν ἀίδιον συμβεβηκότων-, ἀλλ', ὅπερ καὶ φαίνεται, συμπτώματα πάντα <κατὰ> τὰ σώματα νομιστέον, καὶ οὐκ ἀίδιον παρακολουθοῦντα οὐδ' αὖ φύσεως καθ' ἑαυτὰ τάγμα ἔχοντα, ἀλλ' ὃν τρόπον αὐτὴ ἡ αἴσθησις τὴν ἰδιότητα ποιεῖ, θεωρεῖται.

[72] Además, es preciso considerar otra cuestión serenamente. No hay que estudiar el tiempo como lo hacemos con los demás accidentes que observamos en un cuerpo, esto es, haciendo referencia a ideas preconcebidas [imágenes] en nuestra mente, sino que hay que investigar el hecho claro y distinto en virtud del cual hablamos de mucho o poco tiempo, en relación con este atributo de "duración". No necesitamos adoptar términos nuevos, sino que es preferible hacer uso de las expresiones habituales acerca del tiempo. Tampoco necesitamos atribuir nuevos atributos al tiempo, como si tuvieran la misma esencia que tiene el concepto "tiempo" (pues algunos hacen esto). Es suficiente razonar sobre los ingredientes que integran esto que llamamos "tiempo" y sobre cómo se mide.

[73] Ninguna otra prueba es necesaria: tan sólo debemos reflexionar que asignamos el atributo de tiempo a los días y a las noches, y a las partes de que éstos están compuestos, y del mismo modo a los sentimientos de placer y de dolor y a los estados neutrales, a los estados de movimiento y a los estados de reposo, ya que concebimos este peculiar accidente asociado a estos casos cuando utilizamos la palabra "tiempo". [*Epicuro dice esto mismo tanto en el segundo libro Sobre la naturaleza como en el Epítome grande*].

Después de lo ya dicho, es preciso considerar que tanto los mundos como todos los cuerpos compuestos finitos que tienen un gran parecido con las cosas que comúnmente vemos han surgido del infinito después de haberse separado todos ellos, cuerpos grandes o pequeños, de conglomerados atómicos particulares.

[72] Καὶ μὴν καὶ τόδε γε δεῖ προσκατανοῆσαι σφοδρῶς· τὸν γὰρ δὴ χρόνον οὐ ζητητέον ὥσπερ καὶ τὰ λοιπά, ὅσα ἐν ὑποκειμένῳ ζητοῦμεν ἀνάγοντες ἐπὶ τὰς βλεπομένας παρ' ἡμῖν αὐτοῖς προλήψεις, ἀλλ' αὐτὸ τὸ ἐνάργημα, καθ' ὃ τὸν πολὺν ἢ ὀλίγον χρόνον ἀναφωνοῦμεν, συγγενικῶς τοῦτο περιφέροντες, ἀναλογιστέον. καὶ οὔτε διαλέκτους ὡς βελτίους μεταληπτέον, ἀλλ' αὐταῖς ταῖς ὑπαρχούσαις κατ' αὐτοῦ χρηστέον, οὔτε ἄλλο τι κατ' αὐτοῦ κατηγορητέον ὡς τὴν αὐτὴν οὐσίαν ἔχοντος τῷ ἰδιώματι τούτῳ - καὶ γὰρ τοῦτο ποιοῦσί τινες -, ἀλλὰ μόνον ᾧ συμπλέκομεν τὸ [73] ἴδιον τοῦτο καὶ παραμετροῦμεν, μάλιστα ἐπιλογιστέον. καὶ γὰρ τοῦτο οὐκ ἀποδείξεως προσδεῖται ἀλλ' ἐπιλογισμοῦ, ὅτι ταῖς ἡμέραις καὶ ταῖς νυξὶ συμπλέκομεν καὶ τοῖς τούτων μέρεσιν, ὡσαύτως δὲ καὶ τοῖς πάθεσι καὶ ταῖς ἀπαθείαις, καὶ κινήσεσι καὶ στάσεσιν, ἴδιόν τι σύμπτωμα περὶ ταῦτα πάλιν αὐτὸ τοῦτο ἐννοοῦντες, καθ' ὃ χρόνον ὀνομάζομεν. φησὶ δὲ τοῦτο καὶ ἐν τῇ δευτέρᾳ Περὶ φύσεως καὶ ἐν τῇ Μεγάλῃ ἐπιτομῇ.

Ἐπί τε τοῖς προειρημένοις τοὺς κόσμους δεῖ καὶ πᾶσαν σύγκρισιν πεπερασμένην τὸ ὁμοειδὲς τοῖς θεωρουμένοις πυκνῶς ἔχουσαν νομίζειν γεγονέναι ἀπὸ τοῦ ἀπείρου, πάντων τούτων ἐκ συστροφῶν ἰδίων ἀποκεκριμένων καὶ μειζόνων καὶ ἐλαττόνων· καὶ πάλιν διαλύεσθαι πάντα,

Y todos los cuerpos compuestos se disuelven de nuevo, algunos más rápido y otros más lentamente, algunos a través de la acción de un conjunto de causas y, otros a través de la acción de otras causas. [*Asimismo, Epicuro afirma en el libro Sobre la naturaleza que los mundos son perecederos, ya que sus partes están sujetas a cambios. En otra parte dice que la tierra está suspendida en el aire*]. Y asimismo es preciso considerar que los mundos no tienen una única configuración. [74] Y, además, no hay que suponer que los mundos tienen necesariamente una única forma, ni todos ellos la misma forma. [*Por el contrario, en el duodécimo libro de Sobre la naturaleza Epicuro dice que las formas de los mundos son diferentes, unos son esféricos, otros ovalados, otros sin embargo de formas diferentes a éstos. Sin embargo, no todos admiten cualquier forma. Tampoco los seres vivos proceden del infinito*].

Y es preciso comprender que no todos los mundos poseen necesariamente la misma configuración, ya que nadie puede demostrar que mientras en un mundo dado sea posible encontrar las semillas de las que los animales, las plantas y el resto de las cosas que vemos surgieron, en otro mundo no sea posible. [*Y lo mismo vale para explicar el desarrollo de la vida en un mundo después de que ésta haya surgido. Y también debemos pensar que todo esto es lo que sucede en la tierra*].

[75] Debemos suponer además que la naturaleza fue instruida y obligada a aprender muchas lecciones diferentes por los hechos, y que posteriormente la razón ha desarrollado en detalle todo lo que le fue transmitido por estos hechos descubriendo de este modo nuevas cosas, en algunos sitios [unas civilizaciones lo han hecho] con mayor rapidez que en otros y, en ciertos momentos [de la historia] se han materializado mayores avances que en otros.

τὰ μὲν θᾶττον, τὰ δὲ βραδύτερον, καὶ τὰ μὲν ὑπὸ τῶν τοιῶνδε, τὰ δὲ ὑπὸ τῶν τοιῶνδε τοῦτο πάσχοντα. δῆλον οὖν ὡς καὶ φθαρτούς φησι τοὺς κόσμους, μεταβαλλόντων τῶν μερῶν. καὶ ἐν ἄλλοις τὴν γῆν τῷ ἀέρι ἐποχεῖσθαι.

[74] Ἔτι δὲ καὶ τοὺς κόσμους οὔτε ἐξ ἀνάγκης δεῖ νομίζειν ἕνα σχηματισμὸν ἔχοντας *** ἀλλὰ καὶ διαφόρους αὐτοὺς ἐν τῇ ιβ' Περὶ <φύσεως> αὐτός φησιν·οὓς μὲν γὰρ σφαιροειδεῖς, καὶ ᾠοειδεῖς ἄλλους, καὶ ἀλλοιοσχήμονας ἑτέρους·οὐ μέντοι πᾶν σχῆμα ἔχειν. οὐδὲ ζῷα εἶναι ἀποκριθέντα ἀπὸ τοῦ ἀπείρου. οὐδὲ γὰρ ἂν ἀποδείξειεν οὐδεὶς ὡς <ἐν> μὲν τῷ τοιούτῳ καὶ οὐκ ἂν ἐμπεριελήφθη τὰ τοιαῦτα σπέρματα, ἐξ ὧν ζῷά τε καὶ φυτὰ καὶ τὰ λοιπὰ πάντα <τὰ> θεωρομενα συνίσταται, ἐν δὲ τῷ τοιούτῳ οὐκ ἂν ἐδυνήθη. ὡσαύτως δὲ καὶ ἐντραφῆναι. τὸν αὐτὸν δὲ τρόπον καὶ ἐπὶ γῆς νομιστέον. οὐδὲ ζῷα εἶναι ἀποκριθέντα ἀπὸ τοῦ ἀπείρου. οὐδὲ γὰρ ἂν ἀποδείξειεν οὐδεὶς ὡς <ἐν> μὲν τῷ τοιούτῳ καὶ οὐκ ἂν ἐμπεριελήφθη τὰ τοιαῦτα σπέρματα, ἐξ ὧν ζῷά τε καὶ φυτὰ καὶ τὰ λοιπὰ πάντα <τὰ> θεωρομενα συνίσταται, ἐν δὲ τῷ τοιούτῳ οὐκ ἂν ἐδυνήθη. ὡσαύτως δὲ καὶ ἐντραφῆναι. τὸν αὐτὸν δὲ τρόπον καὶ ἐπὶ γῆς νομιστέον.

[75] Ἀλλὰ μὴν ὑποληπτέον καὶ τὴν φύσιν πολλὰ καὶ παντοῖα ὑπὸ αὐτῶν τῶν πραγμάτων διδαχθῆναί τε καὶ ἀναγκασθῆναι·τὸν δὲ λογισμὸν τὰ ὑπὸ ταύτης παρεγγυηθέντα ὕστερον ἐπακριβοῦν καὶ προσεξευρίσκειν ἐν μὲν τισὶ θᾶττον, ἐν δὲ τισὶ βραδύτερον καὶ ἐν μὲν τισὶ περιόδοις καὶ χρόνοις [ἀπὸ τῶν ἀπὸ τοῦ ἀπείρου] <μείζους λαμβάνειν ἐπιδόσεις>, ἐν δὲ τισὶ καὶ ἐλάττους.

[183]

De ahí deducimos que incluso los nombres de las cosas no surgieron originalmente por convención, sino que los hombres padecieron pasiones particulares y aprendieron imágenes concretas a través de los sentidos según sus culturas. El aire así emitido fue moldeado en virtud de sus imágenes y pasiones de manera diferente, dando lugar de este modo a diferentes lenguajes en las diferentes regiones que estos pueblos habitaron.

[76] Los pueblos normalizaron las particularidades del lenguaje de común acuerdo a fin de que la comunicación entre las personas resultase menos ambigua y fuese más concisa. Y en cuanto a las cosas que no se ven, cuando aquellas personas que repararon en ellas trataron de poner en circulación nuevas palabras para hacer referencia a las mismas, algunas veces se vieron obligados de forma instintiva a pronunciarlas de una manera determinada [por analogía], y en otras ocasiones seleccionaron los sonidos racionalmente, en virtud de causas más generales.

No es preciso suponer que los fenómenos celestes, las revoluciones, los solsticios, los eclipses, las salidas y puestas de sol y otros sucesos similares, se generaron en virtud de la orden de alguien que lo ajusta ahora o lo ajustó en su día, y que disfruta a un mismo tiempo de vida inmortal y de infinita felicidad. [77] Pues los problemas, la inquietud, la ira y la alegría no están en consonancia con la felicidad, sino que por contra tales cosas se generan por la debilidad, el miedo y la dependencia con respecto de los demás.

Ὅθεν καὶ τὰ ὀνόματα ἐξ ἀρχῆς μὴ θέσει γενέσθαι, ἀλλ'
αὐτὰς τὰς φύσεις τῶν ἀνθρώπων καθ' ἕκαστα ἔθνη ἴδια
πάσχουσας πάθη καὶ ἴδια λαμβανούσας φαντάσματα ἰδίως
τὸν ἀέρα ἐκπέμπειν στελλόμενον ὑφ' ἑκάστων τῶν παθῶν
καὶ τῶν φαντασμάτων, ὡς ἄν ποτε καὶ ἡ παρὰ τοὺς τόπους
τῶν ἐθνῶν διαφορὰ ᾖ· [76] ὕστερον δὲ κοινῶς καθ' ἕκαστα
ἔθνη τὰ ἴδια τεθῆναι πρὸς τὸ τὰς δηλώσεις ἧττον
ἀμφιβόλους γενέσθαι ἀλλήλοις καὶ συντομωτέρως
δηλουμένας· τινὰ δὲ καὶ οὐ συνορώμενα πράγματα
εἰσφέροντας τοὺς συνειδότας παρεγγυῆσαί τινας φθόγγους
τοὺς ἀναγκασθέντας ἀναφωνῆσαι, τοὺς δὲ τῷ λογισμῷ
ἑλομένους κατὰ τὴν πλείστην αἰτίαν οὕτως ἑρμηνεῦσαι.

Καὶ μὴν ἐν τοῖς μετεώροις φορὰν καὶ τροπὴν καὶ ἔκλειψιν
καὶ ἀνατολὴν καὶ δύσιν καὶ τὰ σύστοιχα τούτοις μήτε
λειτουργοῦντός τινος νομίζειν δεῖ γενέσθαι καὶ διατάττοντος
ἢ διατάξοντος καὶ ἅμα τὴν πᾶσαν μακαριότητα ἔχοντος
μετὰ ἀφθαρσίας [77] (οὐ γὰρ συμφωνοῦσιν πραγματεῖαι καὶ
φροντίδες καὶ ὀργαὶ καὶ χάριτες μακαριότητι, ἀλλ' ἐν
ἀσθενείᾳ καὶ φόβῳ καὶ προσδεήσει τῶν πλησίον ταῦτα
γίνεται),

Tampoco es preciso suponer que tales objetos celestes, que no son más que masas de fuego, puedan al mismo tiempo estar dotados de dicha, y controlar tales movimientos a su antojo. Antes bien, debemos preservar la solemnidad que poseen las palabras que utilizamos cuando nos referimos a los dioses, no sea que dichos términos generen opiniones inconsistentes con la majestuosidad de aquéllos. De no ser así, esa inconsistencia generará una gran inquietud en nuestras mentes. Por lo tanto, es preciso suponer que los ciclos regulares de los cuerpos celestes han ocurrido de forma necesaria [en virtud de una ley física] desde el comienzo [de los tiempos] debido a la interceptación de dichos conglomerados de átomos en el origen del mundo.

[78] Además, debemos considerar que es tarea de las ciencias naturales precisar las causas de las cosas principales, y que la felicidad depende de ello, a saber, de saber en qué consisten los fenómenos celestes y, en definitiva, de tener un conocimiento exacto de los hechos.

Tampoco existe una pluralidad de causas en tales fenómenos, ni es posible que ocurran de manera diferente a como ocurren. Y debemos concluir que nada que genere conflicto o inquietud es compatible con una naturaleza inmortal y bienaventurada. Y si reflexionamos es posible comprender este hecho cabalmente.

μήτε αὖ πῦρ ἅμα ὄντα συνεστραμμένον τὴν μακαριότητα κεκτημένα κατὰ βούλησιν τὰς κινήσεις ταύτας λαμβάνειν· ἀλλὰ πᾶν τὸ σέμνωμα τηρεῖν, κατὰ πάντα ὀνόματα φερόμενα ἐπὶ τὰς τοιαύτας ἐννοίας, ἵνα μηδ' ὑπεναντίαι ἐξ αὐτῶν <γένωνται> τῷ σεμνώματι δόξαι· εἰ δὲ μή, τὸν μέγιστον τάραχον ἐν ταῖς ψυχαῖς αὐτὴ ἡ ὑπεναντιότης παρασκευάσει. ὅθεν δὴ κατὰ τὰς ἐξ ἀρχῆς ἐναπολήψεις τῶν συστροφῶν τούτων ἐν τῇ τοῦ κόσμου γενέσει δεῖ δοξάζειν καὶ τὴν ἀνάγκην ταύτην καὶ περίοδον συντελεῖσθαι.

[78] Καὶ μὴν καὶ <τὸ> τὴν ὑπὲρ τῶν κυριωτάτων αἰτίαν ἐξακριβῶσαι φυσιολογίας ἔργον εἶναι δεῖ νομίζειν, καὶ τὸ μακάριον ἐν τῇ περὶ μετεώρων γνώσει ἐνταῦθα πεπτωκέναι καὶ ἐν τῷ τίνες φύσεις αἱ θεωρούμεναι κατὰ τὰ μετέωρα ταυτί, καὶ ὅσα συγγενῆ πρὸς τὴν εἰς τοῦτο ἀκρίβειαν.

Ἔτι τε οὐ τὸ πλεοναχῶς ἐν τοῖς τοιούτοις εἶναι καὶ τὸ ἐνδεχόμενον καὶ ἄλλως πως ἔχειν, ἀλλ' ἁπλῶς μὴ εἶναι ἐν ἀφθάρτῳ καὶ μακαρίᾳ φύσει τῶν διάκρισιν ὑποβαλλόντων ἢ τάραχον μηθέν· καὶ τοῦτο καταλαβεῖν τῇ διανοίᾳ ἔστιν ἁπλῶς εἶναι.

[79] Sin embargo, no hay nada en el conocimiento de las salidas y puestas de sol, de los solsticios, de los eclipses y de los demás temas relacionados con éstos que contribuya a nuestra felicidad, sino que, por contra, los que están bien informados sobre estas cuestiones y, sin embargo desconocen su verdadera naturaleza, y cuáles son las causas que causan estos fenómenos, sienten el mismo miedo que aquéllos que nunca las han visto, o incluso más, ya que el no poder encontrar una explicación a estos fenómenos genera miedo y estupor.

Por tanto, aun cuando descubramos más de una causa que pueda explicar los solsticios, las salidas y puestas de sol, los eclipses y de otros similares fenómenos, tal como explicamos otros asuntos particulares de detalle, [80] no debemos suponer que no es preciso estudiarlos. Todo lo contrario, [debemos considerar que] es necesario estudiar [las causas de los fenómenos físicos] para garantizar nuestra tranquilidad [ataraxia] y nuestra felicidad.

De modo que cuando estudiamos los fenómenos celestes y atmosféricos, así como todo lo que nos es desconocido, es preciso tener en cuenta la variedad de causas que pueden explicar los sucesos análogos que ocurren según nuestra experiencia. Y es preciso despreciar a aquellas personas que no diferencian entre lo que es o se produce a partir de una sola causa, de lo que puede ser producto de varias causas, ya que estas personas pasan por alto el hecho de que las imagen que tenemos de los objetos sólo se perciben a distancia y, por lo demás, no conocen las condiciones que permiten o impiden la paz de la mente.

[79] Τὸ δ' ἐν τῇ ἱστορίᾳ πεπτωκός, τῆς δύσεως καὶ ἀνατολῆς καὶ τροπῆς καὶ ἐκλείψεως καὶ ὅσα συγγενῆ τούτοις μηθὲν ἔτι πρὸς τὸ μακάριον τῆς γνώσεως συντείνειν, ἀλλ' ὁμοίως τοὺς φόβους ἔχειν τοὺς ταῦτα κατειδότας, τίνες δ' αἱ φύσεις ἀγνοοῦντας καὶ τίνες αἱ κυριώταται αἰτίαι, καὶ εἰ μὴ προσῄδεισαν ταῦτα· τάχα δὲ καὶ πλείους, ὅταν τὸ θάμβος ἐκ τῆς τούτων προσκατανοήσεως μὴ δύνηται τὴν λύσιν λαμβάνειν καὶ τὴν περὶ τῶν κυριωτάτων οἰκονομίαν.

Διὸ δὴ κἂν πλείους αἰτίας εὑρίσκωμεν τροπῶν καὶ δύσεων καὶ ἀνατολῶν καὶ ἐκλείψεων καὶ τῶν τοιουτοτρόπων, ὥσπερ καὶ [80] ἐν τοῖς κατὰ μέρος γινομένοις ἦν, οὐ δεῖ νομίζειν τὴν ὑπὲρ τούτων χρείαν ἀκρίβειαν μὴ ἀπειληφέναι ὅση πρὸς τὸ ἀτάραχον καὶ μακάριον ἡμῶν συντείνει. ὥστε παραθεωροῦντας ποσαχῶς παρ' ἡμῖν τὸ ὅμοιον γίνεται, αἰτιολογητέον ὑπέρ τε τῶν μετεώρων καὶ παντὸς τοῦ ἀδήλου, καταφρονοῦντας τῶν οὔτε <τὸ> μοναχῶς ἔχον ἢ γινόμενον γνωριζόντων οὔτε τὸ πλεοναχῶς συμβαῖνον, τὴν ἐκ τῶν ἀποστημάτων φαντασίαν παριδόντων, ἔτι τε ἀγνοούντων καὶ ἐν ποίοις οὐκ ἔστιν ἀταρακτῆσαι <καὶ ἐν ποίοις ὁμοίως ἀταρακτῆσαι>. ἂν οὖν οἰώμεθα καὶ ὡδί πως ἐνδεχόμενον αὐτὸ γίνεσθαι [καὶ ἐν ποίοις ὁμοίως ἀταρακτῆσαι],

Por tanto, si pensamos que un evento puede ocurrir de una o de otra manera particular entre otras muchas, hemos de estar tan tranquilos como cuando reconocemos que en realidad se puede producir de más de un modo.

[81] Y además de todas estas cosas, es preciso entender plenamente que la mayor ansiedad de la mente humana se produce cuando se tiene la creencia de que los cuerpos celestes son dichosos e indestructibles, y que a un mismo tiempo poseen voluntad, [llevan a cabo] acciones y [son la razón de ser de] causas contrarias a los seres humanos; y así, al esperar algún mal eterno, ya sea debido a estos mitos, o porque teman la mera insensibilidad que produce la muerte, como si ésta tuviera algo que ver con nosotros, quedan las personas reducidas a este estado, no por convicción sino por una cierta perversidad irracional. Es por ello por lo que, si los hombres no fijan límites a su terror, soportarán una ansiedad tanto o incluso más intensa que la de aquéllos que tan sólo tienen opiniones sobre estos asuntos.

[82] Pero la tranquilidad mental [ataraxia] radica en saber liberarse de todos estos problemas y en el cultivo de un continuo recuerdo de las verdades más elevadas y más importantes.

De todo ello deducimos que debemos prestar atención a los sentimientos presentes y a las percepciones de los sentidos, ya sean los de la humanidad en general como los propios de la persona, así como a todas las pruebas claras y distintas disponibles, según cada uno de los criterios.

αὐτὸ τὸ ὅτι πλεοναχῶς γίνεται γνωρίζοντες, ὥσπερ κἂν ὅτι ὡδί πως γίνεται εἴδωμεν, ἀταρακτήσομεν.

[81] Ἐπὶ δὲ τούτοις ὅλως ἅπασιν ἐκεῖνο δεῖ κατανοεῖν, ὅτι τάραχος ὁ κυριώτατος ταῖς ἀνθρωπίναις ψυχαῖς γίνεται ἐν τῷ ταῦτα μακάριά τε δοξάζειν <εἶναι> καὶ ἄφθαρτα, καὶ ὑπεναντίας ἔχειν τούτοις βουλήσεις ἅμα καὶ πράξεις καὶ αἰτίας, καὶ ἐν τῷ αἰώνιόν τι δεινὸν ἀεὶ προσδοκᾶν ἢ ὑποπτεύειν κατὰ τοὺς μύθους εἴ τε καὶ αὐτὴν τὴν ἀναισθησίαν τὴν ἐν τῷ τεθνάναι φοβουμένους ὥσπερ οὖσαν κατ' αὐτούς, καὶ ἐν τῷ μὴ δόξαις ταῦτα πάσχειν ἀλλ' ἀλόγῳ γέ τινι παραστάσει, ὅθεν μὴ ὁρίζοντας τὸ δεινὸν τὴν ἴσην ἢ καὶ ἐπιτεταμένην ταραχὴν λαμβάνειν τῷ εἰ καὶ ἐδόξαζον [82] ταῦτα· ἡ δὲ ἀταραξία τὸ τούτων πάντων ἀπολελύσθαι καὶ συνεχῆ μνήμην ἔχειν τῶν ὅλων καὶ κυριωτάτων.

Ὅθεν τοῖς πάθεσι προσεκτέον τοῖς παροῦσι καὶ ταῖς αἰσθήσεσι, κατὰ μὲν τὸ κοινὸν ταῖς κοιναῖς, κατὰ δὲ τὸ ἴδιον ταῖς ἰδίαις, καὶ πάσῃ τῇ παρούσῃ καθ' ἕκαστον τῶν κριτηρίων ἐναργείᾳ. ἂν γὰρ τούτοις προσέχωμεν,

Pues si estudiamos estas cosas completa y correctamente descubriremos sus causas y nos liberaremos de aquello que origina turbación y miedo; porque daremos respuesta a las causas de los fenómenos celestes y de las restantes que ocurren incidentalmente y que causan gran alarma al resto de la humanidad.

Éstas son, pues, Heródoto, las principales doctrinas sobre la naturaleza de las cosas resumidas para ti. [83] Cualquiera que memorice este poderoso discurso razonado con precisión alcanzará sin duda una fortaleza incomparablemente mayor que la del resto de los hombres, incluso aunque nunca estudie en detalle todos los asuntos de forma exacta. Porque podrá aclarar muchos de los puntos que hemos expuesto con todo detalle en mis obras completas y en este resumen, y estas cosas retenidas en la memoria le serán constantemente de gran ayuda.

Este resumen es de tal clase que quienes ya han estudiado toda la obra someramente o a la perfección y que por tanto conocen los detalles de la misma pueden, mediante el análisis de lo que saben, realizar un repaso de sus investigaciones sobre la naturaleza en su conjunto, una vez hayan hecho un resumen de lo que saben. Por contra, aquéllos que no están al tanto de todos los conocimientos pueden, a partir de este resumen y de un modo no oral [de manera silenciosa, leyendo], hacer un repaso [rápido], simultaneo al pensamiento, de las doctrinas más importantes para su paz mental.

Ésta es su carta sobre la física.

τὸ ὅθεν ὁ τάραχος καὶ ὁ φόβος ἐγίνετο ἐξαιτιολογήσομεν ὀρθῶς καὶ ἀπολύσομεν, ὑπέρ τε μετεώρων αἰτιολογοῦντες καὶ τῶν λοιπῶν τῶν ἀεὶ παρεμπιπτόντων, ὅσα φοβεῖ τοὺς λοιποὺς ἐσχάτως.

Ταῦτά σοι, ὦ Ἡρόδοτε, ἔστι κεφαλαιωδέστατα ὑπὲρ τῆς [83] τῶν ὅλων φύσεως ἐπιτετμημένα. ὥστ' ἂν γένοιτο οὗτος ὁ λόγος δυνατὸς κατασχεθῆναι μετ' ἀκριβείας, οἶμαι, ἐὰν μὴ καὶ πρὸς ἅπαντα βαδίσῃ τις τῶν κατὰ μέρος ἀκριβωμάτων, ἀσύμβλητον αὐτὸν πρὸς τοὺς λοιποὺς ἀνθρώπους ἁδρότητα λήψεσθαι. καὶ γὰρ καὶ καθαρὰ ἀφ' ἑαυτοῦ ποιήσει πολλὰ τῶν κατὰ μέρος ἐξακριβουμένων κατὰ τὴν ὅλην πραγματείαν ἡμῖν, καὶ αὐτὰ ταῦτα ἐν μνήμῃ τιθέμενα συνεχῶς βοηθήσει.

Τοιαῦτα γάρ ἐστιν, ὥστε καὶ τοὺς κατὰ μέρος ἤδη ἐξακριβοῦντας ἱκανῶς ἢ καὶ τελείως, εἰς τὰς τοιαύτας ἀναλύοντας ἐπιβολάς, τὰς πλείστας τῶν περιοδειῶν ὑπὲρ τῆς ὅλης φύσεως ποιεῖσθαι· ὅσοι δὲ μὴ παντελῶς αὐτῶν τῶν ἀποτελουμένων εἰσίν, ἐκ τούτων καὶ κατὰ τὸν ἄνευ φθόγγων τρόπον τὴν ἅμα νοήματι περίοδον τῶν κυριωτάτων πρὸς γαληνισμὸν ποιοῦνται.

Καὶ ἥδε μέν ἐστιν αὐτῷ ἐπιστολὴ περὶ τῶν φυσικῶν.

Carta a Pitocles

[84] Me dio Cleón tu carta, por la cual veo que sigues teniéndome por amigo, igual que yo te tengo a ti por amigo mío. Me dices que dedicas toda tu atención a grabar en tu memoria aquellas ideas que contribuyen a la felicidad de la vida. Me pediste que te enviase un resumen claro y conciso de mis ideas sobre los fenómenos celestes a fin de que puedas recordarlos sin dificultad ya que, como comentas, los demás escritos míos sobre este tema son complicados de memorizar, por mucho que se estudien de continuo. [85] He hecho muy gustosamente lo que me pediste, con la esperanza de que este escrito les será también útil a muchos otros, especialmente a aquéllos que se están iniciando en el verdadero conocimiento de la naturaleza, y a aquéllos que quieren ahondar en el estudio de los asuntos ordinarios de la vida. Recibe pues este compendio, estúdialo detenidamente, grábalo en tu memoria, y medita sobre todo esto y sobre las cosas de las que trato en el compendio que le envié a Heródoto.

En primer lugar, recuerda que, como todo lo demás, la comprensión de los fenómenos celestes, ya se estudie junto con otras materias o de forma aislada, no tiene otro propósito que ayudarnos a poseer convicciones firmes para alcanzar así la paz espiritual [ataraxia]. [86] No debemos esforzarnos por obtener lo que no nos es posible obtener, ni comprender todas las cuestiones con la misma claridad, ni por tanto podemos pretender dar explicaciones unívocas cuando hablamos de la vida humana como hacemos cuando explicamos los principios de la física en general (como cuando, por ejemplo, decimos que no hay nada sino cuerpos sólidos y vacío, o que los elementos últimos de las cosas son indivisibles, o cualquier otra proposición que admite una sola explicación posible de los fenómenos).

Tres cartas de Epicuro sobre la amistad, el placer y la felicidad

[84] Ἤνεγκέ μοι Κλέων ἐπιστολὴν παρὰ σοῦ, ἐν ᾗ φιλοφρονούμενός τε περὶ ἡμᾶς διετέλεις ἀξίως τῆς ἡμετέρας περὶ σεαυτὸν σπουδῆς καὶ οὐκ ἀπιθάνως ἐπειρῶ μνημονεύειν τῶν εἰς μακάριον βίον συντεινόντων διαλογισμῶν, ἐδέου τε σεαυτῷ περὶ τῶν μετεώρων σύντομον καὶ εὐπερίγραφον διαλογισμὸν ἀποστεῖλαι ἵνα ῥᾳδίως μνημονεύῃς·τὰ γὰρ ἐν ἄλλοις ἡμῖν γεγραμμένα δυσμνημόνευτα εἶναι, καί τοι, ὡς ἔφης, συνεχῶς αὐτὰ βαστάζεις. ἡμεῖς δὲ ἡδέως τε σοῦ τὴν δέησιν ἀπεδεξάμεθα καὶ ἐλπίσιν ἡδείαις [85] συνεσχέθημεν. γράψαντες οὖν τὰ λοιπὰ πάντα συντελοῦμεν ἅπερ ἠξίωσας πολλοῖς καὶ ἄλλοις ἐσόμενα χρήσιμα τὰ διαλογίσματα ταῦτα, καὶ μάλιστα τοῖς νεωστὶ φυσιολογίας γνησίου γευομένοις καὶ τοῖς εἰς ἀσχολίας βαθυτέρας τῶν ἐγκυκλίων τινὸς ἐμπεπληγμένοις. καλῶς δὴ αὐτὰ διάλαβε, καὶ διὰ μνήμης ἔχων ὀξέως αὐτὰ περιόδευε μετὰ τῶν λοιπῶν ὧν ἐν τῇ Μικρᾷ ἐπιτομῇ πρὸς Ἡρόδοτον ἀπεστείλαμεν.

Πρῶτον μὲν οὖν μὴ ἄλλο τι τέλος ἐκ τῆς περὶ μετεώρων γνώσεως εἴτε κατὰ συναφὴν λεγομένων εἴτε αὐτοτελῶς νομίζειν εἶναι ἤπερ ἀταραξίαν καὶ πίστιν βέβαιον, καθάπερ καὶ ἐπὶ τῶν [86] λοιπῶν. μήτε τὸ ἀδύνατον καὶ παραβιάζεσθαι μήτε ὁμοίαν κατὰ πάντα τὴν θεωρίαν ἔχειν ἢ τοῖς περὶ βίων λόγοις ἢ τοῖς κατὰ τὴν τῶν ἄλλων φυσικῶν προβλημάτων κάθαρσιν, οἷον ὅτι τὸ πᾶν σώματα καὶ ἀναφὴς φύσις ἐστίν, ἢ ὅτι ἄτομα <τὰ> στοιχεῖα, καὶ πάντα τὰ τοιαῦτα [ἢ] ὅσα μοναχὴν ἔχει τοῖς φαινομένοις συμφωνίαν· ὅπερ ἐπὶ τῶν μετεώρων οὐχ ὑπάρχει, ἀλλὰ ταῦτά γε πλεοναχὴν ἔχει καὶ τῆς γενέσεως αἰτίαν καὶ τῆς οὐσίας ταῖς αἰσθήσεσι σύμφωνον κατηγορίαν.

Cuando estudiamos la naturaleza no hay que ajustarse a suposiciones y conjeturas, sino que es preciso apoyarse en la observación de los hechos [87] porque no queremos caer en arbitrariedades u opiniones falsas: nuestra necesidad fundamental es vivir sin inquietud [sin miedo a los fenómenos meteorológicos o celestes]. Todos los fenómenos meteorológicos se producen sin interrupción, y así los entenderemos si acertamos a explicarlos en virtud de una pluralidad de causas de conformidad con los hechos, en lugar de explicarlos en función de opiniones infundadas. Y cuando renunciamos a explicar estos fenómenos en virtud de hipótesis inconsistentes con la observación de la realidad, abandonamos el estudio de la naturaleza para caer en el mito. Algunos fenómenos que nos son familiares nos brindan evidencias en virtud de las cuales podemos interpretar lo que sucede en los cielos, porque no podemos observar cómo se producen los fenómenos celestes y, por otro lado, porque éstos probablemente se producen en virtud de varias causas. [88] A pesar de todo, es preciso observar los hechos tal como se nos presentan, y hay que distinguir los diferentes elementos que les son propios, y que pueden ser explicados a partir del estudio de fenómenos análogos que se presentan ante nuestros ojos.

El mundo [cosmos] es un complejo que contiene las estrellas y la tierra y todas las demás cosas visibles, separado de lo infinito por un límite que puede ser grueso o fino, un límite cuya disolución provocaría la destrucción de todo cuanto contiene dentro de sí.

Οὐ γὰρ κατὰ ἀξιώματα κενὰ καὶ νομοθεσίας φυσιολογητέον, [87] ἀλλ' ὡς τὰ φαινόμενα ἐκκαλεῖται· οὐ γὰρ ἤδη ἀλογίας καὶ κενῆς δόξης ὁ βίος ἡμῶν ἔχει χρείαν, ἀλλὰ τοῦ ἀθορύβως ἡμᾶς ζῆν. πάντα μὲν οὖν γίνεται ἀσείστως κατὰ πάντων κατὰ πλεοναχὸν τρόπον ἐκκαθαιρομένων, συμφώνως τοῖς φαινομένοις, ὅταν τις τὸ πιθανολογούμενον ὑπὲρ αὐτῶν δεόντως καταλίπῃ· ὅταν δέ τις τὸ μὲν ἀπολίπῃ τὸ δὲ ἐκβάλῃ ὁμοίως σύμφωνον ὂν τῷ φαινομένῳ, δῆλον ὅτι καὶ ἐκ παντὸς ἐκπίπτει φυσιολογήματος ἐπὶ δὲ τὸν μῦθον καταρρεῖ. σημεῖα δ' ἐπὶ τῶν ἐν τοῖς μετεώροις συντελουμένων φέρειν τῶν παρ' ἡμῖν τινα φαινομένων, ἃ θεωρεῖται ᾗ ὑπάρχει, καὶ οὐ τὰ ἐν τοῖς μετεώροις φαινόμενα· ταῦτα γὰρ [88] ἐνδέχεται πλεοναχῶς γενέσθαι. τὸ μέντοι φάντασμα ἑκάστου τηρητέον καὶ ἐπὶ τὰ συναπτόμενα τούτῳ διαιρετέον, ἃ οὐκ ἀντιμαρτυρεῖται τοῖς παρ' ἡμῖν γινομένοις πλεοναχῶς συντελεῖσθαι.

Κόσμος ἐστὶ περιοχή τις οὐρανοῦ, ἄστρα τε καὶ γῆν καὶ πάντα τὰ φαινόμενα περιέχουσα, οὗ λυομένου πάντα τὰ ἐν αὐτῷ σύγχυσιν λήψεται, ἀποτομὴν ἔχουσα ἀπὸ τοῦ ἀπείρου καὶ καταλήγουσα ἐν πέρατι ἢ ἀραιῷ ἢ πυκνῷ

Es posible que este límite exterior gire, o es posible que esté en reposo, puede que sea redondo o triangular o de cualquier otra forma. Todas estas alternativas son posibles ya que no están en contradicción con ninguno de los hechos observables en este mundo, en el que no podemos ver ninguna extremidad.

[89] Es posible comprender que existe un número infinito de mundos, y que estos mundos pueden surgir tanto en un mundo como en un metacosmos (un espacio semivacío entre mundos) y no, como algunos mantienen, en un vasto espacio perfectamente despejado y vacío. Los mundos surgen cuando ciertas semillas adecuadas procedentes de uno o varios mundos o metacosmos fluyen hacia un determinado lugar y se agregan o articulan gradualmente. Posteriormente, semillas procedentes de lugares distintos se unen a aquéllas hasta formar un ente duradero que admite posteriores adiciones. [90] Pero no debemos contentarnos con decir que es suficiente que exista una agregación de elementos en el espacio vacío en el que surge un mundo por necesidad, como sostienen algunos filósofos naturales, y que dicho mundo crece hasta que choca con otro, como afirma uno de los llamados físicos, ya que ello contradice lo que vemos.

El sol y la luna y los demás astros se formaron de forma independiente y más tarde fueron absorbidos dentro de nuestro mundo. Asimismo, la tierra y el mar se formaron de forma espontánea, y posteriormente ganaron tamaño mediante las adiciones y los movimientos de sustancias ligeras, compuestas por elementos de fuego y aire, o incluso de ambos principios a la vez. Esta explicación está en conformidad con las observaciones basadas en nuestros sentidos.

καὶ [καὶ λήγουσαν] ἢ ἐν περιαγομένῳ ἢ ἐν στάσιν ἔχοντι καὶ στρογγύλην ἢ τρίγωνον ἢ οἵαν δήποτε <ἔχουσα> περιγραφήν· πανταχῶς γὰρ ἐνδέχεται·τῶν γὰρ φαινομένων οὐδὲν ἀντιμαρτυρεῖ <ἐν> τῷδε τῷ κόσμῳ, ἐν ᾧ λῆγον οὐκ ἔστι καταλαβεῖν.

[89] Ὅτι δὲ καὶ τοιοῦτοι κόσμοι εἰσὶν ἄπειροι τὸ πλῆθος ἔστι καταλαβεῖν, καὶ ὅτι καὶ ὁ τοιοῦτος δύναται κόσμος γίνεσθαι καὶ ἐν κόσμῳ καὶ μετακοσμίῳ ὃ λέγομεν μεταξὺ κόσμων διάστημα, ἐν πολυκένῳ τόπῳ καὶ οὐκ ἐν μεγάλῳ εἰλικρινεῖ καὶ κενῷ καθάπερ τινές φασιν, ἐπιτηδείων τινῶν σπερμάτων ῥυέντων ἀφ' ἑνὸς κόσμου ἢ μετακοσμίου ἢ καὶ ἀπὸ πλειόνων κατὰ μικρὸν προσθέσεις τε καὶ διαρθρώσεις καὶ μεταστάσεις ποιούντων ἐπ' ἄλλον τόπον, ἐὰν οὕτω τύχῃ, καὶ ἐπαρδεύσεις ἐκ τῶν ἐχόντων ἐπιτηδείως ἕως τελειώσεως καὶ διαμονῆς ἐφ' ὅσον τὰ ὑποβλη- [90] θέντα θεμέλια τὴν προσδοχὴν δύναται ποιεῖσθαι. οὐ γὰρ ἀθροισμὸν δεῖ μόνον γενέσθαι οὐδὲ δῖνον ἐν ᾧ ἐνδέχεται κόσμον γίνεσθαι κενῷ κατὰ τὸ δοξαζόμενον ἐξ ἀνάγκης, αὔξεσθαί τε ἕως ἂν ἑτέρῳ προσκρούσῃ, καθάπερ τῶν φυσικῶν καλουμένων φησί τις· τοῦτο γὰρ μαχόμενόν ἐστι τοῖς φαινομένοις.

Ἥλιός τε καὶ σελήνη καὶ τὰ λοιπὰ ἄστρα <οὐ> καθ' ἑαυτὰ γενόμενα ὕστερον ἐμπεριελαμβάνετο ὑπὸ τοῦ κόσμου [καὶ ὅσα γε δὴ σῴζει], ἀλλ' εὐθὺς διεπλάττετο καὶ αὔξησιν ἐλάμβανεν [ὁμοίως δὲ καὶ γῆ καὶ θάλαττα] κατὰ προσκρίσεις καὶ δινήσεις λεπτομερῶν τινων φύσεων, ἤτοι πνευματικῶν ἢ πυροειδῶν ἢ τὸ συναμφότερον· καὶ γὰρ ταῦτα οὕτως ἡ αἴσθησις ὑποβάλλει.

[91] El tamaño del sol y de las estrellas es tan grande como parece. [*Esto lo dice Epicuro en el libro undécimo de Sobre la naturaleza, donde afirma que si hubiera disminuido en tamaño a causa de la distancia, mucho más habría disminuido su brillo, porque no hay distancia más proporcional a esta disminución de tamaño que la distancia a la que el brillo disminuye*]. Pero, de hecho, el sol podría ser un poco más grande o un poco más pequeño, o precisamente tan grande como se ve que es. De hecho, vemos también los incendios de esta misma manera cuando los observamos a través de los sentidos y los vemos a distancia. Y, en definitiva, cualquiera que atienda a los hechos podrá fácilmente dar respuesta a las objeciones contra esta teoría, como hicimos en el libro *Sobre la naturaleza*.

[92] La salida y la puesta del sol, de la luna y de las estrellas puede deberse a la ignición y a la extinción, siempre que las circunstancias no contradigan este hecho. O podría deberse al paso de los referidos astros por encima y por debajo de la tierra, ya que nuestras observaciones también refrendan esta suposición. Sus movimientos podrían deberse también a la rotación de todo el cielo, o bien es posible asimismo que sea el cielo el que está en reposo y que sean los astros los que rotan en virtud de un impulso que les fue dado en el momento en el que se hizo el mundo y que les haga subir [moverse de este a oeste] [93] y que dicho movimiento se mantenga en virtud de un calor excesivo, ya que el fuego siempre tiende a extenderse hacia aquello que lo alimenta.

[91] Τὸ δὲ μέγεθος ἡλίου τε καὶ τῶν λοιπῶν ἄστρων κατὰ μὲν τὸ πρὸς ἡμᾶς τηλικοῦτόν ἐστιν ἡλίκον φαίνεται·τοῦτο καὶ ἐν τῇ ια΄ Περὶ φύσεως· εἰ γάρ, φησί, τὸ μέγεθος διὰ τὸ διάστημα ἀπεβεβλήκει, πολλῷ μᾶλλον ἂν τὴν χρόαν. ἄλλο γὰρ τούτῳ συμμετρότερον διάστημα οὐθέν ἐστι. κατὰ δὲ τὸ καθ' αὐτὸ ἤτοι μεῖζον τοῦ ὁρωμένου ἢ μικρῷ ἔλαττον ἢ τηλικοῦτον οὐχ ἅμα. οὕτω γὰρ καὶ τὰ παρ' ἡμῖν πυρὰ ἐξ ἀποστήματος θεωρούμενα κατὰ τὴν αἴσθησιν θεωρεῖται. καὶ πᾶν δὲ εἰς τοῦτο τὸ μέρος ἔνστημα ῥᾳδίως διαλυθήσεται ἐάν τις τοῖς ἐναργήμασι προσέχῃ, ὅπερ ἐν τοῖς [92] Περὶ φύσεως βιβλίοις δείκνυμεν.

ἀνατολὰς καὶ δύσεις ἡλίου καὶ σελήνης καὶ τῶν λοιπῶν ἄστρων καὶ κατὰ ἄναψιν γενέσθαι δύνασθαι καὶ κατὰ σβέσιν, τοιαύτης οὔσης περιστάσεως καὶ καθ' ἑκατέρους τοὺς τόπους, ὥστε τὰ προειρημένα ἀποτελεῖσθαι· οὐδὲν γὰρ τῶν φαινομένων ἀντιμαρτυρεῖ. <καὶ> κατ' ἐκφάνειάν τε ὑπὲρ γῆς καὶ πάλιν ἐπιπροσθέτησιν τὸ προειρημένον δύναιτ' ἂν συντελεῖσθαι·οὐδὲ γάρ τι τῶν φαινομένων ἀντιμαρτυρεῖ. τάς τε κινήσεις αὐτῶν οὐκ ἀδύνατον μὲν γίνεσθαι κατὰ τὴν τοῦ ὅλου οὐρανοῦ δίνην, ἢ τούτου μὲν στάσιν, αὐτῶν δὲ δίνην κατὰ τὴν ἐξ ἀρχῆς ἐν τῇ γενέσει τοῦ κόσμου ἀνάγκην ἀπογεννηθεῖσαν ἐπ' [93] ἀνατολῇ·*** <σφοδρο>τάτῃ θερμασίᾳ κατά τινα ἐπινέμησιν τοῦ πυρὸς ἀεὶ ἐπὶ τοὺς ἑξῆς τόπους ἰόντος.

Los movimientos del sol y de la luna se pueden deber a la oblicuidad de los cielos, que obliga a estos astros a tomar su curso según las épocas o, pueden igualmente ser debidos a la resistencia del aire o, pueden deberse a la presencia o escasez en su recorrido del combustible necesario para estos cuerpos incandescentes. O incluso pueden ser debidos a un movimiento de torbellino original que fuerza a estos astros a moverse en una especie de espiral. Todas estas explicaciones y otras similares no están en conflicto con ninguna evidencia clara y serán válidas siempre que estén de acuerdo con los hechos y sean ajenas a las indignas especulaciones de los astrólogos.

[94] Los menguantes y crecientes de la luna pueden ser debidos a la rotación del cuerpo de la luna o, igualmente, a las configuraciones que el aire adopta. Asimismo, pueden ser debidos a la interposición de determinados cuerpos. En resumen, pueden ocurrir de aquellas formas que podamos explicar basándonos en la experiencia. Pero no hay que obstinarse en defender una explicación hasta el punto de tachar de erróneas las demás por desconocer lo que puede y lo que no puede ser fruto del conocimiento humano, y por el deseo de descubrir lo que no es posible descubrir. Es posible que la luna brille con luz propia, y es posible considerar que sea el sol quien aporta su luz a la luna, [95] ya que en virtud de nuestra experiencia, muchas cosas brillan con luz propia y otras muchas con luz prestada. En suma, ninguno de los fenómenos celestes es incomprensible siempre que tengamos en mente que hay varias explicaciones posibles, que examinemos los principios y las causas consistentes con las observaciones, y que no ofrezcamos explicaciones únicas para cada fenómeno sin que sean consistentes con las observaciones.

Τροπὰς ἡλίου καὶ σελήνης ἐνδέχεται μὲν γίνεσθαι κατὰ λόξωσιν οὐρανοῦ οὕτω τοῖς χρόνοις κατηναγκασμένου ὁμοίως δὲ καὶ κατὰ ἀέρος ἀντέξωσιν ἢ καὶ ὕλης ἀεὶ ἐπιτηδείας ἐχομένως ἐμπιπραμένης τῆς δ' ἐκλειπούσης· ἢ καὶ ἐξ ἀρχῆς τοιαύτην δίνην κατειληθῆναι τοῖς ἄστροις τούτοις, ὥσθ' οἷόν τιν' ἕλικα κινεῖσθαι. πάντα γὰρ τὰ τοιαῦτα καὶ τὰ τούτοις συγγενῆ οὐθενὶ τῶν ἐναργημάτων διαφωνεῖ, ἐάν τις ἀεὶ ἐπὶ τῶν τοιούτων μερῶν, ἐχόμενος τοῦ δυνατοῦ, εἰς τὸ σύμφωνον τοῖς φαινομένοις ἕκαστον τούτων δύνηται ἐπάγειν, μὴ φοβούμενος τὰς ἀνδραποδώδεις ἀστρολόγων τεχνιτείας.

[94] Κένωσίς τε σελήνης καὶ πάλιν πλήρωσις καὶ κατὰ στροφὴν τοῦ σώματος τούτου δύναιτ' ἂν γίνεσθαι καὶ κατὰ σχηματισμοὺς ἀέρος ὁμοίως, ἔτι τε καὶ κατὰ προσθετήσεις καὶ κατὰ πάντας τρόπους, καθ' οὓς καὶ τὰ παρ' ἡμῖν φαινόμενα ἐκκαλεῖται εἰς τὰς τούτου τοῦ εἴδους ἀποδόσεις, ἐὰν μή τις τὸν μοναχῇ τρόπον κατηγαπηκὼς τοὺς ἄλλους κενῶς ἀποδοκιμάζῃ, οὐ τεθεωρηκὼς τί δυνατὸν ἀνθρώπῳ θεωρῆσαι καὶ τί ἀδύνατον, καὶ διὰ τοῦτο ἀδύνατα θεωρεῖν ἐπιθυμῶν. ἔτι τε ἐνδέχεται τὴν σελήνην ἐξ [95] ἑαυτῆς ἔχειν τὸ φῶς, ἐνδέχεται δὲ ἀπὸ τοῦ ἡλίου. καὶ γὰρ παρ' ἡμῖν θεωρεῖται πολλὰ μὲν ἐξ ἑαυτῶν ἔχοντα, πολλὰ δὲ ἀφ' ἑτέρων. καὶ οὐθὲν ἐμποδοστατεῖ τῶν ἐν τοῖς μετεώροις φαινομένων, ἐάν τις τοῦ πλεοναχοῦ τρόπου ἀεὶ μνήμην ἔχῃ καὶ τὰς ἀκολούθους αὐτοῖς ὑποθέσεις ἅμα καὶ αἰτίας συνθεωρῇ καὶ μὴ ἀναβλέπων εἰς τὰ ἀνακόλουθα ταῦτ' ὀγκοῖ ματαίως καὶ καταρρέπῃ ἄλλοτε ἄλλως ἐπὶ τὸν μοναχὸν τρόπον.

La aparición de un rostro en la esfera de la luna puede deberse a un desplazamiento de sus partes, o a la interposición de algún objeto, o a cualquier otra causa capaz de dar cuenta de tal apariencia. [96] No hay que dejar de aplicar este método a todos los fenómenos celestes ya que si nuestras opiniones contradicen las evidencias que nos aportan los sentidos, será imposible disfrutar de una perfecta tranquilidad [ataraxia].

Un eclipse de sol o de luna puede deberse a la extinción de su luz, algo que hemos podido observar o, a la desaparición de una de sus partes debido a la interposición de otra cosa, ya sea la tierra o algún otro cuerpo. Debemos considerar las diversas explicaciones que están de acuerdo con los fenómenos y recordar que la concurrencia de más de una explicación no es imposible. [*Dice Epicuro en el libro decimotercero de Sobre la naturaleza que cuando la luna proyecta su sombra sobre el sol se produce un eclipse de sol, y que la sombra de la tierra produce los eclipses de luna, si bien también se podrían deber al movimiento retrógrado de la luna; y esto ha sido citado por Diógenes el epicúreo en el primer libro de sus Opiniones selectas*].

[97] La regularidad de las órbitas se explica a la luz de ciertos fenómenos ordinarios que conocemos por experiencia directa. Por encima de todo debemos evitar explicarlos en términos de sucesos de origen divino, ya que estas tareas son ajenas a los dioses que disfrutan de una perfecta felicidad. Si hacemos esto, el estudio de los fenómenos celestes será en vano, como de hecho lo es para aquéllos que no practican un método admisible y que han cometido la insensatez de suponer que estos eventos ocurren de una única forma, rechazando todas las demás posibilidades. Han adoptado así opiniones irracionales, ya que no han sustentado sus ideas en los hechos sensibles.

ἡ δὲ ἔμφασις τοῦ προσώπου ἐν αὐτῇ δύναται μὲν γίνεσθαι καὶ κατὰ παραλλαγὴν μερῶν καὶ κατ' ἐπιπροσθέτησιν, καὶ ὅσοι ποτ' ἂν τρόποι θεω- [96] ροῖντο τὸ σύμφωνον τοῖς φαινομένοις κεκτημένοι. ἐπὶ πάντων γὰρ τῶν μετεώρων τὴν τοιαύτην ἴχνευσιν οὐ προετέον. ἢν γάρ τις ᾖ μαχόμενος τοῖς ἐναργήμασιν, οὐδέποτε μὴ δυνήσεται ἀταραξίας γνησίου μεταλαβεῖν.

Ἔκλειψις ἡλίου καὶ σελήνης δύναται μὲν γίνεσθαι καὶ κατὰ σβέσιν, καθάπερ καὶ παρ' ἡμῖν τοῦτο θεωρεῖται γινόμενον· καὶ ἤδη κατ' ἐπιπροσθέτησιν ἄλλων τινῶν, ἢ γῆς ἢ οὐρανοῦ ἢ τινος ἑτέρου τοιούτου. καὶ ὧδε τοὺς οἰκείους ἀλλήλοις τρόπους συνθεωρητέον, καὶ τὰς ἅμα συγκυρήσεις τινῶν ὅτι οὐκ ἀδύνατον γίνεσθαι. ἐν δὲ τῇ ιβ' Περὶ φύσεως ταῦτὰ λέγει καὶ πρός, ἥλιον ἐκλείπειν σελήνης ἐπισκοτούσης, σελήνην δὲ τοῦ τῆς γῆς σκιάσματος, ἀλλὰ καὶ κατ' [97] ἀναχώρησιν. τοῦτο δὲ καὶ Διογένης ὁ Ἐπικούρειος ἐν τῇ α' τῶν Ἐπιλέκτων.

Ἔτι τε τάξις περιόδου, καθάπερ ἔνια καὶ παρ' ἡμῖν τῶν τυχόντων γίνεται, λαμβανέσθω· καὶ ἡ θεία φύσις πρὸς ταῦτα μηδαμῇ προσαγέσθω, ἀλλ' ἀλειτούργητος διατηρείσθω καὶ ἐν τῇ πάσῃ μακαριότητι· ὡς εἰ τοῦτο μὴ πραχθήσεται, ἅπασα ἡ περὶ τῶν μετεώρων αἰτιολογία ματαία ἔσται, καθάπερ τισὶν ἤδη ἐγένετο οὐ δυνατοῦ τρόπου ἐφαψαμένοις, εἰς δὲ τὸ μάταιον ἐκπεσοῦσι τῷ καθ' ἕνα τρόπον μόνον οἴεσθαι γίνεσθαι τοὺς δ' ἄλλους πάντας τοὺς κατὰ τὸ ἐνδεχόμενον ἐκβάλλειν εἴς τε τὸ ἀδιανόητον φερομένους καὶ τὰ φαινόμενα ἃ δεῖ σημεῖα ἀποδέχεσθαι μὴ δυναμένους συνθεωρεῖν.

[207]

[98] Las variaciones en la duración de las noches y de los días pueden explicarse según sea la rapidez o a la lentitud del movimiento del sol en el cielo, dependiendo de las variaciones en la longitud de los espacios que atraviesa o, asimismo, puede deberse a que el sol atraviesa algunas distancias con mayor rapidez que otras, como podemos observar con nuestros propios ojos al contemplar hechos que están a nuestro alcance y compararlos con los fenómenos celestes. Y aquéllos que adoptan una sola explicación están en conflicto con los hechos y están totalmente equivocados en lo que respecta al modo en que el ser humano alcanza el conocimiento.

Las señales en el cielo que presagian el clima pueden deberse a una mera coincidencia de las estaciones, como es el caso de las señales de animales que se ven en la tierra, o puede ser causadas por cambios y alteraciones en el aire. Porque ni la primera ni la segunda explicación están en conflicto con los hechos, [99] y no es fácil deducir en qué casos el efecto se debe a una causa o a la otra.

Es posible que las nubes se formen cuando el aire se condensa bajo la presión de los vientos, o por la actuación de congregados de átomos que al unirse producen este fenómeno, o por las emanaciones de la tierra y de las aguas, o por otras causas. Porque hay un gran número de causas igualmente capaces de producir dicho efecto.

[98] Μήκη νυκτῶν καὶ ἡμερῶν παραλλάττοντα καὶ παρὰ τὸ ταχείας ἡλίου κινήσεις γίνεσθαι καὶ πάλιν βραδείας ὑπὲρ γῆς, παρὰ τὸ μήκη τόπων παραλλάττοντα καὶ τόπους τινὰς περαιοῦν τάχιον ἢ βραδύτερον, ὡς καὶ παρ' ἡμῖν τινα θεωρεῖται, οἷς συμφώνως δεῖ λέγειν ἐπὶ τῶν μετεώρων. οἱ δὲ τὸ ἓν λαμβάνοντες τοῖς τε φαινομένοις μάχονται καὶ τοῦ ᾗ δυνατὸν ἀνθρώπῳ θεωρῆσαι διαπεπτώκασιν.

Ἐπισημασίαι δύνανται γίνεσθαι καὶ κατὰ συγκυρήσεις καιρῶν, καθάπερ ἐν τοῖς ἐμφανέσι παρ' ἡμῖν ζώοις, καὶ παρ' ἑτεροιώσεις ἀέρος καὶ μεταβολάς. ἀμφότερα γὰρ ταῦτα οὐ [99] μάχεται τοῖς φαινομένοις· ἐπὶ δὲ ποίοις παρὰ τοῦτο ἢ τοῦτο τὸ αἴτιον γίνεται οὐκ ἔστι συνιδεῖν.

Νέφη δύναται γίνεσθαι καὶ συνίστασθαι καὶ παρὰ πιλήσεις ἀέρος πνευμάτων συνώσει, καὶ παρὰ περιπλοκὰς ἀλληλούχων ἀτόμων καὶ ἐπιτηδείων εἰς τὸ τοῦτο τελέσαι καὶ κατὰ ρευμάτων συλλογὴν ἀπό τε γῆς καὶ ὑδάτων καὶ κατ' ἄλλους δὲ τρόπους πλείους αἱ τῶν τοιούτων συστάσεις οὐκ ἀδυνατοῦσι συντελεῖσθαι.

Cuando las nubes chocan entre sí, o se someten a una transformación, producen lluvias [100], y las lluvias largas son causadas por el movimiento de las nubes cuando se mueven a los lugares adecuados para ello a través del aire, mientras que las lluvias más violentas ocurren cuando se producen acumulaciones de las masas que son capaces de producir dichos efectos.

El trueno puede deberse al movimiento del viento revolviéndose dentro de las partes huecas de las nubes, como a veces ocurre cuando se queda atrapado dentro de un vaso, o al rugido del fuego que se encierra en las mismas cuando sopla el viento, o al desgarramiento y desorden de las nubes, o a la fricción y división de las nubes cuando han llegado a ser tan firmes como el hielo. Esto es, como en el resto de los casos, en este caso concreto los hechos que se deducen de las observaciones nos invitan a contemplar varias distintas explicaciones.

[101] Los relámpagos también ocurren en virtud de una variedad de causas. O porque cuando las nubes se rozan y se chocan causan el fuego que genera el rayo; o porque el viento genera una luz parpadeante en las nubes; o porque las nubes que se han condensado ya sea por su propia acción o por la de los vientos, se dilaten; o porque la luz procedente de las estrellas, encerrada en las nubes, y luego conducida por su propio movimiento y por el de los vientos, escape finalmente de las nubes; o porque una fina luz se filtra a través de las nubes; o porque las nubes que transportan el relámpago sean una masa de fuego; o porque el movimiento de esta luz puede generar un rayo; o porque la violencia de su movimiento y la intensidad de su compresión provoca la combustión del viento.

ἤδη δ' ἀπ' αὐτῶν ᾖ μὲν θλιβομένων, ᾖ δὲ μεταβαλλόντων ὕδατα [100] δύναται συντελεῖσθαι, ἔτι τε ῥευμάτων κατὰ ἀποφορὰν ἀπὸ ἐπιτηδείων τόπων καὶ δι' ἀέρος κινουμένων, βιαιοτέρας ἐπαρδεύσεως γινομένης ἀπό τινων ἀθροισμάτων ἐπιτηδείων εἰς τὰς τοιαύτας ἐπιπέμψεις. βροντὰς ἐνδέχεται γίνεσθαι καὶ κατὰ πνεύματος ἐν τοῖς κοιλώμασι τῶν νεφῶν ἀνείλησιν, καθάπερ ἐν τοῖς ἡμετέροις ἀγγείοις, καὶ παρὰ πυρὸς πεπνευματωμένου βόμβον ἐν αὐτοῖς, καὶ κατὰ ῥήξεις δὲ νεφῶν καὶ διαστάσεις, καὶ κατὰ παρατρίψεις νεφῶν καὶ κατάξεις πῆξιν εἰληφότων κρυσταλλοειδῆ. καὶ τὸ ὅλον καὶ τοῦτο τὸ μέρος πλεοναχῶς γίνεσθαι λέγειν

[101] ἐκκαλεῖται τὰ φαινόμενα. καὶ ἀστραπαὶ δ' ὡσαύτως γίνονται κατὰ πλείους τρόπους· καὶ γὰρ κατὰ παράτριψιν καὶ σύγκρουσιν νεφῶν ὁ πυρὸς ἀποτελεστικὸς σχηματισμὸς ἐξολισθαίνων ἀστραπὴν γεννᾷ·καὶ κατ' ἐκριπισμὸν ἐκ τῶν νεφῶν ὑπὸ πνευμάτων τῶν τοιούτων σωμάτων ἃ τὴν λαμπηδόνα ταύτην παρασκευάζει, καὶ κατ' ἐκπιασμόν, θλίψεως τῶν νεφῶν γινομένης, εἴθ' ὑπ' ἀλλήλων εἴθ' ὑπὸ πνευμάτων· καὶ κατ' ἐμπερίληψιν δὲ τοῦ ἀπὸ τῶν ἄστρων κατεσπαρμένου φωτός, εἶτα συνελαυνομένου ὑπὸ τῆς κινήσεως νεφῶν τε καὶ πνευμάτων καὶ διεκπίπτοντος διὰ τῶν νεφῶν·ἢ κατὰ διήθησιν <διὰ> τῶν νεφῶν τοῦ λεπτομερεστάτου φωτός, ἢ ἀπὸ τοῦ πυρὸς νέφη συνεφλέχθαι καὶ τὰς βροντὰς ἀποτελεῖσθαι καὶ κατὰ τὴν τούτου κίνησιν· καὶ κατὰ τὴν τοῦ πνεύματος ἐκπύρωσιν τὴν γινομένην διά τε συντονίαν φορᾶς καὶ διὰ σφοδρὰν

[102] También se puede atribuir el rayo a la ruptura de las nubes bajo la acción de los vientos, o a la caída de átomos inflamables. Podríamos dar fácilmente muchas otras explicaciones factibles, siempre y cuando observemos los hechos sensibles a fin de buscar analogías que nos permitan explicar los fenómenos celestes. El relámpago precede al trueno porque se produce en el mismo momento en el que el viento cae en la nube, mientras que el ruido sólo se escucha en el instante en que el viento ha penetrado en el seno de la nube o, tal vez, siendo los dos fenómenos simultáneos, el rayo nos alcanza más rápidamente que el ruido de los truenos, como de hecho ocurre, cuando por ejemplo vemos el choque de dos objetos a distancia.

[103] El relámpago puede producirse a causa de una condensación violenta de vientos, o causa de un rápido movimiento de los mismos que provoque una conflagración. Puede asimismo surgir cuando, producida una confluencia de vientos en lugares que, a consecuencia de la acumulación de nubes, son demasiado densos, una parte de la corriente de aire se separa y se precipita hacia abajo; o por contra puede ser causado por el fuego que se halla en el seno de las nubes y que se precipita hacia abajo. Es lógico suponer que una inmensa cantidad de fuego acumulado en las nubes tienda a dilatarse hasta hacer estallar violentamente la sustancia que lo envuelve, porque la resistencia del centro le impide seguir dilatándose. Este fenómeno se produce por lo general en las inmediaciones de las altas montañas.

102] κατείλησιν· καὶ κατὰ ῥήξεις δὲ νεφῶν ὑπὸ πνευμάτων ἔκπτωσίν τε πυρὸς ἀποτελεστικῶν ἀτόμων καὶ τὸ τῆς ἀστραπῆς φάντασμα ἀποτελουσῶν. καὶ κατ' ἄλλους δὲ πλείους τρόπους ῥᾳδίως ἔσται καθορᾶν ἐχόμενον ἀεὶ τῶν φαινομένων καὶ τὸ τούτοις ὅμοιον δυνάμενον συνθεωρεῖν. προτερεῖ δὲ ἀστραπὴ βροντῆς ἐν τοιᾷδέ τινι περιστάσει νεφῶν καὶ διὰ τὸ ἅμα τῷ τὸ πνεῦμα ἐμπίπτειν ἐξωθεῖσθαι τὸν ἀστραπῆς ἀποτελεστικὸν σχηματισμόν, ὕστερον δὲ τὸ πνεῦμα ἀνειλούμενον τὸν βόμβον ἀποτελεῖν τοῦτον· καὶ κατ' ἔμπτωσιν δὲ ἀμφοτέρων ἅμα, τῷ τάχει συντονωτέρῳ κεχρῆσθαι

[103] πρὸς ἡμᾶς τὴν ἀστραπήν, ὑστερεῖν δὲ τὴν βροντήν, καθάπερ ἐπ' ἐνίων ἐξ ἀποστήματος θεωρουμένων καὶ πληγάς τινας ποιουμένων. κεραυνοὺς ἐνδέχεται γίνεσθαι καὶ κατὰ πλείονας πνευμάτων συλλογὰς καὶ κατείλησιν ἰσχυρὰν τε ἐκπύρωσιν· καὶ κατάρρηξιν μέρους καὶ ἔκπτωσιν ἰσχυροτέραν αὐτοῦ ἐπὶ τοὺς κάτω τόπους, τῆς ῥήξεως γινομένης διὰ τὸ τοὺς ἑξῆς τόπους πυκνοτέρους εἶναι διὰ πίλησιν νεφῶν· καὶ κατ' αὐτὴν δὲ τὴν τοῦ πυρὸς ἔκπτωσιν ἀνειλουμένου, καθὰ καὶ βροντὴν ἐνδέχεται γίνεσθαι, πλείονος γενομένου καὶ πνευματωθέντος ἰσχυρότερον καὶ ῥήξαντος τὸ νέφος διὰ τὸ μὴ δύνασθαι ὑποχωρεῖν εἰς τὰ ἑξῆς, τῷ πίλησιν γίνεσθαι τὸ μὲν πολὺ πρὸς ὄρος τι ὑψηλόν, ἐν ᾧ μάλιστα

[104] En resumen, hay muchas explicaciones posibles sobre la naturaleza del rayo pero debemos, por encima de todas las cosas, evitar las fábulas, y esto se logrará fácilmente si estudiamos las cosas ocultas en virtud de lo que observamos en las que nos son manifiestas.

Los huracanes se pueden deber a que una violenta corriente de aire en movimiento golpee a una nube y la precipite con un movimiento en espiral hacia abajo; o a una violenta ráfaga de viento que arrastre a una nube hacia la cercanía de alguna otra corriente de aire; o bien a la mera agitación del viento, cuando el aire procedente de las regiones más altas se comprime sin poder escapar por ningún lado a consecuencia de la resistencia que ejerce el aire que lo rodea. [105] Cuando los huracanes descienden hacia tierra producen torbellinos de igual modo a cómo los huracanes son producidos por el viento, y este fenómeno produce también vórtices sobre la superficie del mar.

Los terremotos pueden deberse al viento que penetra en el interior de la tierra el cual, mezclado en el interior de la misma con pequeñas partículas de materia que están en incesante movimiento, causan que la tierra tiemble. Y este aire penetra desde fuera o cae en las partes interiores de la tierra o en cavernas subterráneas, creando bolsas de aire a presión en su interior. O pueden ser asimismo debidos a la resistencia que oponen las partes más sólidas de la tierra a la propagación del movimiento que genera la caída de muchos objetos sólidos. [106] Y podríamos explicar los terremotos de varias otras maneras.

Tres cartas de Epicuro sobre la amistad, el placer y la felicidad

[104] κεραυνοὶ πίπτουσιν ἀεὶ πρὸς ἄλληλα. καὶ κατ' ἄλλους δὲ τρόπους πλείονας ἐνδέχεται κεραυνοὺς ἀποτελεῖσθαι·μόνον ὁ μῦθος ἀπέστω·ἀπέσται δὲ ἐάν τις καλῶς τοῖς φαινομένοις ἀκολουθῶν περὶ τῶν ἀφανῶν σημειῶται.

Πρηστῆρας ἐνδέχεται γίνεσθαι καὶ κατὰ κάθεσιν νέφους εἰς τοὺς κάτω τόπους στυλοειδῶς ὑπὸ πνεύματος ἀθρόου ὠσθέντος καὶ διὰ τοῦ πνεύματος πολλοῦ φερομένου, ἅμα καὶ τὸ νέφος εἰς τὸ πλάγιον ὠθοῦντος τοῦ ἐκτὸς πνεύματος· καὶ κατὰ περίστασιν δὲ πνεύματος εἰς κύκλον, ἀέρος τινὸς ἐπισυνωθουμένου ἄνωθεν· καὶ ῥύσεως πολλῆς πνευμάτων γενομένης καὶ οὐ δυναμένης εἰς τὰ [105] πλάγια διαρρυῆναι διὰ τὴν πέριξ τοῦ ἀέρος πίλησιν. καὶ ἕως μὲν γῆς τοῦ πρηστῆρος καθιεμένου στρόβιλοι γίνονται, ὡς ἂν καὶ ἡ ἀπογέννησις κατὰ τὴν κίνησιν τοῦ πνεύματος γίνηται·ἕως δὲ θαλάττης δῖνοι ἀποτελοῦνται.

Σεισμοὺς ἐνδέχεται γίνεσθαι καὶ κατὰ πνεύματος ἐν τῇ γῇ ἀπόληψιν καὶ παρὰ μικροὺς ὄγκους αὐτῆς παράθεσιν καὶ συνεχῆ κίνησιν, ὃ τὴν κράδανσιν τῇ γῇ παρασκευάζει. καὶ τὸ πνεῦμα τοῦτο ἢ ἔξωθεν ἐμπεριλαμβάνει <ἢ> ἐκ τοῦ πίπτειν εἴσω ἐδάφη εἰς ἀντροειδεῖς τόπους τῆς γῆς ἐκπνευματοῦντα τὸν ἐπειλημμένον ἀέρα. <καὶ> κατ' αὐτὴν δὲ τὴν διάδοσιν τῆς κινήσεως ἐκ τῶν πτώσεων ἐδαφῶν πολλῶν καὶ πάλιν ἀνταπόδοσιν, ὅταν πυκνώμασι σφοδροτέροις τῆς γῆς ἀπαντήσῃ, ἐνδέχεται σεισμοὺς [106] ἀποτελεῖσθαι. καὶ κατ' ἄλλους δὲ πλείους τρόπους τὰς κινήσεις ταύτας τῆς γῆς γίνεσθαι.

[215]

Los vientos surgen cuando en ocasiones cantidades de materia externa se abren paso de forma continua y progresiva en el aire, así como cuando se reúne una gran masa de agua. El resto de los vientos surge cuando alguno de ellos cae en las numerosas cavidades de la tierra y por tanto se divide y multiplica.

El granizo está causado por la violenta congelación y posterior distribución en gotas de ciertas partículas sutiles. También por la congelación leve de ciertas partículas húmedas en la cercanía de ciertas partículas de viento, que las contraen hasta hacerlas estallar, convertidas en pequeñas partículas fuertemente congeladas. [107] No es inadmisible afirmar que la forma redonda de las piedras de granizo se deba a que las extremidades de las mismas están fundidas por todos sus lados y al hecho de que, como se ha explicado, las partículas, ya sean húmedas o sutiles, rodean las piedras de granizo de manera uniforme por todos sus lados cuando se congelan.

La nieve se forma cuando las nubes dejan escapar a través de una serie de poros simétricos una fina lluvia debido a la presión continua de las nubes entre sí y a la acción violenta de los vientos que las ponen en movimiento. Luego, la lluvia se congela en su camino debido a un enfriamiento violento de las regiones por debajo de las nubes. O, asimismo, la nieve podría formarse debido a la congelación de las nubes de densidad uniforme. La nieve procedería en este caso de nubes contiguas, densas y húmedas, las cuales producirían la compresión que causa el granizo, algo que sucede sobre todo en primavera. [108] Cuando las nubes congeladas se rozan entre sí, esta acumulación de nieve puede ser arrojada fuera. Y hay otras maneras en las que podría formarse la nieve.

Τὰ δὲ πνεύματα συμβαίνει γίνεσθαι κατὰ χρόνον ἀλλοφυλίας τινὸς ἀεὶ καὶ κατὰ μικρὸν παρεισδυομένης, καὶ καθ' ὕδατος ἀφθόνου συλλογήν· τὰ δὲ λοιπὰ πνεύματα γίνεται καὶ ὀλίγων πεσόντων εἰς τὰ πολλὰ κοιλώματα, διαδόσεως τούτων γινομένης.

Χάλαζα συντελεῖται καὶ κατὰ πῆξιν ἰσχυροτέραν, πάντοθεν δὲ πνευματωδῶν περίστασίν τινων καὶ καταμέρισιν· καὶ <κατὰ> πῆξιν μετριωτέραν ὑδατοειδῶν τινων, <καὶ> ὁμοῦ ῥῆξιν, ἅμα τήν τε σύνωσιν αὐτῶν ποιουμένην καὶ τὴν διάρρηξιν πρὸς τὸ κατὰ [107] μέρη συνίστασθαι πηγνύμενα καὶ κατὰ ἀθρόοτητα. ἡ δὲ περι- φέρεια οὐκ ἀδυνάτως μὲν ἔχει γίνεσθαι πάντοθεν τῶν ἄκρων ἀποτηκομένων καὶ ἐν τῇ συστάσει πάντοθεν, ὡς λέγεται, κατὰ μέρη ὁμαλῶς περισταμένων εἴτε ὑδατοειδῶν τινων εἴτε πνευματωδῶν.

Χιόνα δ' ἐνδέχεται συντελεῖσθαι καὶ ὕδατος λεπτοῦ ἐκχεομένου ἐκ τῶν νεφῶν διὰ πόρων συμμετρίας καὶ θλίψεις ἐπιτηδείων νεφῶν ἀεὶ ὑπὸ πνεύματος σφοδρᾶς, εἶτα τούτου πῆξιν ἐν τῇ φορᾷ λαμβάνοντος διά τινα ἰσχυρὰν ἐν τοῖς κατωτέρω τόποις τῶν νεφῶν ψυχρασίας περίστασιν. καὶ κατὰ πῆξιν δ' ἐν τοῖς νέφεσιν ὁμαλῆ ἀραιότητα ἔχουσι τοιαύτη πρόεσις ἐκ τῶν νεφῶν γίνοιτο ἂν πρὸς ἄλληλα θλιβομένων <τῶν> ὑδατοειδῶν καὶ συμπαρακειμένων· ἃ οἱονεὶ σύνωσιν ποιούμενα χάλαζαν ἀπο- [108] τελεῖ, ὃ μάλιστα γίνεται ἐν τῷ ἔαρι. καὶ κατὰ τρῖψιν δὲ νεφῶν πῆξιν εἰληφότων ἀπόπαλσιν ἂν λαμβάνοι τὸ τῆς χιόνος τοῦτο ἄθροισμα. καὶ κατ' ἄλλους δὲ τρόπους ἐνδέχεται χιόνα συντελεῖσθαι.

El rocío se forma cuando las partículas procedentes del aire que son capaces de producir este tipo de humedad se reúnen. Pero el rocío se podría deber asimismo a la extracción de estas partículas de lugares húmedos o acuosos en los que normalmente se produce el rocío. Posteriormente, estas partículas se funden y retornan a su forma acuosa. Similares fenómenos podemos observar con nuestros propios ojos. [109] Por ejemplo, la formación de la escarcha no es diferente de la del rocío; ciertas partículas de tal naturaleza se espesan debido a la acción del aire frío que rodea el lugar.

El hielo se forma por la expulsión del agua de los átomos redondos, y la compresión de los átomos con ángulos escalenos y agudos contenidos en la misma; o asimismo por la adición de tales átomos provenientes del exterior, que siendo impulsados juntos en el agua hacen que ésta se solidifique después de la expulsión de un cierto número de átomos redondos.

Los arco iris se producen cuando el sol brilla sobre el aire húmedo, o cuando se origina una cierta mezcla de la luz con el aire que produce las cualidades distintivas de estos colores o algunas de ellas, perteneciente a una de las clases. Y cuando brilla el sol, la reflexión de esta luz en el aire circundante produce el color tal como nosotros lo vemos.

[110] La forma circular es debida al hecho de que nuestra vista percibe cada punto del dicho arco iris a igual distancia; asimismo puede deberse a que los átomos adquieren esta forma cuando se vuelven a reunir en el aire; o tal vez a que estos átomos se disocian del aire que se mueve hacia la luna; o al hecho de que ciertos átomos, al reunirse en las nubes, originan este aspecto circular.

Δρόσος συντελεῖται καὶ κατὰ σύνοδον πρὸς ἄλληλα ἐκ τοῦ ἀέρος τῶν τοιούτων, ἃ τῆς τοιαύτης ὑγρασίας ἀποτελεστικὰ γίνεται· καὶ κατ' ἀναφορὰν δὲ ἢ ἀπὸ νοτερῶν τόπων ἢ ὕδατα κεκτημένων, ἐν οἷς τόποις μάλιστα δρόσος συντελεῖται, εἶτα σύνοδον τούτων εἰς τὸ αὐτὸ λαβόντων καὶ ἀποτέλεσιν ὑγρασίας καὶ πάλιν φορὰν ἐπὶ τοὺς κάτω τόπους, καθάπερ ὁμοίως καὶ παρ' ἡμῖν ἐπὶ πλειόνων τοιαῦτά τινα <συντελούμενα θεωρεῖται. [109] καὶ πάχνη δὲ οὐ διαφερόντως> συντελεῖται τῶν δρόσων, τοιούτων τινῶν πῆξίν τινα ποιὰν λαβόντων διὰ περίστασίν τινα ἀέρος ψυχροῦ.

Κρύσταλλος συντελεῖται καὶ κατ' ἔκθλιψιν μὲν τοῦ περιφεροῦς σχηματισμοῦ ἐκ τοῦ ὕδατος, σύνωσιν δὲ τῶν σκαληνῶν καὶ ὀξυγωνίων τῶν ἐν τῷ ὕδατι ὑπαρχόντων· καὶ κατὰ <τὴν> ἔξωθεν δὲ τῶν τοιούτων πρόσκρισιν, ἃ συνελασθέντα πῆξιν τῷ ὕδατι παρεσκεύασε, ποσὰ τῶν περιφερῶν ἐκθλίψαντα.

Ἶρις γίνεται κατὰ πρόσλαμψιν τοῦ ἡλίου πρὸς ἀέρα ὑδατοειδῆ· ἢ κατὰ σύμφυσιν ἰδίαν τοῦ τε φωτὸς καὶ τοῦ ἀέρος, ἢ τὰ τῶν χρωμάτων τούτων ἰδιώματα ποιήσει εἴτε πάντα εἴτε μονοειδῶς· ἀφ' οὗ πάλιν ἀπολάμποντος τὰ ὁμοροῦντα τοῦ ἀέρος χρῶσιν ταύτην λήψεται οἵαν θεωροῦμεν, κατὰ πρόσλαμψιν πρὸς τὰ [110] μέρη. τὸ δὲ τῆς περιφερείας τοῦτο φάντασμα γίνεται διὰ τὸ τὸ διάστημα πάντοθεν ἴσον ὑπὸ τῆς ὄψεως θεωρεῖσθαι, ἢ σύνωσιν τοιαύτην λαμβανουσῶν τῶν ἐν τῷ ἀέρι <ἀ>τόμων ἢ ἐν τοῖς νέφεσιν ἀπὸ τοῦ αὐτοῦ ἀέρος [προσφερομένου πρὸς τὴν σελήνην] ἀποφερομένων [ἀτόμων] περιφέρειάν τινα καθίεσθαι τὴν σύγκρισιν ταύτην.

El halo de la luna se produce porque el aire proveniente de otras regiones se extiende uniformemente hacia la luna e intercepta los rayos emitidos por este astro, formando alrededor de la misma una especie de nube circular que la oculta parcialmente; el halo puede asimismo deberse a que la luna expele el aire que la rodea de manera uniforme, produciendo este denso anillo circular que la rodea. [111] Y quizás puede asimismo ser causado por la irrupción de ciertas corrientes de aire provenientes de fuera; o al calor que comunica a la luna la propiedad de emitir a través de los poros de su superficie este efecto.

Los cometas se producen ya sea porque en ciertas ocasiones se produce fuego en algunos puntos del cielo o bien porque en ciertos momentos el cielo produce sobre todos nosotros un movimiento particular que causa que aparezcan. También pueden deberse a que en determinadas condiciones las estrellas son dotadas de movimiento y avanzan hacia las regiones que nosotros habitamos y, en consecuencia, las vemos. Las razones opuestas explican su desaparición. [112] Ciertas estrellas se mueven, y vuelven al mismo punto del que partieron cumpliendo sus revoluciones; y este hecho se debe, no como en ocasiones se ha indicado, únicamente al hecho de que las estrellas giran alrededor de esta parte del universo que permanece inmóvil, sino al hecho de que los giros de la atmósfera que los rodea les impiden escaparse de nuestra vista como hacen las estrellas errantes. Es posible asimismo que este fenómeno esté causado por el hecho de que haya un cierto material que les es necesario en la ruta en la que se mueven, y que dicho material escasee en otras regiones del universo por las que no circulan.

Ἅλως περὶ τὴν σελήνην γίνεται καὶ [κατὰ] πάντοθεν ἀέρος προσφερομένου πρὸς τὴν σελήνην ἢ τὰ ἀπ' αὐτῆς ῥεύματα ἀποφερόμενα ὁμαλῶς ἀναστέλλοντος ἐπὶ τοσοῦτον ἐφ' ὅσον κύκλῳ περιστῆσαι τὸ νεφοειδὲς τοῦτο καὶ μὴ τὸ παράπαν διακρῖναι, ἢ καὶ τὸν πέριξ ἀέρα αὐτῆς ἀναστέλλοντος συμμέτρως πάντοθεν [111] εἰς τὸ περιφερὲς τὸ περὶ αὐτὴν καὶ παχυμερὲς περιστῆσαι. ὃ γίνεται κατὰ μέρη τινὰ ἤτοι ἔξωθεν βιασαμένου τινὸς ῥεύματος ἢ τῆς θερμασίας ἐπιτηδείων πόρων ἐπιλαμβανομένης εἰς τὸ τοῦτο ἀπεργάσασθαι.

Κομῆται ἀστέρες γίνονται ἤτοι πυρὸς ἐν τόποις τισὶ διὰ χρόνων τινῶν ἐν τοῖς μετεώροις συντρεφομένου περιστάσεως γινομένης, ἢ ἰδίαν τινὰ κίνησιν διὰ χρόνων τοῦ οὐρανοῦ ἴσχοντος ὑπὲρ ἡμᾶς, ὥστε τὰ τοιαῦτα ἄστρα ἀναφανῆναι, ἢ αὐτὰ ἐν χρόνοις τισὶν ὁρμῆσαι διά τινα περίστασιν καὶ εἰς τοὺς καθ' ἡμᾶς τόπους ἐλθεῖν καὶ ἐκφανῆ γενέσθαι· τήν τε ἀφάνισιν τούτων γίνεσθαι [112] παρὰ τὰς ἀντικειμένας ταύταις αἰτίας. τινὰ ἄστρα στρέφεται αὐτοῦ ὃ συμβαίνει οὐ μόνον τῷ τὸ μέρος τοῦτο τοῦ κόσμου ἑστάναι περὶ ὃ τὸ λοιπὸν στρέφεται καθάπερ τινές φασιν, ἀλλὰ καὶ τῷ δίνην ἀέρος ἔγκυκλον αὐτῷ περιεστάναι, ἣ κωλυτικὴ γίνεται τοῦ περιπολεῖν, ὡς καὶ τὰ ἄλλα· ἢ καὶ διὰ τὸ ἐξῆς μὲν αὐτοῖς ὕλην ἐπιτηδείαν μὴ εἶναι, ἐν δὲ τούτῳ τῷ τόπῳ ἐν ᾧ κείμενα θεωρεῖται. καὶ κατ' ἄλλους δὲ πλείονας τρόπους τοῦτο δυνατὸν συντελεῖσθαι, ἐάν τις δύνηται τὸ σύμφωνον τοῖς φαινομένοις συλλογίζεσθαι.

Y si razonamos de acuerdo con los hechos sensibles, se puede explicar este fenómeno de muchas otras maneras, [113] por lo que es posible razonar que ciertas estrellas vaguen porque ésa es la naturaleza de sus movimientos y, por la misma razón, que los demás astros permanezcan inmóviles. O que la misma necesidad obligue a algunos astros a seguir su órbita regularmente, y otros se vean obligados a realizar una órbita irregular; también es posible razonar que en algunas de las regiones que atraviesan, las corrientes de aire tienen un carácter uniforme, lo cual favorecería su órbita regular, ardiendo en una única dirección, y que por contra otras corrientes distintas produzcan las irregularidades que observamos. Pero asignar una causa única para todos estos fenómenos, cuando la experiencia de nuestros sentidos nos sugiere varios, es insensato e inconsistente [con las observaciones]. No obstante, ésta es la postura de ciertos astrónomos ignorantes que asignan causas imaginarias a los hechos, asignando a los dioses tareas que no les son propias.

[114] El hecho de que algunos astros se retrasen con respecto a otros se puede deber al hecho de que se muevan más lentamente, aunque avancen a través del mismo círculo, o bien, al hecho de que siendon afectados por el mismo impulso, sean forzados a retroceder y a moverse en dirección contraria; o puede deberse asimismo al hecho de que, aunque todos circulan a través de la misma esfera de movimiento, algunos tienen más espacio para desplazarse que otros. Pero dar una única explicación a todos estos hechos es propio de aquéllos a quienes les gusta engatusar a la multitud mediante prodigios mágicos.

τινὰ τῶν ἄστρων πλανᾶσθαι, εἰ οὕτω ταῖς [113] κινήσεσι χρώμενα συμβαίνει, τινὰ δὲ μὴ <οὕτω> κινεῖσθαι ἐνδέχεται μὲν καὶ παρὰ τὸ κύκλῳ κινούμενα ἐξ ἀρχῆς οὕτω κατηναγκάσθαι, ὥστε τὰ μὲν κατὰ τὴν αὐτὴν δίνην φέρεσθαι ὁμαλὴν οὖσαν, τὰ δὲ κατὰ τὴν ἅμα τισὶν ἀνωμαλίαις χρωμένην· ἐνδέχεται δὲ καὶ καθ' οὓς τόπους φέρεται οὗ μὲν παρεκτάσεις ἀέρος εἶναι ὁμαλὰς ἐπὶ τὸ αὐτὸ συνωθούσας κατὰ τὸ ἑξῆς ὁμαλῶς τε ἐκκαούσας, οὗ δὲ ἀνωμαλεῖς οὕτως ὥστε τὰς θεωρουμένας παραλλαγὰς συντελεῖσθαι. τὸ δὲ μίαν αἰτίαν τούτων ἀποδιδόναι, πλεοναχῶς τῶν φαινομένων ἐκκαλουμένων, μανικὸν καὶ οὐ καθηκότως πραττόμενον ὑπὸ τῶν τὴν ματαίαν ἀστρολογίαν ἐζηλωκότων καὶ εἰς τὸ κενὸν αἰτίας τινῶν ἀποδιδόντων, ὅταν τὴν θείαν [114] φύσιν μηθαμῇ λειτουργιῶν ἀπολύωσι.

τινὰ ἄστρα ὑπολειπόμενά τινων θεωρεῖσθαι συμβαίνει καὶ παρὰ τὸ βραδύτερον συμπεριφέρεσθαι τὸν αὐτὸν κύκλον περιιόντα καὶ παρὰ τὸ τὴν ἐναντίαν κινεῖσθαι ἀντισπώμενα ὑπὸ τῆς αὐτῆς δίνης· καὶ παρὰ τὸ περιφέρεσθαι τὰ μὲν διὰ πλείονος τόπου, τὰ δὲ δι' ἐλάττονος, τὴν αὐτὴν δίνην περικυκλοῦντα. τὸ δὲ ἁπλῶς ἀποφαίνεσθαι περὶ τούτων καθῆκόν ἐστι τοῖς τερατεύεσθαί τι πρὸς τοὺς πολλοὺς βουλομένοις.

El fenómeno conocido como caída de estrellas [estrellas fugaces y meteoritos] puede deberse a colisiones entre ellas, o a fragmentos desprendidos de las estrellas debido a la mezcla de aire y fuego, tal como dijimos cuando hablábamos de los relámpagos, [115] pero también pueden deberse a la confluencia de átomos inflamables que se reúnen con el fin de producir este efecto por una especie de atracción recíproca, o bien por el movimiento que se produce posteriormente como consecuencia del impulso que los unió en un primer momento. También pueden deberse a que ciertos vapores de luz se concentren y, una vez condensados, estallen a consecuencia de su movimiento rotatorio y, que avancen posteriormente hacia los lugares a donde la fuerza que los anima los arrastra. Y este fenómeno se puede explicar de muchos otros modos sin recurrir a los mitos.

Los presagios que se elaboran a partir del comportamiento de ciertos animales son fruto de una coincidencia fortuita de circunstancias en el tiempo, porque no hay una conexión necesaria entre el comportamiento animal y las tormentas. Ni tampoco hay seres de naturaleza divina sentados en lo alto mirando cómo estos animales salen y hacen las señales de este tipo. [116] Tal necedad no es propia ni de la más iletrada de las personas, por lo que mucho menos lo sería de seres que están en posesión de la felicidad perfecta.

Pitocles, memoriza todos estos preceptos y así te liberarás fácilmente de las fábulas, y te será fácil descubrir otras verdades por analogía.

Οἱ λεγόμενοι ἀστέρες ἐκπίπτειν καὶ παρὰ μέρος κατὰ παράτριψιν ἑαυτῶν δύνανται συντελεῖσθαι καὶ παρὰ ἔκπτωσιν οὗ ἂν ἡ ἐκπνευμάτωσις γένηται, καθά περ καὶ ἐπὶ τῶν ἀστραπῶν ἐλέγο- [115] μεν·καὶ κατὰ σύνοδον δὲ ἀτόμων πυρὸς ἀποτελεστικῶν, συμφυλίας γενομένης εἰς τὸ τοῦτο τελέσαι, καὶ [κατὰ] κίνησιν οὗ ἂν ἡ ὁρμὴ ἐξ ἀρχῆς κατὰ τὴν σύνοδον γένηται· καὶ κατὰ πνεύματος δὲ συλλογὴν ἐν πυκνώμασί τισιν [ἐν] ὁμιχλοειδέσι, καὶ ἐκπύρωσιν τούτου διὰ τὴν κατείλησιν, εἶτ' ἐπέκρηξιν τῶν περιεχόντων, καὶ ἐφ' ὃν ἂν τόπον ἡ ὁρμὴ γένηται τῆς φορᾶς, εἰς τοῦτον φερομένου. καὶ ἄλλοι δὲ τρόποι εἰς τὸ τοῦτο τελέσαι ἀμύθητοί εἰσιν.

Αἱ δ' ἐπισημασίαι αἱ γινόμεναι ἐπί τισι ζῴοις κατὰ συγκύρημα γίνονται τοῦ καιροῦ· οὐ γὰρ τὰ ζῷα ἀνάγκην τινὰ προσφέρεται τοῦ ἀποτελεσθῆναι χειμῶνα, οὐδὲ κάθηταί τις θεία φύσις παρατηροῦσα τὰς τῶν ζῴων τούτων ἐξόδους κἄπειτα τὰς [116] ἐπισημασίας ταύτας ἐπιτελεῖ. οὐδὲ γὰρ <ἂν> εἰς τὸ τυχὸν ζῷον, κἂν <εἰ> μικρὸν χαριέστερον εἴη, τοιαύτη μωρία ἐμπέσοι, μὴ ὅτι εἰς παντελῆ εὐδαιμονίαν κεκτημένον.

Ταῦτα δὴ πάντα, Πυθόκλεις, μνημόνευσον· κατὰ πολύ τε γὰρ τοῦ μύθου ἐκβήσῃ

Pero, por encima de todo, empléate en el estudio de los principios generales, de lo infinito, y de cuestiones relacionadas a éstas, y en el estudio de los diferentes criterios [de verdad], de las pasiones, del bien principal y, de las razones que nos motivan a elegir entre uno u otro bien. Porque el estudio de estas cuestiones te permitirá entender las causas de los fenómenos particulares. Y, aquéllos que no se dediquen al estudio de estos principios no serán capaces de dar una buena explicación a estos fenómenos, ni lograrán el propósito que pretendemos alcanzar al estudiarlos.

[117] Esto es cuanto opino de los fenómenos celestes.

καὶ τὰ ὁμογενῆ τούτοις συνορᾶν δυνήσῃ·μάλιστα δὲ σεαυτὸν ἀπόδος εἰς τὴν τῶν ἀρχῶν καὶ ἀπειρίας καὶ τῶν συγγενῶν τούτοις θεωρίαν, ἔτι δὲ κριτηρίων καὶ παθῶν καὶ οὗ ἕνεκεν ταῦτα ἐκλογιζόμεθα·ταῦτα γὰρ μάλιστα συνθεωρούμενα ῥᾳδίως τὰς περὶ τῶν κατὰ μέρος αἰτίας συνορᾶν ποιήσει. οἱ δὲ ταῦτα μὴ καταγαπήσαντες ἢ μάλιστα οὔτ' <ἂν> αὐτὰ ταῦτα καλῶς συνθεωρήσαιεν οὔτε οὗ ἕνεκεν δεῖ θεωρεῖν ταῦτα περιεποιήσαντο.

[117] Ταῦτα αὐτῷ καὶ περὶ τῶν μετεώρων δοκεῖ.

Máximas
fundamentales

1. [139] Un ser bienaventurado e inmortal [un dios], ni tiene problemas, ni causa problemas a otros, de modo que no lo domina ni la ira ni el afecto, pues todo esto conlleva debilidad. [*En otros pasajes dice Epicuro que los dioses son un producto de las especulaciones de la razón: algunas existentes en virtud de los números y otros de acuerdo con alguna similitud en la forma, y que surgen del continuo fluir de imágenes similares, perfeccionados con este fin en forma humana*].

2. La muerte no nos afecta en nada; pues una vez disuelto el cuerpo en sus elementos es insensible y, si [el cuerpo] es insensible [la muerte] no nos afecta en nada.

3. El mayor placer consiste en la total eliminación del dolor. Cuando gozamos del placer de forma ininterrumpida no hay dolor, ya sea corporal o mental, o ambos a la vez.

4. [140] El dolor constante no dura mucho tiempo en el cuerpo. Por contra, el dolor, si es extremo, persiste durante muy poco tiempo. Y un dolor semejante que nos priva del placer no subsiste muchos días. Las enfermedades de larga duración permiten incluso que gocemos de más placer que dolor en el cuerpo.

5. No es posible vivir plácidamente sin vivir prudente, honesta y justamente, y es imposible vivir prudente, honesta y justamente sin vivir plácidamente. La prudencia, la honestidad y la justicia son ingredientes esenciales de una vida placentera.

1. Τὸ μακάριον καὶ ἄφθαρτον οὔτε αὐτὸ πράγματα ἔχει οὔτε ἄλλῳ παρέχει·ὥστε οὔτε ὀργαῖς οὔτε χάρισι συνέχεται·ἐν ἀσθενεῖ γὰρ πᾶν τὸ τοιοῦτον.

2. Ὁ θάνατος οὐδὲν πρὸς ἡμᾶς·τὸ γὰρ διαλυθὲν ἀναισθητεῖ, τὸ δ' ἀναισθητοῦν οὐδὲν πρὸς ἡμᾶς.

3. Ὅρος τοῦ μεγέθους τῶν ἡδονῶν ἡ παντὸς τοῦ ἀλγοῦντος ὑπεξαίρεσις. ὅπου δ' ἂν τὸ ἡδόμενον ἐνῇ, καθ' ὃν ἂν χρόνον ᾖ, οὐκ ἔστι τὸ ἀλγοῦν ἢ τὸ λυπούμενον ἢ τὸ συναμφότερον.

4. Οὐ χρονίζει τὸ ἀλγοῦν συνεχῶς ἐν τῇ σαρκί, ἀλλὰ τὸ μὲν ἄκρον τὸν ἐλάχιστον χρόνον πάρεστι, τὸ δὲ μόνον ὑπερτεῖνον τὸ ἡδόμενον κατὰ σάρκα οὐ πολλὰς ἡμέρας συμβαίνει·αἱ δὲ πολυχρόνιοι τῶν ἀρρωστιῶν πλεονάζον ἔχουσι τὸ ἡδόμενον ἐν τῇ σαρκὶ ἤ περ τὸ ἀλγοῦν.

5. Οὐκ ἔστιν ἡδέως ζῆν ἄνευ τοῦ φρονίμως καὶ καλῶς καὶ δικαίως <οὐδὲ φρονίμως καὶ καλῶς καὶ δικαίως> ἄνευ τοῦ ἡδέως·ὅτῳ δ' ἓν τούτων μὴ ὑπάρχει οἷον ζῆν φρονίμως, καὶ καλῶς καὶ δικαίως ὑπάρχει, οὐκ ἔστι τοῦτον ἡδέως ζῆν.

6. A fin de buscar protección con respecto al resto de los hombres por cualquier medio,

6. [Cont.] [141] y olvidando la naturaleza del gobierno y del poder soberano, algunos hombres han deseado ser eminentes y poderosos, pensando que así iban a garantizar su seguridad con respecto al resto de los hombres. De este modo, si la vida de estos hombres estuvo asegurada, lograron su objetivo; pero si no lo estuvo, entonces fracasaron al no haber obtenido aquello que en virtud de un impulso natural desearon en un principio.

7. Ningún placer es malo por sí mismo pero las cosas que producen ciertos placeres conllevan a menudo muchas más turbaciones que placeres.

8. [142] Si todo placer se condensase y perdurase mucho tiempo, y afectase a todo el cuerpo, o a las partes esenciales del mismo, entonces no se distinguirían unos placeres de los otros.

9. Si las cosas que producen placer entre los voluptuosos realmente les liberasen de los temores de la mente, esto es, de los miedos inspirados por los fenómenos celestes y atmosféricos, del miedo a la muerte, del miedo al dolor, y si, además, les enseñaran a limitar sus deseos, no tendríamos nada que recriminar a este tipo de personas, ya que gozarían de gran cantidad de placeres y estarían exentos de todo dolor, ya sea físico o mental, es decir, de todo mal.

6. Ἕνεκα τοῦ θαρρεῖν ἐξ ἀνθρώπων ἦν κατὰ φύσιν ἀγαθόν, ἐξ ὧν ἄν ποτε τοῦτο οἷός τ' ᾖ παρασκευάζεσθαι.

7. Ἔνδοξοι καὶ περίβλεπτοί τινες ἐβουλήθησαν γενέσθαι, τὴν ἐξ ἀνθρώπων ἀσφάλειαν οὕτω νομίζοντες περιποιήσεσθαι. ὥστε εἰ μὲν ἀσφαλὴς ὁ τῶν τοιούτων βίος, ἀπέλαβον τὸ τῆς φύσεως ἀγαθόν εἰ δὲ μὴ ἀσφαλής, οὐκ ἔχουσιν οὗ ἕνεκα ἐξ ἀρχῆς κατὰ τὸ τῆς φύσεως οἰκεῖον ὠρέχθησαν.

8. Οὐδεμία ἡδονὴ καθ' ἑαυτὴν κακόν· ἀλλὰ τὰ τινῶν ἡδονῶν ποιητικὰ πολλαπλασίους ἐπιφέρει τὰς ὀχλήσεις τῶν ἡδονῶν.

9. Εἰ κατεπυκνοῦτο πᾶσα ἡδονή, καὶ χρόνῳ καὶ περὶ ὅλον τὸ ἄθροισμα ὑπῆρχεν ἢ τὰ κυριώτατα μέρη τῆς φύσεως, οὐκ ἄν ποτε διέφερον ἀλλήλων αἱ ἡδοναί.

10. Εἰ τὰ ποιητικὰ τῶν περὶ τοὺς ἀσώτους ἡδονῶν ἔλυε τοὺς φόβους τῆς διανοίας τούς τε περὶ μετεώρων καὶ θανάτου καὶ ἀλγηδόνων, ἔτι τε τὸ πέρας τῶν ἐπιθυμιῶν ἐδίδασκεν, οὐκ ἄν ποτε εἴχομεν ὅ τι μεμψαίμεθα αὐτοῖς, πανταχόθεν ἐκπληρουμένοις τῶν ἡδονῶν καὶ οὐδαμόθεν οὔτε τὸ ἀλγοῦν οὔτε τὸ λυπούμενον ἔχουσιν, ὅ περ ἐστὶ τὸ κακόν.

10. Si el recelo que nos causan los fenómenos celestiales y atmosféricos ni la idea de que la muerte nos afecta en algo nos inquietara, y si supiéramos cuál es el límite entre el deseo y el dolor, no tendríamos necesidad de estudiar ciencias naturales.

11. [143] Quien no conoce la naturaleza del universo y se cree las fábulas que cuentan algunos, no podrá evitar sentir miedo de las cosas que llamamos fundamentales. De este modo, no es posible disfrutar de los placeres genuinos de la vida sin estudiar ciencias naturales.

12. No tendría sentido protegerse de los hombres y continuar temiendo las cosas que ocurren por encima de nosotros, las que ocurren debajo de la tierra y las que ocurren en el universo infinito.

13. El poder y una gran riqueza pueden garantizar una cierta protección en lo que se refiere a los hombres, pero la seguridad de los hombres depende en general de la tranquilidad de sus almas, de la ausencia de ambición.

14. [144] Los bienes naturales tienen sus límites y son fáciles de obtener, pero los deseos vanos son insaciables.

15. La fortuna pocas veces afecta al sabio, ya que sus más grandes y más altas aspiraciones han sido, son y serán, determinadas por la razón a través del curso de su vida.

11. Εἰ μηθὲν ἡμᾶς αἱ τῶν μετεώρων ὑποψίαι ἠνώχλουν καὶ αἱ περὶ θανάτου, μή ποτε πρὸς ἡμᾶς ᾖ τι, ἔτι τε τὸ μὴ κατανοεῖν τοὺς ὅρους τῶν ἀλγηδόνων καὶ τῶν ἐπιθυμιῶν, οὐκ ἂν προσεδεόμεθα φυσιολογίας.

12. Οὐκ ἦν τὸ φοβούμενον λύειν ὑπὲρ τῶν κυριωτάτων μὴ κατειδότα τίς ἡ τοῦ σύμπαντος φύσις, ἀλλ' ὑποπτευόμενόν τι τῶν κατὰ τοὺς μύθους. ὥστε οὐκ ἦν ἄνευ φυσιολογίας ἀκεραίους τὰς ἡδονὰς ἀπολαμβάνειν.

13. Οὐθὲν ὄφελος ἦν τὴν κατὰ ἀνθρώπους ἀσφάλειαν παρασκευάζεσθαι τῶν ἄνωθεν ὑπόπτων καθεστώτων καὶ τῶν ὑπὸ γῆς καὶ ἁπλῶς τῶν ἐν τῷ ἀπείρῳ.

14. Τῆς ἀσφαλείας τῆς ἐξ ἀνθρώπων γενομένης μέχρι τινὸς δυνάμει τινὶ ἐξερειστικῇ καὶ εὐπορίᾳ εἰλικρινεστάτῃ γίνεται ἡ ἐκ τῆς ἡσυχίας καὶ ἐκχωρήσεως τῶν πολλῶν ἀσφάλεια.

15. Ὁ τῆς φύσεως πλοῦτος καὶ ὥρισται καὶ εὐπόριστός ἐστιν· ὁ δὲ τῶν κενῶν δοξῶν εἰς ἄπειρον ἐκπίπτει.

16. Βραχέα σοφῷ τύχη παρεμπίπτει, τὰ δὲ μέγιστα καὶ κυριώτατα ὁ λογισμὸς διῴκησε κατὰ τὸν συνεχῆ χρόνον τοῦ βίου.

16. El justo goza de la mayor paz espiritual; al injusto le mortifica la inquietud.

17. El placer corporal no admite incremento una vez que se ha eliminado el dolor que causa el deseo; después sólo admite variación. La más perfecta felicidad mental se alcanza por tanto cuando se reflexiona sobre estas cosas y otras que les son afines, y que son la causa de los mayores tormentos.

18. [145] El tiempo ilimitado y el tiempo limitado aportan una cantidad igual de placer, si medimos racionalmente los límites del placer.

19. El cuerpo podría experimentar un placer sin límites, si dispusiese de toda la eternidad. Pero la razón, que nos permite concebir el final de la vida y la disolución del cuerpo, y liberarnos así de los temores relativos a la eternidad, pone al alcance de nosotros toda la felicidad que la vida es capaz de generar, tan completamente que no tenemos necesidad de desear la eternidad. Y es así que el hombre no renuncia al placer, incluso cuando se presta a morir debido a las circunstancias, ya que morir así es para él únicamente interrumpir una vida llena de felicidad.

20. [146] Aquél que sabe cuáles son los límites de la vida entiende lo fácil que es obtener lo suficiente como para eliminar el dolor que produce la miseria y alcanzar lo necesario para gozar de una vida completa y perfecta. De este modo no tiene necesidad de las cosas que no se obtienen sino con problemas.

17. Ὁ δίκαιος ἀταρακτότατος, ὁ δ' ἄδικος πλείστης ταραχῆς γέμων.

18. Οὐκ ἐπαύξεται ἐν τῇ σαρκὶ ἡ ἡδονή, ἐπειδὰν ἅπαξ τὸ κατ' ἔνδειαν ἀλγοῦν ἐξαιρεθῇ, ἀλλὰ μόνον ποικίλλεται· τῆς δὲ διανοίας τὸ πέρας τὸ κατὰ τὴν ἡδονὴν ἀπεγέννησεν ἥ τε τούτων αὐτῶν ἐκλόγισις καὶ τῶν ὁμογενῶν τούτοις, ὅσα τοὺς μεγίστους φόβους παρεσκεύαζε τῇ διανοίᾳ.

19. Ὁ ἄπειρος χρόνος ἴσην ἔχει τὴν ἡδονὴν καὶ ὁ πεπερασμένος, ἐάν τις αὐτῆς τὰ πέρατα καταμετρήσῃ τῷ λογισμῷ.

20. Ἡ μὲν σὰρξ ἀπέλαβε τὰ πέρατα τῆς ἡδονῆς ἄπειρα καὶ ἄπειρος αὐτὴν χρόνος ἀρέσκοι ἄν. ἡ δὲ διάνοια τοῦ τῆς σαρκὸς τέλους καὶ πέρατος λαβοῦσα τὸν ἐπιλογισμὸν καὶ τοὺς ὑπὲρ τοῦ αἰῶνος φόβους ἐκλύσασα τὸν παντελῆ βίον παρεσκεύασεν, καὶ οὐθὲν ἔτι τοῦ ἀπείρου χρόνου προσεδεήθη· <οὐ> μὴν ἀλλ' οὔτε ἔφυγε τὴν ἡδονὴν οὔθ' ἡνίκα τὴν ἐξαγωγὴν ἐκ τοῦ ζῆν τὰ πράγματα παρεσκεύαζεν, ὡς ἐλλείπουσά τι τοῦ ἀρίστου βίου κατέστρεφεν.

21. Ὁ τὰ πέρατα τοῦ βίου κατειδὼς οἶδεν ὡς εὐπόριστόν ἐστι τὸ <τὸ> ἀλγοῦν κατ' ἔνδειαν ἐξαιροῦν καὶ τὸ τὸν ὅλον βίον παντελῆ καθιστάν· ὥστε οὐδὲν προσδεῖται πραγμάτων ἀγῶνας κεκτημένων.

21. Debemos basar todo lo que pensamos y lo que creemos en las claras evidencias que nos aportan nuestros sentidos sobre aquello que existe, porque de lo contrario nos perderemos en un mar de incertidumbre y confusión.

22. Si no confías en tus sentidos, no tendrás nada a lo que hacer referencia, ni medio de juzgar sobre aquello que pretendes negar.

23. [147] Si rechazas las sensaciones sin distinguir los diferentes elementos de juicio, esto es, por un lado la noción real e inmediata y, por otro, la inducción que se fundamenta en las sensaciones, las pasiones, y todas las concepciones de la mente que se generan directamente a partir de dichas sensaciones que percibimos, confundirás incluso el resto de tus sentidos en virtud de creencias infundadas y, por lo tanto, rechazarás frontalmente cualquier criterio de verdad.

24. Si das por verdaderas tanto las ideas basadas en la opinión que están a la espera de confirmación, como aquéllas que no requieren confirmación, errarás, ya que juzgarás ambiguamente entre una opinión verdadera y una falsa.

25. [148] Si en cada una de nuestras acciones no nos guiamos por los designios de la naturaleza, sino que a la hora de decidir nos desviamos hacia un lado o hacia el otro, nuestros actos no serán consistentes con nuestros pensamientos.

22. Τὸ ὑφεστηκὸς δεῖ τέλος ἐπιλογίζεσθαι καὶ πᾶσαν τὴν ἐνάργειαν, ἐφ' ἣν τὰ δοξαζόμενα ἀνάγομεν· εἰ δὲ μὴ πάντα ἀκρισίας καὶ ταραχῆς ἔσται μεστά.

23. Εἰ μαχῇ πάσαις ταῖς αἰσθήσεσιν, οὐχ ἕξεις οὐδ' ἃς ἂν φῇς αὐτῶν διεψεῦσθαι πρὸς τί ποιούμενος τὴν ἀγωγὴν κρίνῃς.

24. Εἰ τιν' ἐκβαλεῖς ἁπλῶς αἴσθησιν καὶ μὴ διαιρήσεις τὸ δοξαζόμενον καὶ τὸ προσμένον καὶ τὸ παρὸν ἤδη κατὰ τὴν αἴσθησιν καὶ τὰ πάθη καὶ πᾶσαν φανταστικὴν ἐπιβολὴν τῆς διανοίας, συνταράξεις καὶ τὰς λοιπὰς αἰσθήσεις τῇ ματαίῳ δόξῃ, ὥστε τὸ κριτήριον ἅπαν ἐκβαλεῖς. εἰ δὲ βεβαιώσεις καὶ τὸ προσμένον ἅπαν ἐν ταῖς δοξαστικαῖς ἐννοίαις καὶ τὸ μὴ τὴν ἐπιμαρτύρησιν, οὐκ ἐκλείψει τὸ διεψευσμένον· ὥστ' ἀνῃρηκὼς ἔσῃ πᾶσαν ἀμφισβήτησιν καὶ πᾶσαν κρίσιν τοῦ ὀρθῶς ἢ μὴ ὀρθῶς.

25. Εἰ μὴ παρὰ πάντα καιρὸν ἐπανοίσεις ἕκαστον τῶν πραττομένων ἐπὶ τὸ τέλος τῆς φύσεως, ἀλλὰ προκαταστρέψεις εἴ τε φυγὴν εἴ τε δίωξιν ποιούμενος εἰς ἄλλό τι, οὐκ ἔσονταί σοι τοῖς λόγοις αἱ πράξεις ἀκόλουθοι.

26. Todos los deseos que no conllevan dolor cuando no son saciados son innecesarios, y el anhelo [que generan] es fácilmente eludible, ya sea cuando es difícil de obtener, o cuando la satisfacción de dichos deseos son susceptibles de producir algún daño.

27. De todas las cosas que procura la sabiduría para la felicidad de la vida, la más importante con mucho es la conquista de la amistad.

28. La misma convicción que inspira la confianza de que nada de lo que tenemos es eterno o de larga duración, nos permite asimismo entender que incluso en nuestras limitadas condiciones de vida nada incrementa tanto nuestra seguridad como la amistad.

29. [149] De nuestros deseos, algunos son naturales y necesarios, otros son naturales pero no necesarios y otros no son ni naturales ni necesarios, sino que se deben a una opinión equivocada. [*Epicuro sostiene que los deseos naturales y necesarios son los que dan término al dolor, como beber cuando se tiene sed. Son naturales y no necesarios los que sólo hacen variar el placer, pero no eliminan el dolor, como los banquetes opíparos. Las coronas y la erección de estatuas son placeres innecesarios y no naturales*].

30. Los deseos naturales que no generan dolor cuando no son satisfechos, no son necesarios. Y si son perseguidos con vehemencia cuando no se pueden satisfacer, esto no se debe a su naturaleza, sino a una opinión equivocada [falso deseo] de las personas.

26. Τῶν ἐπιθυμιῶν ὅσαι μὴ ἐπ᾽ ἀλγοῦν ἐπανάγουσιν ἐὰν μὴ συμπληρωθῶσιν, οὐκ εἰσὶν ἀναγκαῖαι ἀλλ᾽ εὐδιάχυτον τὴν ὄρεξιν ἔχουσιν, ὅταν δυσπορίστων <ἢ> ἢ βλάβης ἀπεργαστικαὶ δόξωσιν εἶναι.

27. Ὧν ἡ σοφία παρασκευάζεται εἰς τὴν τοῦ ὅλου βίου μακαριότητα, πολὺ μέγιστόν ἐστιν ἡ τῆς φιλίας κτῆσις.

28. Ἡ αὐτὴ γνώμη θαρρεῖν τε ἐποίησεν ὑπὲρ τοῦ μηθὲν αἰώνιον εἶναι δεινὸν μηδὲ πολυχρόνιον, καὶ τὴν ἐν αὐτοῖς τοῖς ὡρισμένοις ἀσφάλειαν φιλίας μάλιστα κατεῖδε συντελουμένην.

29. Τῶν ἐπιθυμιῶν αἱ μέν εἰσι φυσικαὶ <καὶ ἀναγκαῖαι·αἱ δὲ φυσικαὶ> καὶ οὐκ ἀναγκαῖαι, αἱ δὲ οὔτε φυσικαὶ οὔτε ἀναγκαῖαι ἀλλὰ παρὰ κενὴν δόξαν γινόμεναι.

30. Ἐν αἷς τῶν φυσικῶν ἐπιθυμιῶν, μὴ ἐπ᾽ ἀλγοῦν δὲ ἐπαναγουσῶν ἐὰν μὴ συντελεσθῶσιν, ὑπάρχει ἡ σπουδὴ σύντονος, παρὰ κενὴν δόξαν αὗται γίνονται, καὶ οὐ παρὰ τὴν ἑαυτῶν φύσιν οὐ διαχέονται ἀλλὰ παρὰ τὴν τοῦ ἀνθρώπου κενοδοξίαν.

31. [150] La justicia natural es un reflejo del pragmatismo, por ejemplo, no causar ningún mal a otros ni sufrir mal alguno de mano de otros.

32. Aquellos animales que no son capaces de hacer pactos entre sí a fin de no infligir ni sufrir daño alguno, no conocen la justicia ni la injusticia. Y los pueblos que, o bien no pueden o no quieren suscribir pactos con dicho fin, son similares a aquéllos.

33. La justicia no tiene existencia independiente sino que resulta de los contratos que suscriben los hombres, en virtud de los cuales se establece un compromiso con el fin de no hacerse daño mutuamente.

34. [151] La injusticia no es intrínsecamente mala sino por el hecho de que conlleva el miedo a no poder escapar de aquéllos que han sido nombrados para castigar las acciones consideradas injustas.

35. Es imposible que el hombre que secretamente transgrede el pacto social de no causar daño ni ser dañado no sea descubierto. Incluso si ha escapado en muchas ocasiones, nunca estará seguro de que no va a ser descubierto.

36. Desde un punto de vista general, la justicia es la misma para todos, porque es algo útil para la convivencia. Sin embargo, el concepto de justicia varía según el lugar y otras diversas circunstancias.

31. Τὸ τῆς φύσεως δίκαιόν ἐστι σύμβολον τοῦ συμφέροντος εἰς τὸ μὴ βλάπτειν ἀλλήλους μηδὲ βλάπτεσθαι.

32. Ὅσα τῶν ζῴων μὴ ἐδύνατο συνθήκας ποιεῖσθαι τὰς ὑπὲρ τοῦ μὴ βλάπτειν ἄλλα μηδὲ βλάπτεσθαι, πρὸς ταῦτα οὐθὲν ἦν δίκαιον οὐδὲ ἄδικον· ὡσαύτως δὲ καὶ τῶν ἐθνῶν ὅσα μὴ ἐδύνατο ἢ μὴ ἐβούλετο τὰς συνθήκας ποιεῖσθαι τὰς ὑπὲρ τοῦ μὴ βλάπτειν μηδὲ βλάπτεσθαι.

33. Οὐκ ἦν τι καθ᾽ ἑαυτὸ δικαιοσύνη, ἀλλ᾽ ἐν ταῖς μετ᾽ ἀλλήλων συστροφαῖς καθ᾽ ὁπηλίκους δή ποτε ἀεὶ τόπους συνθήκη τις ὑπὲρ τοῦ μὴ βλάπτειν ἢ βλάπτεσθαι.

34. Ἡ ἀδικία οὐ καθ᾽ ἑαυτὴν κακόν, ἀλλ᾽ ἐν τῷ κατὰ τὴν ὑποψίαν φόβῳ, εἰ μὴ λήσει τοὺς ὑπὲρ τῶν τοιούτων ἐφεστηκότας κολαστάς.

35. Οὐκ ἔστι τὸν λάθρα τι κινοῦντα ὧν συνέθεντο πρὸς ἀλλήλους εἰς τὸ μὴ βλάπτειν μηδὲ βλάπτεσθαι, πιστεύειν ὅτι λήσει, κἂν μυριάκις ἐπὶ τοῦ παρόντος λανθάνῃ. μέχρι γὰρ καταστροφῆς ἄδηλον εἰ καὶ λήσει.

36. Κατὰ μὲν <τὸ> κοινὸν πᾶσι τὸ δίκαιον τὸ αὐτό, συμφέρον γάρ τι ἦν ἐν τῇ πρὸς ἀλλήλους κοινωνίᾳ κατὰ δὲ τὸ ἴδιον χώρας καὶ ὅσων δή ποτε αἰτίων οὐ πᾶσι συνέπεται τὸ αὐτὸ δίκαιον εἶναι.

37. [152] Entre las cosas que la ley fruto de la convención considera justas, aquellas cosas que se suponen útiles para la convivencia se tendrán por justas, sean las mismas cosas para todos o no. Y, en el caso de que se aprobase una ley y posteriormente se demostrase que no ha sido beneficiosa para las relaciones humanas, entonces se habría demostrado que no era justa. Y en el caso de que dicha ley que era justa en tanto en cuanto era útil, perdiera este carácter de utilidad, debemos considerar que de dicha ley fue justa sólo durante el tiempo en que resultó útil, siempre y cuando nos guiemos simplemente por los hechos y no nos dejemos embaucar por palabras vacuas.

38. [153] Allí donde se considere que, sin haber cambiado las circunstancias, las consecuencias emanadas de las leyes convencionales no se corresponden con la noción de justicia, hay que considerar que tales leyes ya no son justas. Pero allí donde las leyes han dejado de útiles porque las circunstancias han cambiado, hay que considerar que dichas leyes fueron justas mientras fueron útiles y que han dejado de serlo cuando han dejado de resultar convenientes.

39. [154] El que quiere vivir tranquilamente sin tener nada que temer de los demás hombres, debe hacer tantos amigos como pueda; aquéllos a los que no pueda hacer amigos suyos, debe al menos evitar que se conviertan en enemigos y, si esto no está en su poder, lo que debe hacer, en la medida de lo posible, es evitar toda relación con ellos, y mantenerlos al margen, lo cual es muy útil.

37. Τὸ μὲν ἐπιμαρτυρούμενον ὅτι συμφέρει ἐν ταῖς χρείαις τῆς πρὸς ἀλλήλους κοινωνίας, ἔχει τὸν τοῦ δικαίου χαρακτῆρα, ἐάν τε τὸ αὐτὸ πᾶσι γένηται ἐάν τε μὴ τὸ αὐτό. ἐὰν δὲ νόμον θῆταί τις, μὴ ἀποβαίνῃ δὲ κατὰ τὸ συμφέρον τῆς πρὸς ἀλλήλους κοινωνίας, οὐκέτι τοῦτο τὴν τοῦ δικαίου φύσιν ἔχει. κἂν μεταπίπτῃ τὸ κατὰ τὸ δίκαιον συμφέρον, χρόνον δέ τινα εἰς τὴν πρόληψιν ἐναρμόττῃ, οὐδὲν ἧττον ἐκεῖνον τὸν χρόνον ἦν δίκαιον τοῖς μὴ φωναῖς κεναῖς ἑαυτοὺς συνταράττουσιν ἀλλ’ εἰς τὰ πράγματα βλέπουσιν.

38. Ἔνθα μὴ καινῶν γενομένων τῶν περιεστώτων πραγμάτων ἀνεφάνη μὴ ἁρμόττοντα εἰς τὴν πρόληψιν τὰ νομισθέντα δίκαια ἐπ’ αὐτῶν τῶν ἔργων, οὐκ ἦν ταῦτα δίκαια. ἔνθα δὲ καινῶν γενομένων τῶν πραγμάτων οὐκ ἔτι συνέφερε τὰ αὐτὰ δίκαια κείμενα, ἐνταῦθα δὲ τότε μὲν ἦν δίκαι’, ὅτε συνέφερεν εἰς τὴν πρὸς ἀλλήλους κοινωνίαν τῶν συμπολιτευομένων· ὕστερον δ’ οὐκ ἦν ἔτι δίκαια, ὅτε μὴ συνέφερεν.

39. Ὁ τὸ μὴ θαρροῦν ἀπὸ τῶν ἔξωθεν ἄριστα συστησάμενος οὗτος τὰ μὲν δυνατὰ ὁμόφυλα κατεσκευάσατο· τὰ δὲ μὴ δυνατὰ οὐκ ἀλλόφυλά γε· ὅσα δὲ μηδὲ τοῦτο δυνατὸς ἦν, ἀνεπίμικτος ἐγένετο, καὶ ἐξηρέσατο ὅσα τούτων λυσιτελῆ πράττειν.

40. Las personas más felices son aquéllas que han logrado no tener nada que temer de los que les rodean y gozan amablemente de las relaciones con los demás, disfrutando de las ventajas de la amistad en toda su plenitud, hasta el punto de que no vivirán como una circunstancia lamentable la temprana muerte de un amigo.

40. Ὅσοι τὴν δύναμιν ἔσχον τοῦ τὸ θαρρεῖν μάλιστα ἐκ τῶν ὁμορούντων παρασκευάσασθαι, οὕτω καὶ ἐβίωσαν μετ' ἀλλήλων ἥδιστα τὸ βεβαιότατον πίστωμα ἔχοντες, καὶ πληρεστάτην οἰκειότητα ἀπολαβόντες οὐκ ὠδύραντο ὡς πρὸς ἔλεον τὴν τοῦ τελευτήσαντος προκαταστροφήν.

Fragmentos vaticanos

9. La necesidad es un mal, pero no hay necesidad de vivir dominado por la necesidad.

11. Para la mayoría de las personas el descanso significa inactividad y la actividad significa locura.

14. Nacemos una vez y no podemos nacer dos veces, y no hay más. Pero tú, que no eres un maestro del mañana, aplazas tu felicidad: la vida se desperdicia esperando, y morimos sin permitirnos a nosotros mismos un momento de ocio[93].

15. Valoramos nuestra personalidad como algo propio, tanto si es buena y es estimada por los demás como si no; de este mismo modo debemos nosotros valorar la personalidad de los demás, si son amistosos con nosotros.

16. Nadie escoge deliberadamente actuar mal, pero seducido por la sensación de que su actitud es buena en comparación con un mal mayor, escoge actuar mal.

17. No es el joven quien debe juzgar si es feliz, sino el anciano que ha vivido una buena vida. Pues el joven que está en la cresta de la ola es inestable y es arrastrado de un lado a otro por los impetuosos vaivenes de la fortuna. Pero el anciano ha echado anclas, y ha llegado a puerto. Y tiene ahora aseguradas en sus recuerdos las cosas buenas por las que antes aspiraba.

18. Sin el contacto visual, la compañía y el contacto físico, la pasión sexual desaparece.

9. Κακὸν ἀνάγκη, ἀλλ᾽ οὐδεμία ἀνάγκη ζῆν μετὰ ἀνάγκης.

11. Τῶν πλείστων ἀνθρώπων τὸ μὲν ἡσυχάζον ναρκᾷ, τὸ δὲ κινούμενον λυττᾷ.

14. Γεγόναμεν ἅπαξ, δὶς δὲ οὐκ ἔστι γενέσθαι· δεῖ δὲ τὸν αἰῶνα μηκέτι εἶναι· σὺ δὲ οὐκ ὢν τῆς αὔριον κύριος ἀναβάλλῃ τὸ χαῖρον· ὁ δὲ βίος μελλησμῷ παραπόλλυται καὶ εἷς ἕκαστος ἡμῶν ἀσχολούμενος ἀποθνήσκει.

15. Ἤθη ὥσπερ τὰ ἡμῶν αὐτῶν ἴδια τιμῶμεν, ἄν τε χρηστὰ ἔχωμεν, καὶ ὑπὸ τῶν ἀνθρώπων ζηλούμενα, ἄν τε μή· οὕτω χρὴ καὶ <τὰ> τῶν πέλας, ἂν ἐπιεικεῖς ὦσιν.

16. Οὐδεὶς βλέπων τὸ κακὸν αἱρεῖται αὐτό, ἀλλὰ δελεασθεὶς ὡς ἀγαθῷ πρὸς τὸ μεῖζον αὐτοῦ κακὸν ἐθηρεύθη.

17. Οὐ νέος μακαριστὸς ἀλλὰ γέρων βεβιωκὼς καλῶς· ὁ γὰρ νέος ἀκμῇ πολὺς ὑπὸ τῆς τύχης ἑτεροφρονῶν πλάζεται· ὁ δὲ γέρων καθάπερ ἐν λιμένι τῷ γήρᾳ καθώρμικεν, τὰ πρότερον δυσελπιστούμενα τῶν ἀγαθῶν ἀσφαλεῖ κατακλείσας χάριτι.

18. Ἀφαιρουμένης προσόψεως καὶ ὁμιλίας καὶ συναναστροφῆς ἐκλύεται τὸ ἐρωτικὸν πάθος.

19. Se ha hecho viejo olvidando todo el bien pasado.

21. No debemos transgredir las leyes de la naturaleza, sino obedecerlas. Y las obedeceremos si satisfacemos nuestros deseos necesarios y también los físicos, siempre que no nos causen daño alguno, y rechazamos con firmeza todo lo que nos sea nocivo[94].

23. La amistad es siempre intrínsecamente deseable, a pesar de que la origine la necesidad de ayuda.

24. Los sueños no tienen carácter divino ni poseen poderes proféticos, sino que se originan en virtud de la afluencia de imágenes.

25. Cuando medimos la pobreza en virtud del propósito natural de la vida es una gran riqueza, y la riqueza ilimitada una gran pobreza.

26. Debemos considerar que un discurso largo y uno corto tienen el mismo fin.

27. En el resto de las ocupaciones humanas el fruto del trabajo se obtiene con sufrimiento después de terminado el trabajo, pero en el campo de la filosofía el placer va de mano del conocimiento ya que el goce no sucede a la comprensión, sino que la comprensión y el goce son simultáneos.

28. No debemos alabar a aquéllos que siempre están dispuestos a fomentar la amistad, o por el contrario a aquéllos que vacilan, pero debemos entender que es preciso correr riesgos en pro de la amistad[95].

19. Τοῦ γεγονότος ἀμνήμων ἀγαθοῦ γέρων τήμερον γεγένηται.

21. Οὐ βιαστέον τὴν φύσιν ἀλλὰ πειστέον· πείσομεν δὲ τὰς ἀναγκαίας ἐπιθυμίας ἐκπληροῦντες, τάς τε φυσικὰς ἂν μὴ βλάπτωσι, τὰς δὲ βλαβερὰς πικρῶς ἐλέγχοντες.

23. Πᾶσα φιλία δι᾽ ἑαυτὴν ἀρετή·ἀρχὴν δὲ εἴληφεν ἀπὸ τῆς ὠφελείας.

24. Ἐνύπνια οὐκ ἔλαχε φύσιν θείαν οὐδὲ μαντικὴν δύναμιν, ἀλλὰ γίνεται κατὰ ἔμπτωσιν εἰδώλων.

25. Ἡ πενία μετρουμένη τῷ τῆς φύσεως τέλει μέγας ἐστὶ πλοῦτος·πλοῦτος δὲ μὴ ὁριζόμενος μεγάλη ἐστὶ πενία.

26. Δεῖ διαλαβεῖν ὅτι καὶ ὁ πολὺς λόγος καὶ ὁ βραχὺς εἰς τὸ αὐτὸ συντείνει.

27. Ἐπὶ μὲν τῶν ἄλλων ἐπιτηδευμάτων μόλις τελειωθεῖσιν ὁ καρπὸς ἔρχεται, ἐπὶ δὲ φιλοσοφίας συντρέχει τῇ γνώσει τὸ τερπνόν· οὐ γὰρ μετὰ μάθησιν ἀπόλαυσις, ἀλλὰ ἅμα μάθησις καὶ ἀπόλαυσις.

28. Οὔτε τοὺς προχείρους εἰς φιλίαν οὔτε τοὺς ὀκνηροὺς δοκιμαστέον·δεῖ δὲ καὶ παρακινδυνεῦσαι χάριν, χάριν φίλιας.

29. Cuando investigo la naturaleza prefiero hablar abiertamente y como un oráculo para dar respuestas útiles a la humanidad, a riesgo de que nadie me entienda, en lugar de ajustarme a las opiniones populares y así ganarme los elogios que la turba regala con facilidad.

32. La veneración del sabio es una gran bendición para aquéllos que lo veneran.

33. El cuerpo nos exige calmar el hambre, la sed y el frío. Y si un hombre satisface estas necesidades y tiene la esperanza de satisfacerlas, podría rivalizar en felicidad con el propio Zeus.

34. No es tanto la ayuda de nuestros amigos lo que nos ayuda, sino la confianza que nos proporciona poder contar con su ayuda.

35. No debemos echar a perder lo que tenemos por desear lo que no tenemos, pero es preciso recordar que lo que tenemos es también un don de la fortuna.

37. La naturaleza es débil con respecto al mal pero no con respecto al bien porque son los placeres los que la preservan y los dolores los que la destruyen.

38. Es un hombre pequeño en todos los aspectos aquél que tiene muchas buenas razones para abandonar esta vida.

29. Παρρησίᾳ γὰρ ἔγωγε χρώμενος φυσιολογῶν χρησμῳδεῖν τὰ συμφέροντα πᾶσιν ἀνθρώποις μᾶλλον ἂν βουλοίμην, κἂν μηδεὶς μέλλῃ συνήσειν, ἢ συγκατατιθέμενος ταῖς δόξαις καρποῦσθαι τὸν πυκνὸν παραπίπτοντα παρὰ τῶν πολλῶν ἔπαινον.

32. Ὁ τοῦ σοφοῦ σεβασμὸς ἀγαθὸν μέγα τῷ σεβομένῳ ἐστί.

33. Σαρκὸς φωνὴ τὸ μὴ πεινῆν, τὸ μὴ διψῆν, τὸ μὴ ῥιγοῦν·ταῦτα γὰρ ἔχων τις καὶ ἐλπίζων ἕξειν κἂν <διὶ> ὑπὲρ εὐδαιμονίας μαχέσαιτο.

34. Οὐκ οὕτως χρείαν ἔχομεν τῆς χρείας <τῆς> παρὰ τῶν φίλων ὡς τῆς πίστεως τῆς περὶ τῆς χρείας.

35. Οὐ δεῖ λυμαίνεσθαι τὰ παρόντα τῶν ἀπόντων ἐπιθυμίᾳ, ἀλλ' ἐπιλογίζεσθαι ὅτι καὶ ταῦτα τῶν εὐκταίων ἦν.

37. Ἀσθενὴς ἡ φύσις ἐστὶ πρὸς τὸ κακὸν οὐ πρὸς τὸ ἀγαθόν·ἡδοναῖς μὲν γὰρ σῴζεται, ἀλγηδόσι δὲ διαλύεται.

38. Μικρὸς παντάπασιν ᾧ πολλαὶ αἰτίαι εὔλογοι εἰς ἐξαγωγὴν βίου.

39. No es un amigo aquél que está continuamente pidiendo favores, ni el que nunca asocia la ayuda mutua con la amistad, ya que el primero asocia el sentimiento de afecto con el provecho práctica y el segundo destruye la esperanza del bien en el futuro.

40. El hombre que dice que todas las cosas suceden por necesidad no puede criticar al que niega que todas las cosas suceden por necesidad, porque ha de admitir que esto también sucede por necesidad.

41. Tenemos que reír y filosofar al mismo tiempo y hacer nuestras tareas del hogar y emplear nuestras otras facultades, y nunca dejar de proclamar las palabras de la verdadera filosofía.

42. La mayor de las bendiciones se crea en el mismo instante en el que se elimina el mayor de los males.

43. El amor al dinero es impío si éste se ganó ilícitamente y si se ganó lícitamente es vergonzoso, porque es indecoroso ser miserable, incluso con la justicia de nuestra parte.

44. Cuando el hombre sabio ha padecido estrecheces sabe mejor cómo dar que recibir, porque grande es el tesoro de la autosuficiencia que ha descubierto.

45. El estudio de la naturaleza no hace a los hombres jactanciosos o arrogantes ni aptos para enseñar aquello que es el objeto de rivalidad entre muchos, sino que es entusiasta y autosuficiente, orgulloso de las buenas cosas que sabe y no de sus circunstancias.

39. Οὔθ᾽ ὁ τὴν χρείαν ἐπιζητῶν διὰ παντὸς φίλος, οὔθ᾽ ὁ μηδέποτε συνάπτων· ὁ μὲν γὰρ καπηλεύει τῇ χάριτι τὴν ἀμοιβήν, ὁ δὲ ἀποκόπτει τὴν περὶ τοῦ μέλλοντος εὐελπιστίαν.

40. Ὁ λέγων πάντα κατ᾽ ἀνάγκην γίνεσθαι οὐδὲν ἐγκαλεῖν ἔχει τῷ λέγοντι μὴ πάντα κατ᾽ ἀνάγκην γίνεσθαι· αὐτὸ γὰρ τοῦτό φησι κατ᾽ ἀνάγκην γίνεσθαι.

41. Γελᾶν ἅμα δεῖ καὶ φιλοσοφεῖν καὶ οἰκονομεῖν καὶ τοῖς λοιποῖς οἰκειώμασι χρῆσθαι καὶ μηδαμῇ λήγειν τὰς ἐκ τῆς ὀρθῆς φιλοσοφίας φωνὰς ἀφιέντας.

42. Ὁ αὐτὸς χρόνος καὶ γενέσεως τοῦ μεγίστου ἀγαθοῦ καὶ ἀπολύσεως <τοῦ κακοῦ>.

43. Φιλαργυρεῖν ἄδικα μὲν ἀσεβές, δίκαια δὲ αἰσχρόν· ἀπρεπὲς γὰρ ῥυπαρῶς φείδεσθαι καὶ μετὰ τοῦ δικαίου.

44. Ὁ σοφὸς εἰς τὰ ἀναγκαῖα συγκριθεὶς μᾶλλον ἐπίσταται μεταδιδόναι ἢ μεταλαμβάνειν· τηλικοῦτον αὐταρκείας εὗρε θησαυρόν.

45. Οὐ κομποὺς οὐδὲ φωνῆς ἐργαστικοὺς οὐδὲ τὴν περιμάχητον παρὰ τοῖς πολλοῖς παιδείαν ἐνδεικνυμένους φυσιολογία παρασκευάζει, ἀλλὰ σοβαροὺς καὶ αὐτάρκεις καὶ ἐπὶ τοῖς ἰδίοις ἀγαθοῖς, οὐκ ἐπὶ τοῖς τῶν πραγμάτων μέγα φρονοῦντες.

46. Abandonemos nuestros malos hábitos como a las personas malvadas que siempre nos han hecho mucho daño.

48. Mientras estamos viajando debemos procurar que el final del viaje sea mejor que el principio, y cuando llegamos al final tenemos que estar felices y contentos.

52. La amistad nos une a todos en una danza universal mostrándonos que nos debemos a la felicidad.

53. No debemos envidiar a nadie porque el bien no debe ser envidiado y el mal, cuanto más prospera, más lesiona.

54. No hay que pretender estudiar filosofía sino estudiarla de verdad porque no debemos pretender estar sanos sino que necesitamos estar sanos de verdad.

55. Debemos reponernos de nuestras desgracias mediante el recuerdo agradecido de lo que ha sido y mediante la aceptación de que es imposible deshacer lo que ha sido hecho.

56. El hombre sabio no sufre más cuando está siendo atormentado que cuando ve a su amigo atormentado: pero si su amigo le hace daño, la desconfianza lo confunde y se trastorna completamente[96].

46. Τὰς φαύλας συνηθείας ὥσπερ ἄνδρας πονηροὺς πολὺν χρόνον μέγα βλάψαντες τελείως ἐκδιώκομεν.

48. Πειρᾶσθαι τὴν ὑστέραν τῆς προτέρας κρείττω ποιεῖν, ἕως ἂν ἐν ὁδῷ ὦμεν·ἐπειδὰν δ᾽ ἐπὶ πέρας ἔλθωμεν, ὁμαλῶς εὐφραίνεσθαι.

52. Ἑ φιλία περιχορεύει τὴν οἰκουμένην κηρύττουσα δὴ πᾶσιν ἡμῖν ἐγείρεσθαι ἐπὶ τὸν μακαρισμόν.

53. Οὐδενὶ φθονητέον·ἀγαθοὶ γὰρ οὐκ ἄξιοι φθόνου, πονηροὶ δὲ ὅσῳ ἂν μᾶλλον εὐτυχῶσι, τοσούτῳ μᾶλλον αὐτοῖς λυμαίνονται.

54. Οὐ προσποιεῖσθαι δεῖ φιλοσοφεῖν, ἀλλ᾽ ὄντως φιλοσοφεῖν· οὐ γὰρ προσδεόμεθα τοῦ δοκεῖν ὑγιαίνειν, ἀλλὰ τοῦ κατ᾽ ἀλήθειαν ὑγιαίνειν.

55. Θεραπευτέον τὰς συμφορὰς τῇ τῶν ἀπολλυμένων χάριτι καὶ τῷ γινώσκειν ὅτι οὐκ ἔστιν ἄπρακτον ποιῆσαι τὸ γεγονός.

56. Ἀλγεῖ μὲν ὁ σοφὸς οὐ μᾶλλον στρεβλούμενος <ἢ στρεβλουμένου τοῦ φίλου, καὶ ὑπὲρ αὐτοῦ τεθνήξεται·εἰ γὰρ προήσεται> τὸν φίλον ὁ βίος αὐτοῦ πᾶς δι᾽ ἀπιστίαν συγχυθήσεται καὶ ἀνακεχαιτισμένος ἔσται.

58. Debemos liberarnos de la prisión de los asuntos públicos y de la política.

59. No es el estómago el que es insaciable, como generalmente se dice, sino la falsa opinión de que el estómago necesita una cantidad ilimitada de alimento para saciarlo.

60. Las personas pasan a través de la vida como si acabaran de nacer[97].

61. Es inmensamente hermosa la contemplación de los que están cerca y son queridos por nosotros cuando nuestro parentesco original nos hace acercarnos los unos a los otros, ya que esta contemplación incita a tal fin.

62. Si los padres están justamente enojados con sus hijos, sin duda es inútil luchar contra ello y no pedir perdón, pero si su enojo es injusto e irracional, es insensato echar más leña a su pasión irracional acrecentando nuestra indignación, en lugar de tratar de aplacar la ira de otro modo y con suavidad.

63. La frugalidad también tiene un límite, y el hombre que no tiene esto en cuenta es como aquél que yerra por exceso.

64. No debemos demandar halagos, y debemos preocuparnos por la salud de nuestras propias vidas.

58. Ἐκλυτέον ἑαυτοὺς ἐκ τοῦ περὶ τὰ ἐγκύκλια καὶ πολιτικὰ δεσμωτηρίου.

59. Ἄπληστον οὐ γαστήρ, ὥσπερ οἱ πολλοί φασιν, ἀλλ᾽ ἡ δόξα ψευδὴς ὑπὲρ τοῦ <τῆς> γαστρὸς ἀορίστου πληρώματος.

60. Πᾶς ὥσπερ ἄρτι γεγονὼς ἐκ τοῦ ζῆν ἀπέρχεται.

61. Καλλίστη καὶ ἡ τῶν πλησίον ὄψις τῆς πρώτης συγγενήσεως ὁμονοούσης ἢ καὶ πολλὴν εἰς τοῦτο ποιουμένης σπουδήν.

62. Εἰ γὰρ κατὰ τὸ δέον ὀργαὶ γίνονται τοῖς γεννήσασι πρὸς τὰ ἔκγονα, μάταιον δήπουθέν ἐστι τὸ ἀντιτείνειν καὶ μὴ παραιτεῖσθαι συγγνώμης τυχεῖν, εἰ δὲ μὴ κατὰ τὸ δέον, ἀλλὰ ἀλογώτερον, γελοῖον πᾶν τὸ πρὸς ἔκκλησιν <ἐκκαλεῖν> τὴν ἀλογίαν θυμῷ κατέχοντα, καὶ μὴ ζητεῖν μεταθεῖναι κατ᾽ ἄλλους τρόπους εὐγνωμονοῦντα.

63. Ἔστι καὶ ἐν λεπτότητι καθαριότης, ἧς ὁ ἀνεπιλόγιστος παραπλήσιόν τι πάσχει τῷ δι᾽ ἀοριστίαν ἐκπίπτοντι.

64. Ἀκολουθεῖν δεῖ τὸν παρὰ τῶν ἄλλων ἔπαινον αὐτόματον, ἡμᾶς δὲ γενέσθαι περὶ τὴν ἡμῶν ἰατρείαν.

65. Es inútil pedir a los dioses lo que las personas somos capaces de suministrarnos a nosotros mismos.

66. No demostremos nuestros sentimientos hacia los amigos perdidos mediante la lamentación, sino mediante la meditación.

67. Una persona libre no debería adquirir muchos bienes porque esto no es fácil de hacer sin caer en el servilismo de las multitudes o de los monarcas. Por el contrario debería considerar qué cosas [debería poseer] en abundancia inagotable. Y si por casualidad adquiriera muchos bienes, le resultaría fácil distribuirlos y ganar así la gratitud de sus vecinos.

68. Nada es suficiente para aquél al cual lo que es suficiente le parece demasiado poco.

69. La ingrata codicia del alma incrementa en la persona el eterno deseo de comidas exquisitas.

70. No hagas nada que no quisieras que llegara al conocimiento de tu prójimo.

71. Cada deseo debe ser confrontado con esta pregunta: ¿qué me va a pasar si alcanzo el objeto de mi deseo y qué me ocurrirá si no lo alcanzo?

73. El sufrimiento de determinadas dolencias corporales nos ayuda a protegernos de otras similares.

74. En el curso de una discusión filosófica gana más aquél que es refutado en la medida en que aprende más.

65. Μάταιόν ἐστι παρὰ θεῶν αἰτεῖσθαι ἅ τις ἑαυτῷ χορηγῆσθαι ἱκανός ἐστι.

66. Συμπαθῶμεν τοῖς φίλοις οὐ θρηνοῦντες ἀλλὰ φροντίζοντες.

67. Ἐλεύθερος βίος οὐ δύναται κτήσασθαι χρήματα πολλὰ διὰ τὸ τὸ πρᾶγμα <μὴ> ῥᾴδιον εἶναι χωρὶς θητείας ὄχλων ἢ δυναστῶν, ἀλλὰ συνεχεῖ δαψιλείᾳ πάντα κέκτηται· ἂν δέ που καὶ τύχῃ χρημάτων πολλῶν, καὶ ταῦτα ῥᾳδίως ἂν εἰς τὴν τοῦ πλησίον εὔνοιαν διαμετρῆσαι.

68. Οὐδὲν ἱκανὸν ᾧ ὀλίγον τὸ ἱκανόν.

69. Τὸ τῆς ψυχῆς ἀχάριστον λίχνον ἐποίησε τὸ ζῷον εἰς ἄπειρον τῶν ἐν διαίτῃ ποικιλμάτων.

70. Μηδέν σοι ἐν βίῳ πραχθείη ὃ φόβον παρέξει σοι εἰ γνωσθήσεται τῷ πλησίον.

71. Πρὸς πάσας τὰς ἐπιθυμίας προσακτέον τὸ ἐπερώτημα τοῦτο· τί μοι γενήσεται ἂν τελεσθῇ τὸ κατὰ ἐπιθυμίαν ἐπιζητούμενον; καὶ τί ἐὰν μὴ τελεσθῇ;

73. Καὶ τὸ γενέσθαι τινὰς ἀλγηδόνας περὶ σῶμα λυσιτελεῖ πρὸς φυλακὴν τῶν ὁμοειδῶν.

74. Ἐν φιλολόγῳ συζητήσει πλεῖον ἤνυσεν ὁ ἡττηθεὶς καθ᾽ ὃ προσέμαθεν.

75. "Esperar hasta el final de una larga vida" es una expresión incompatible con la bendición del pasado.

76. Eres en la vejez como yo te he persuadido que seas, y he visto cuál es la diferencia entre estudiar filosofía para uno mismo y proclamarla a toda Grecia en general; me alegro con vosotros.

77. La mayor recompensa de la autosuficiencia es la libertad.

78. Una persona noble persigue la sabiduría y la amistad; de ellos, el uno es un bien mortal, y el otro inmortal.

79. El hombre tranquilo ni se causa molestias a sí mismo ni las causa a los demás.

80. Debemos cuidarnos mientras somos jóvenes y protegernos de todo aquello que nos perjudica por agravar nuestros deseos. De este modo nos aseguramos una vida feliz.

81. Ni se puede extirpar la inquietud del alma ni se puede alcanzar una verdadera satisfacción mediante la posesión de una gran riqueza o mediante la adquisición de honores y respeto público, ni mediante cualquier otro medio que se asocie con las causas de un deseo ilimitado.

Tres cartas de Epicuro sobre la amistad, el placer y la felicidad

75. Εἰς τὰ παρῳχηκότα ἀγαθὰ ἀχάριστος φωνὴ ἡ λέγουσα·τέλος ὅρα μακροῦ βίου.

76. Τοιοῦτος εἶ γηράσκων ὁποῖον ἐγὼ παραινῶ, καὶ διέγνωκας ὁποῖόν ἐστι τὸ ἑαυτῷ φιλοσοφῆσαι καὶ οἷον τὸ τῇ ἑλλάδι·συγχαίρω σοι.

77. Τῆς αὐταρκείας καρπὸς μέγιστος ἐλευθερία.

78. Ὁ γενναῖος περὶ σοφίαν καὶ φιλίαν μάλιστα γίγνεται, ὧν τὸ μέν ἐστι θνητὸν ἀγαθόν, τὸ δὲ ἀθάνατον.

79. Ὁ ἀτάραχος ἑαυτῷ καὶ ἑτέρῳ ἀόχλητος.

80. Νέῳ σωτηρίας μοῖρα τῆς ἡλικίας τήρησις καὶ φυλακὴ τῶν πάντα μολυνόντων κατὰ τὰς ἐπιθυμίας τὰς οἰστρώδεις.

81. Οὐ λύει τὴν τῆς ψυχῆς ταραχὴν οὐδὲ τὴν ἀξιόλογον ἀπογεννᾷ χαρὰν οὔτε πλοῦτος ὑπάρχων ὁ μέγιστος οὔθ᾽ ἡ παρὰ τοῖς πολλοῖς τιμὴ καὶ περίβλεψις οὔτ᾽ ἄλλο τι τῶν παρὰ τὰς ἀδιορίστους αἰτίας.

Abreviaturas

CH	Carta a Heródoto
CM	Carta a Meneceo
CP	Carta a Pitocles
DLV	Diógenes Laercio, *Vidas, opiniones y sentencias de los filósofos más ilustres*
FO	Fragmentos de Oinoanda
FV	Fragmentos vaticanos
MF	Máximas fundamentales
PHerc	Papiros de Herculano

Notas

[1] Fragmento 3. Diogenes of Oenanda, *The Epicurean Inscription: Edited with Introduction, Translation and Notes by Martin Ferguson Smith*, Naples, Bibliopolis, 1992. La versión inglesa de dichos fragmentos traducida por Martin Ferguson se puede leer en, http://www.epicurus.info/etexts/tei.html

[2] Oinoanda and the biggest inscription of the ancient world. A new project of the Istanbul Department investigating the city of Diogenes and his famous philosophical inscription. En, http://www.dainst.org/en/project/oinoanda

[3] Waldstein, Sir Charles; Shoobridge, Leonard K. H., *Herculaneum, Past, Present & Future*, Macmillan & Co., 1908, p. 66. Ver asimismo, Parslow, Christopher C., *Discovering Antiquity: Karl Weber and the Excavation at Herculaneum, Pompeii, and Stabiae*, Cambridge University Press, Cambridge, 1995.

[4] Maiuri, Amadeo, *Herculaneum and the Villa of the Papyri*, Instituto Geografico de Agostini, Rome, 1974, pp. 35-39. Muljadi, Paul, *Epicureanism*, Muljadi, 2011, pp. 93-95.

[5] Warren, James, *Epicurus and Democritean Ethics: An Archaeology of Ataraxia*, Cambridge University Press, Cambridge, 2002, p. 232.

[6] *Herculanensium Voluminum*, Oxonii Clarendoniani, Oxford, 1824-1825. Ver asimismo, Scott, Walter (Ed.), *Fragmenta Herculanensia: A descriptive catalogue of the Oxford copies of the Herculanean rolls; together with the texts of several papyri accompanied by facsimiles*, Clarendon Press, Oxford, 1885.

[7] Frischer, Bernard, *The Sculpted Word: Epicureanism and Philosophical Recruitment in Ancient Greece*, University of California Press, Berkeley, 1982, pp. 129-198.

[8] Las citas entre corchetes corresponden a las obras de Epicuro que hemos citado anteriormente. Las abreviaturas corresponden al título de la obra y al párrafo según la numeración que hemos utilizado en esta edición y que en algunos casos puntuales difiere parcialmente de la utilizada por otros autores. El lector puede consultar el apartado abreviaturas para más detalles.

[9] Metródoro, *Libro de la nobleza* [hoy perdido], citado por Diógenes Laercio.

[10] Estrabón, *Geografía*, 14, 1, 18.

[11] Tal como narra Diógenes Laercio, "Nació, dice Apolodoro en las *Crónicas*, el año tercero de la Olimpiada 109, siendo Arconte Sosígenes, el día 7 del mes de Gamelión, siete años después de muerto Platón" [DLV, 14].

---

[12] Compuesto de la raíz "couros" (κουρος) que literalmente significa "hombre joven" y el prefijo locativo y de tiempo "epi" (ἐπί) que por lo general significa "en", "sobre" o "cerca de" (con genitivo o dativo); con acusativo entraña movimiento y puede ser traducido como "hacia". No obstante, en este caso parece hacer referencia a "para" o, metafóricamente, "en ayuda de". La expresión "ἐπί-κουρος" la utilizó Homero en la Ilíada en varias ocasiones con el significado "ayudante en la batalla" (Ilíada, 5, 478) o "aliados de los troyanos" (Ilíada, 21, 431), incluso "tropas mercenarias" o "ciudadanos-soldados" (ἐπικούρους προσμισθοῦσθαι), lo cual tiene sentido si tenemos en cuenta que el padre de Epicuro era un cleruco. Platón utiliza el término para hacer referencia a los guardianes o clase militar en la *República* (República, 414b, 415a y, 545D). Ver, http://www.perseus.tufts.edu

[13] Hesíodo, *Teogonia*, 116-123.

[14] Entre 560 y 800 dragmas según la tabla de valores de Aristóteles (*Constitución de Atenas*, 10, 2). Teniendo en cuenta que un dragma pesaba en torno a 4.3 gramos de plata, esto supone un total de entre 2,4 y 3,4 kilos de plata. Teniendo en cuenta que 180 dragmas anuales era el sueldo medio de un agricultor de clase baja, es un precio considerable pero no excesivo.

[15] Plinio, *Historia Natural*, 19, 50; Cicerón, *De finibus bonorum et malorum*, 5, 1-5; y, Heliodoro, *Aethiopica*, 1, 16, 5.

[16] "Hospes, hic bene manebis, hic summum bonum voluptas est". En, Séneca, *Epistulae morales ad Lucilium*, 21, 10.

[17] Séneca, *Epistulae morales ad Lucilium*, 6, 5.

[18] Séneca, *Epistulae morales ad Lucilium*, 22, 5.

[19] Ver, Farrington, Benjamin, *The Faith of Epicurus*, Basic Books, 1967, p. 126. Y, Dewitt, Norman W. D., *Epicurus and His Philosophy*, University of Minnesota Press, Minneapolis, 1999, p. 94.

[20] Gordon, Pamela, *The Invention and Gendering of Epicurus*, University of Michigan Press, Ann Arbor, 2012, p. 192.

[21] Séneca, *Epistulae morales ad Lucilium*, 18, 9.

[22] Plutarco, *Vidas paralelas* [Demetrio], 34, 2.

[23] [DLV 11].

[24] [DLV 9].

[25] [DLV 10].

[26] [DLV 23].

[27] [DLV 18].

[28] Hibler, Richard W., *Happiness through Tranquillity: The School of Epicurus*, University Press of America, Lanham (MD), 1984, p. 18. Ver asimismo, Dewitt, Norman W. D., *Epicurus and His Philosophy*, University of Minnesota Press, Minneapolis, 1999, p. 94.

[29] Plinio, *Naturalis Historia*, prefacio, 29.

[30] Cicerón, *De Natura Deorum*, 1, 33/93. Si bien en otra obra arremete contra Epicuro por escribir demasiado sobre Temista (*De finibus bonorum et malorum*, 2, 21, 68).
[31] Gordon, Pamela, *The Invention and Gendering of Epicurus*, University of Michigan Press, Ann Arbor, 2012, pp. 77-78 & 96-101.
[32] [PHerc. 1005]. Ver, Gordon, Pamela, *The Invention and Gendering of Epicurus*, University of Michigan Press, Ann Arbor, 2012, p. 96.
[33] Plutarco, *Es imposible vivir gozosamente siguiendo a Epicuro*, 1097B; Plutarco, *Contra Colotes*, 1126F.
[34] Gordon, Pamela, *The Invention and Gendering of Epicurus*, University of Michigan Press, Ann Arbor, 2012, pp. 77-78 & 96-101.
Epicuro y el epicureísmo tenían numerosos enemigos. Tal como menciona Diógenes Laercio, Diótimo Estoico lo atacó en numerosas ocasiones, publicando bajo el nombre de Epicuro cincuenta cartas impúdicas y escandalosas; como también las referidas a Crisipo, publicándolas como si fuesen del mismo Epicuro [DLV 26]. Contaban de él sus enemigos que acompañaba a su madre de casa en casa recitando fórmulas mágicas y que dio las primeras clases con su padre, por un sueldo mínimo. Que plagió los escritos de Demócrito acerca de los átomos y los de Aristipo acerca del placer. Que no fue un legítimo ciudadano ateniense, como al parecer dijeron de él Timócrates y Heródoto en el libro *De la pubertad de Epicuro*. Que en sus cartas aduló indignamente a Mitres, secretario de Lisímaco y uno de los principales mecenas del jardín, apodándolo *Apolo* y *Rey*. Que ponía motes a todos los demás filósofos, burlándose de ellos y que Idomeneo, Heródoto y Timócrates tuvieron que explicar las doctrinas de Epicuro, ya que nadie las entendía. Timócrates, hermano de Metródoro y discípulo suyo, después de haber abandonado el jardín, dijo en sus libros *De la alegría* que Epicuro vomitaba dos veces al día debido a los excesos y al abandono, añadiendo que procesaba una filosofía nocturna y clandestina; que Epicuro olvidaba a menudo hacer sus oraciones y que no ejercitaba las costumbres de una vida sana; que la constitución de su cuerpo era tan miserable que durante muchos años no pudo siquiera levantarse de la silla; que cada día gastaba una fortuna en comida; que prostituyó a uno de sus hermanos; que escribía a otras muchas amigas, singularmente a Leontio a la cual amaba Metródoro, pero que las meretrices Mammarión, Hedeia, Erotión y Nikidión y otras le servían a él y a Metródoro [DLV 4-6].
[35] Frischer, Bernard, *The Sculpted Word: Epicureanism and Philosophical Recruitment in Ancient Greece*, University of California Press, Berkeley, 1982.
[36] Ibid., p. 91.
[37] Cicerón, *De finibus bonorum et malorum*, 5, 1-2.
[38] Ibid., p. 125.
[39] [DLV 15].
[40] Según Diógenes Laercio, "el segundo año de la Olimpiada 127, siendo arconte Pitarato" [DLV 15].

Notas

[41] [DLV 22].

[42] Cicerón, *Philippicae*, 5, 13; *De Natura Deorum*, 1, 33 & 93; *De finibus bonorum et malorum*, 5, 16.

[43] Cicerón, *De finibus bonorum et malorum*, 5, 1-2.

[44] Ciceron, *Epistulae ad Atticum*, 4, 15-18; *Epistulae ad familiares*, 13, 1-5.

[45] φιλία significa amistad en griego moderno, esto es, camaradería, compañerismo y adhesión.

[46] Séneca, *Epistulae morales ad Lucilium*, 6, 5.

[47] O'Keefe, Tim, *Epicurus: On Freedom*, Cambridge University Press, Cambridge, 2005, pp. 153-162.

[48] Green, Robert M. (Ed.), *Asclepiades, His Life and Writings: A Translation of Cocchi's Life of Asclepiades Gumpert's Fragments of Asclepiades*, Elizabeth Licht, New Haven (CT), 1955, p. 74 & 76-80. Ver asimismo, Vallance, J.T., *The Lost Theory of Asclepiades of Bithynia*, Clarendon Press, Oxford, 1990, pp. 34-40 & 57.

[49] Séneca, *Epistulae morales ad Lucilium*, 22, 5.

[50] Ciencias naturales (fundamentalmente física, geología, meteorología y astronomía) o filosofía natural. La concepción que de ciencia y filosofía se tenía en la antigüedad difiere sustancialmente de la que tenemos hoy en día. Ver, Clagett, Marshall, *Greek Science in Antiquity*, Collier Books, New York, 1955. Y, Lloyd, Geoffrey E. R., *Magic Reason and Experience: Studies in the Origin and Development of Greek Science*, Cambridge University Press, Cambridge, 1979.

[51] [CM 122, 127], [CH 76-79], [CP 84 y 97], [MF 17, 19, 27] y [FV 14, 52].

[52] La referencia al "tetrafármaco" o "cura en cuatro partes" de Epicuro, procede de los escritos semicarbonizados a causa de la erupción del Etna de Filodemo hallados en la villa de los papiros (Villa dei Papiri) de Herculano [PHerc. 1005]. Ver, Inwood, Brad; Gerson, L. p.; Hutchinson, D. S. (Eds.), *The Epicurus Reader: Selected Writings and Testimonia*, Hackett, Indianapolis, 1994, pp. 3-7. Ver asimismo, Bjarnason, Paul Elwin, *Philosophy of Consolation: The Epicurean Tetrapharmakos*, University of Stellenbosch, 2004. Y, Nussbaum, Martha C., *The Therapy of Desire: Theory and Practice in Hellenistic Ethics*, Princeton University Press, 1996.

[53] Lactancio, *De ira dei*, 13, 19. Algunos autores han puesto en duda la autenticidad de la aporía que pudo haber sido erróneamente atribuida a Epicuro por Lactancio dado que, desde un punto de vista cristiano, consideraba que Epicuro era ateo. Ver, Mountain, Jacob H. B., *A Summary of the Writings of Lactantius*, J. G. & F. Rivington, 1839, pp. 129-133. Y, Jones, Howard, *Epicurean Tradition*, Routledge, New York & London, 2013, pp. 97-112 & 231-235.

[54] La tesis doctoral de Karl Marx fue publicada por vez primera en 1902, y se puede consultar hoy en internet. Ver, Marx and Engels Internet Archive: http://www.marxists.org/archive/marx/ Ver asimismo, Karl Marx Internet Archive:

---

http://www.marxists.org/archive/marx/works/1841/dr-theses/index.htm

[55] Ver asimismo, Lucrecio, *De rerum natura* [*Sobre la naturaleza de las cosas*], 3, 1087.

[56] O'Keefe, Tim, "Action and responsibility", en, Warren, James (Ed.), *The Cambridge Companion to Epicureanism*, Cambridge University Press, Cambridge, 2009, pp. 149-150. Ver asimismo, O'Keefe, Tim, *Epicurus on Freedom*, Cambridge University Press, Cambridge, 2005, pp. 22-24.

[57] [CM 122, 127], [CH 76-79], [CP 84 y 97], [MF 17, 19, 27] y [FV 14, 52].

[58] Wilson, Catherine, *Epicureanism at the Origins of Modernity*, Oxford University Press, Oxford, 2008, p. v & 18. Ver asimismo, O'Keefe, Tim, "Action and responsibility", en, Warren, James (Ed.), *The Cambridge Companion to Epicureanism*, Cambridge University Press, Cambridge, 2009, pp. 149-150.

[59] Sobre todo ello, Diógenes Laercio expresó asimismo que Epicuro no estaba de acuerdo con los cirenaicos en el hecho de que éstos sostenían que los dolores de cuerpo eran peores que las inquietudes espirituales por lo que los malhechores debían sufrir castigos corporales. Epicuro opinaba que las inquietudes espirituales eran mucho peores que los dolores corporales, ya que el cuerpo aguanta solamente los tormentos del presente mientras que la mente arrastraba los del pasado y añadía a éstos los del futuro, así como los del presente. De esta manera también sostenía que los placeres espirituales eran mayores que los del cuerpo [DLV 137].

[60] Cicerón, *De finibus bonorum et malorum*, 1, 18.

[61] Clemente de Alejandría, *Stromata o Misceláneas*, 2, 130.

[62] Este razonamiento, que ha sido conocido como el argumento de la cuna, fue criticado por Cicerón y Clemente de Alejandría entre otros autores. Cicerón afirmó que Epicuro no podía sostener que los niños o los animales, que reflejan más fielmente que un ser humano adulto un comportamiento natural instintivo y, por tanto, irracional, llevara a los párvulos a desear el placer que ocasiona un estado de ausencia de dolor. Cicerón, en oposición a Epicuro opinaba que el deseo estático no podía excitar la apetencia, ni tampoco impulsar la voluntad de actuar, sino que es la sensación activa de placer la que proporciona un motivo para la acción entre los infantes. De acuerdo con el argumento de Epicuro –consideraba Cicerón- Epicuro debía probar que niños y animales se sienten atraídos por el placer estático que se disfruta tras la satisfacción cinética de un deseo, y que consiste tan sólo en la ausencia de dolor. Cicerón, *De finibus bonorum et malorum*, 2, 32. Ver asimismo, Meyers, Susan S., *Ancient Ethics*, Routledge, London, 2004, pp. 95-102.

[63] De ἀ- "carente de" (con parecido significado que el prefijo castellano "a-") y πόνος "sufrimiento".

[64] De ἀ- "carente de" y ταραχή "problema", "desorden" o "confusión".

[65] Séneca, *Epistulae morales ad Lucilium*, 22, 5.

Notas

---

⁶⁶ Κενοδοξία ο κενὴν δόξαν = vana gloria.

⁶⁷ Cicerón, *De finibus bonorum et malorum*, 1, 37.

⁶⁸ Seneca, *Epistulae morales ad Lucilium*, 21, 7-9.

⁶⁹ La referencia al maltrato corporal (μήτε τὴν σάρκα) puede ser interpretada de diversas maneras, aunque parece que hace referencia concretamente a las enfermedades venéreas u otro tipo de males propios de la actividad sexual.

⁷⁰ Existe cierta polémica en torno al origen del fragmento vaticano 51 ya que, si bien nadie ha cuestionado su autoría, no parece ser una máxima sino más bien la referencia indirecta a un escrito de Epicuro.

⁷¹ Séneca, *Epistulae morales ad Lucilium*, 18, 9.

⁷² Singh, Upinder, *A History of Ancient and Early Medieval India: From the Stone Age to the 12th Century*, Pearson Education India, 2008, p. 428.

⁷³ Hudson, Emily T., *Disorienting Dharma: Ethics and the Aesthetics of Suffering in the Mahabharata*, Oxford University Press, Jan 31, Oxford, 2013, pp. 43-44.

⁷⁴ Diógenes Laercio, *Vidas, opiniones y sentencias de los filósofos más ilustres* [Pirrón], 9, 61.

⁷⁵ Diógenes Laercio, *Vidas, opiniones y sentencias de los filósofos más ilustres* [Pirrón], 9, 79.

⁷⁶ Diógenes Laercio, *Vidas, opiniones y sentencias de los filósofos más ilustres* [Pirrón], 9, 78-90.

⁷⁷ Diógenes Laercio, *Vidas, opiniones y sentencias de los filósofos más ilustres* [Pirrón], 9, 62.

⁷⁸ Diógenes Laercio, *Vidas, opiniones y sentencias de los filósofos más ilustres* [Sócrates], 2, 32.

⁷⁹ Epicuro no utiliza este término en las obras que han llegado a nosotros en referencia específica a las preconcepciones [MF 37 y 38].

⁸⁰ Si bien Epicuro utiliza el término πάθος con otros sentidos, como "amistad" o incluso "pasión sensorial" o "sensación" como en el caso de ἀκουστικὸν πάθος (pasión auditiva) [CH 52 y 53] o ἐρωτικὸν πάθος (pasión sexual) [FV 18].

⁸¹ Lucrecio, *De rerum natura* [*Sobre la naturaleza de las cosas*], 5, 878-91

⁸² Προλήψεις una palabra compuesta, formada por el prefijo "προ-" (con un significado similar al prefijo castellano "pre-" y la raíz "λήψεις" (pl. de "λήψης"), un derivado del verbo "λαμβανειν", que significa literalmente "tomar". Figurativamente significa por tanto "comprender", esto es, "reconocer algo sobre la base de los conocimientos previos".

⁸³ Ello se debe a que estas cartas fueron escritas por separado por lo que cuando Diógenes Laercio las reunió en el libro décimo de las *Vidas* sus contenidos se solapan ligeramente.

⁸⁴ Gallop, David, *Parmenides of Elea: A Text and Translation with an Introduction*, University of Toronto Press, 1991, 8-9, 23-27 & 61.

---

[85] Lucrecio, *De Rerum Natura* [Sobre la naturaleza de las cosas], 2, 216-224 & 284-293.

[86] Lucrecio, *De Rerum Natura* [Sobre la naturaleza de las cosas], 2, 251.

[87] Marco Aurelio, *Meditaciones*, 4, 3.

[88] Long, Herbert S. (Ed.), *Diogenis Laertii Vitae philosophorum*, Clarendon Press, Oxford, 1964.

[89] Pérez de Salas, Juan (Ed.), *Los celebrados dichos y aplaudidas sentencias de los siete sabio de Grecia que se deduxeron de unos disticos latinos de Elio Antonio de Nebrija y del primero de los diez libros de la vida y costumbre a los philosophos que escribio Diogenes Laercio y de otros autores*, Joseph Mathias Escrivano, Madrid, 1746.

[90] Las ediciones de la traducción de José Ortiz y Sánz son las que siguen: Imprenta Real, Madrid, 1792 y 1923; Luis Navarro, Madrid, 1887; Librería Perlado Páez y Compañía, Madrid & Buenos Aires, 1904, 1914, 1940; Emecé, Buenos Aires, 1945; El Ateneo, Buenos Aires, 1947; Espasa-Calpe, Madrid & Buenos Aires, 1949-50; Iberia, Barcelona, 1962, 1986; Teorema, Barcelona, 1982, 1985; Porrúa, México, 1984, 1998 y 2004; Orbis, Esplugues de Llobregat, 1985; Editorial Maxtor, Valladolid, 2008 [reimpresión de la edición de la Librería Perlado de 1914]; Nabu Press, 2012 [reimpresión de la edición de la Librería Perlado de 1914]; Grupo Editorial Tomo, México, 2004; Imprenta Real, Madrid, 2011 [reimpresión de la edición de 1923].

[91] Mühll, Peter von der, *Epicuri epistulae tres et ratae sententiae a Laertio Diogene servatae*, B.G. Teubner, Leipzig, 1453 [1922, 1966, 1975, 1996].

[92] Los fragmentos vaticanos 6, 8, 12, 13, 20, 22, 49, 50 y 72 se corresponden con las máximas fundamentales 35, 15, 17, 27, 29, 19, 12, 8 y 13.

[93] Ver, Carta a Meneceo, 133.

[94] Ver, Carta a Meneceo 127 y Máximas fundamentales 26 y 30.

[95] Ver, Máximas fundamentales 8, Carta a Meneceo 129 y Fragmentos vaticanos 73.

[96] El significado de los fragmentos 56 y 57 es incierto.

[97] Séneca comenta esta idea de Epicuro en su obra *Epistulae morales ad Lucilium* donde menciona que en virtud del autor muchas personas mueren como han nacido, sin haber hecho nada ni haber aprendido nada. Ver asimismo, Lucrecio, *Sobre la naturaleza de las cosas*, III.1087

Este libro se terminó de escribir el
3 de diciembre de 2013

Optitud

Made in the USA
Coppell, TX
15 December 2023

26228855R00163